농업개혁론을 제시한
임원경제지 편찬자

楓石 　徐有榘

염정섭
서울대학교 국사학과 문학박사
한림대학교 사학과 교수
논저로는 『조선시대 농법 발달 연구』외 다수

농업개혁론을 제시한
임원경제지 편찬자

서유구

초판1쇄 발행 ∣ 2013년 12월 20일

기 획 실학박물관
지은이 염정섭
발행인 홍기원

총괄 홍종화
편집주간 박호원
디자인 정춘경·이효진
편집 오경희·조정화·오성현·신나래·정고은·김정하·김선아
관리 박정대·최기엽

펴낸곳 민속원 출판등록 제18-1호
주소 서울 마포구 대흥동 337-25 전화 02) 804-3320, 805-3320, 806-3320(代)
팩스 02) 802-3346 이메일 minsok1@chollian.net 홈페이지 www.minsokwon.com

ISBN 978-89-285-0547-0 94900
978-89-285-0194-6 (Set)

楓石
徐有榘

농업개혁론을 제시한
임원경제지 편찬자

서유구

염정섭

민속원

실학인물총서를 내면서

　어느 시대건 제도와 가치가 현실과 가까우면 행복한 시대요, 멀면 불행한 시대가 된다. 조선왕조 후기에는 불행하게도 낡은 제도와 가치가 현실(민의 생활과 소망)과 너무도 먼 불우의 시대였다. 현실과 제도의 간극, 그리고 제도의 사리적私利的 운용과 무력화, 그 사이에 도리道理는 무용화되고 온갖 모순이 커지고, 탐관오리와 부정부패가 창궐하여 인민이 고통의 늪에 깊이 빠지게 되었다. 이러한 문제를 극복하고자 한 조선후기의 과학적 실용사상이 실학이다. 백성들의 생활현실을 위해 낡고 굳은 제도를 개혁하고 생산을 낫게 할 수 있는 방안을 연구 실현하고자 자각한 지식인들이 바로 실학자이다.

　17~19세기 실학 지식인들의 자각은 내외적 요구와 자극에 바탕을 두었다. 조선 내부의 개혁과 변화의 요구는 낮은 수준이나마 상당한 상품화폐경제를 이루어가고 있었으며, 특히 청나라를 통해 수용한 서양의 과학과 문물은 사물인식과 세계관의 변화와 함께 자아自我를 되돌아보게 하였다. 실학은 바야흐로 현실의 자각과 세계의 자아화를 통해 장차 자아의 세계화를 내다보게 되었던 것

이다. 실사구시實事求是를 모토로 실용·실천을 도덕으로 하는 실학의 가치는 자아의 발견에 토대한 세계문명에로의 개방과 소통에 있다고 하겠다.

그러면 실학적 사유와 논리는 어디에서 왔는가. 그것은 르네상스의 기초가 그러하듯이 현실을 매개로 한 고전의 재해석에 있었다. 현실적 문제의식을 가진 유교 경전의 재해석, 이를 통한 사유와 논리의 전개가 그 방법이었다. 따라서 실학은 경학經學과 경세학經世學이 그 주를 이루고, 궁극적으로는 실용의 과학을 지향하는 학문이었다. 또한 실학은 현실·경험의 지식을 추구하다 보니 지식의 생활화·대중화의 길로 발전하여 학문의 백과사전적 종합과 분화가 동시에 추구되었다. 이런 점에서 우리 학술사상 근대의 분기점적인 성격을 지니기도 한다. 그 학적 관심은 시기와 유파에 따라 또한 개인의 처지와 입장에 따라 다를 수 있으나, 중농적·제도개혁적 경세치용파經世致用派와 중상적·도시상공업적 이용후생파利用厚生派, 학문 태도와 방법으로서의 실사구시파로 나뉜다.

실학의 비조鼻祖로 변법적 개혁론을 전개한 반계 유형원柳馨遠, 실학의 종장宗匠이자 경세치용파의 학맥을 연 성호 이익李瀷, 성호를 계승하여 우리 역사학을 정초定礎한 순암 안정복安鼎福, 이용후생의 측면에서 상업과 유통, 과학기술의 혁신, 북학北學의 수용 등을 주장했던 연암 박지원朴趾源과 초정 박제가朴齊家, 전통적인 직방職方의 세계에서 탈피하여 땅이 원형의 세계임을 인식하고 지구설과 자전설自轉說을 주장했던 대곡 김석문金錫文과 담헌 홍대용洪大容, 경세치용과 이용후생을 아울러 실학을 회합한 다산 정약용丁若鏞, 학문에서의 실증을 중요하게 여긴 추사 김정희金正喜, 천문학·지리학은 물론 의학에 이르기까지 서양 과학을 폭넓게 수용한 혜강 최한기崔漢綺, 새로운 지도 제작법을 수용하여 우리나라 지도를 정밀하게 완성한 농포 정상기鄭尙驥와 고산자 김정호金正浩, 개국통상과 주체적 외교를 주장하여 최한기와 함께 실학과 근대개화사상에 가교를 놓은 환재 박규수朴珪壽 등은 그중에서도 대표적인 실학자들이다.

실학박물관에서는 2009년부터 대표적인 실학자들의 생애와 학문, 사상과 인간 형상 등을 널리 알리기 위해 학계의 저명한 연구자들과 함께 실학인물총서의 간행을 기획해왔다. 이 총서는 매년 2~3명의 실학자를 대상으로 진행할 예정으로, 일반인을 위한 교양 독서물이면서도 연구의 성과를 충실히 수용하여 각 실학자들이 자각적 사명을 가지고 평생 연구를 진행했던 창조의 정신과 개혁 정책을 세심하게 살피는데 주안점을 두었다.

이를 통해 민생을 위해 조선후기 사회변혁의 주체로 나아가려고 했던 실학자들의 고뇌에 찬 역정을 깊이 읽고, 새로운 문명을 추구해나가야 하는 우리의 역사적 동력과 경험을 느낄 수 있게 된다면 큰 보람이라 하겠다.

2013년 12월

경기문화재단 실학박물관장 김 시 업

차례

視蒙兄候對時琜事棑歸源之去叶
驟祝事市希和妥兩俱從捨一事
重惱處口泄之石煩迫之了此一境界
貴皇吷披之善毛糈伯竹翅睛煩中
歛一椀傳凉散如錦珠兩俸年作之此
挽單一日每怀況判餞會呎此別喜夫
許中諫良物情修廷亂公賓才爲一遺
珠云去二但實才之多春走久覆波時

1장

서유구의
삶과 생각을
찾아가는 길

1. 서유구는 어떤 인물일까?

조선 후기 인물 가운데 자기 자신을 오비거사五費居士 즉 '다섯 가지로 인생을 허비한 사람'이라고 자칭한 사람이 있다. 바로 이 책에서 다루는 인물인 서유구徐有榘이다. 서유구는 자신의 별호別號를 스스로 오비거사라 지었다. 오비거사는 다섯 가지를 허비한 거사居士라는 의미이다. 거사는 본래 출가出家하지 않은 속인俗人으로 불교佛敎의 법명을 가진 사람을 말하지만, 학문이 출중한데 숨어 살면서 벼슬살이 하지 않는 선비를 뜻하기도 한다. 그리고 속어俗語로 아무일도 하지 않고 놀며 지내는 사람을 가리킨다. 서유구가 자신을 무엇인가를 허비한 사람으로 자책하면서 거사라는 칭호를 붙였다면, 이는 학문적으로 출중한 사람이나 법명을 지닌 속인을 가리키는 것보다는 아무 일도 하지 않고 놀며 지내는 사람을 의미한다고 생각된다.

1장
서유구의 삶과
생각을 찾아가는 길

서유구가 허비한 다섯 가지는 시간을 가리키기도 하도 또한 그가 살아온 길 자체를 뜻하기도 한다. 어떤 연유로 서유구는 세상을 떠나기 불과 몇 년 전에 지은 글에서 자신을 다섯 가지나 허비한 아무 일도 하지 않는 사람으로 규정하였을까. 우리가 익히 알고 있는 그리고 이 책에서도 많은 부분에서 언급할 『임원경제지』라는 너무나 방대한 저술을 지은 사람임에도 불구하고 그는 너무나 욕심이 많았던 것일까? 아니면 서유구가 당시 처한 상황이 그로 하여금 낙막한 신세를 '오비거사'로 이름붙이게 만들었을까? 서유구는 어떤 이유 때문에 스스로 인생을 허비하였다고 표현하였을까? 우리는 서유구가 스스로에 대해서 폄하한 것을 그냥 그대로 받아들이면 그만일까? 이러한 의문에 대해서 서유구의 삶과 생각을 자세히 살펴보면서 새로운 역사적 평가를 내리는 것이 마땅한 일이 아닐까 생각된다.

서유구는 자신의 문집 이름에 '지비知非'라는 단어를 넣었다. 지비는 잘못을 깨닫다, 또는 그릇됨을 알다, 이렇게 두 가지로 새길

「오비거사생광자표」,
서유구가 직접 지은 자신의 묘표
(서울대 중앙도서관)

五費居士生壙自表

楓石子旣遷夫人宋氏之
壙之下慮其右爲壽藏或慕之曰昔之人有行之
者子盍自爲之志楓石子曰憶吾何志武昔吾答
叔第朋來書有三費之說焉始吾從仲父明臯公
受檀弓考工記唐宋八家文嚘然有志杅柳子厚
歐陽永叔之文章旣而讀詩四子書則又說鄭
司農之名物朱紫陽之性理方其溺岩而未有得
也不勝其咎之堪而推之拔也以幾何而幹蠱以

수 있다. 잘못을 깨닫는 것은 주체적인 자신의 행동에 대한 반성이
고, 그릇됨을 아는 것은 객관적인 시비의 분별을 얻었다는 뜻으로
볼 수 있다. 서유구는 금화金華에서 지내면서 전후 시절에 지은 글
을 모아서 '금화지비집金華知非集'이라 이름붙였다. 무엇을 절실히 반
성하고, 어떠한 시비를 분별하였을까? 그의 전후 행적을 통해서 찾
아볼 수밖에 없다. 그의 생애에 관한 정보는 의외로 문헌 사료에서
많이 찾아볼 수 있다. 이 책은 서유구의 삶과 생애를 특히 몇몇 주
요한 장면을 중심으로 재구성한 것이다.

　서유구는 1764년에 태어나서 1845년 82세의 나이로 세상을 떠

서유구 초상화. 19세기 초반 대표적 지식인으로 꼽히는 서유구의 초상화. 1893년 75세 때 모습

난 인물이다. 한국사 개설서나 교과서 등을 찾아보면 서유구는 『임원경제지林園經濟志』라는 방대한 분량의 저서를 남긴 인물 정도의 정보만 수록되어 있다. 한국사에 관심을 갖고 있는 사람일지라도 서유구란 인물의 삶과 생각에 관하여 아는 부분이 그리 많지 않을 것이다. 『임원경제지』를 편찬했다는 점 이외에 서유구의 삶과 생각에 대해서 세상에 알려진 바가 거의 없다고 해도 무방할 것이다.

서유구는 18세기 후반에서 19세기 전반에 걸쳐 80년이 넘는 세월을 살아가면서 온갖 경험을 다해본 인물이다. 그는 영조와 정조 재위 시기를 거쳐 순조와 헌종에 이르는 기간 동안 생존하면서 조정의 정치권력의 부침을 몸으로 체감하였다. 그리고 그는 개인적으로 화려한 경화사족京華士族의 생활방식을 경험한 직후 향촌에서 농사짓고 고기잡으며 오랜 세월을 보내기도 하였다. 이와 같이 그는 18세기 후반 이후 조선사회가 겪었던 정치적, 경제적, 사회적 변화를 온몸으로 겪어낸 인물이었다. 또한 스스로 격변하는 조선사회에서 살아나간 사회적 지식인으로서 자신이 해야 할 일을 모색하고 이를 실천에 옮긴 인물이기도 하였다.

역사교과서를 비롯하여 한국사를 개설적으로 서술한 많은 역사책에서 서유구는 『임원경제지』를 편찬한 인물로 각인되어 있다. 서유구가 아들 서우보의 도움을 받아 수십년에 걸쳐 편찬한 『임원경제지』는 당시에도 보기드문 거작巨作이었다. 『임원경제지』는 오늘날의 관점에서 살펴보아도 다각도로 면밀한 연구가 이루어져야 할 책이라고 할 수 있다. 또한 '임원경제지'라는 책은 그 제목에서부터 서유구가 40대 중반 이후부터 죽을 때까지 추구하였던 자신의 지향志向을 그대로 보여주는 것이라는 점에서도 주목하지 않을 수 없다. 서유구는 말 그대로 '임원경제학'의 토대를 세우고 그 내용까지 충실히 채우기 위해 『임원경제지』를 편찬한 것이었다.

서유구는 '임원경제학' 뿐만 아니라 조선사회의 내적인 발전의 기반을 농업개혁에서 찾았다. 그는 조선 농민들이 현실에서 수행하고 있는 농법農法 즉 농업기술을 파악하고 이를 크게 변통시키기 위해 노력을 아끼지 않았다. 그리고 조선의 농정農政을 개혁하기 위한 방책을 노심초사하면서 완성하여 제출하기도 하였다. 이와 같이 서유구는 80여 평생토록 다양한 분야에서 수많은 업적을 남겨놓았다. 비유하자면 팔색조처럼, 다채로운 모습을 지니고 있으면서도 또한 각 분야에서 일가를 이루었다. 이런 점에서 아직도 밝혀지지 않은 많은 면모가 지금도 숨겨져 있다. 앞으로 그의 삶과 생각, 행적의 세세한 부분을 더듬어 찾아내는 과정은 한국의 여러 분야 연구자들에게 남겨진 과제라고 할 수 있다.

2. 서유구의 삶과 생각을 찾아가는 방법

서유구의 삶과 생각의 편린을 찾아 하나의 완결된 형태로 제시하는 것은 매우 어려운 작업이다. 그렇지만 서유구의 경우 언뜻 생각하는 것보다 훨씬 많은 생애의 세세한 부분을 찾아들어갈 수 있는 단서를 제공하고 있다. 서유구가 남긴 문장 특히 산문 속에서 그의 삶과 생각을 낱낱이 더듬어볼 수 있는 재료를 찾아볼 수 있다.

먼저 서유구 자신이 두 번에 걸쳐 자신의 삶을 스스로 돌아보면서 지은 글 2편을 살펴보면서 서유구를 찾아가는 방법을 생각해본다. 서유구는 1806년 중부仲父 서형수가 김달순의 옥사에 연루되어 추자도에 안치되면서 커다란 위기를 맞이하였다. 서형수가 유배되면서 서유구도 중앙 관계에서 물러나 도봉산 아래 망해촌望海村에 머무르게 되었다. 반강제적으로 은거생활을 시작하게 된 서유구는 자신의 생을 돌아보는 글을 서유락에게 보냈다.

서유락에게 보낸 편지에서 그는 자신이 지금까지 살아오면서 세 가지를 허비하였다고 말한다. 서유구는 학문學問을 제대로 익히지 못한 것, 서적 편찬에서 제대로 성취하지 못한 점, 농법 연구와 농업 경영에 뜻을 두었지만 이를 제대로 하지 못하게 된 점 이렇게 세 가지를 꼽으면서 세 가지의 허비라고 표현하였다. 또한 서유구는 죽기 몇 년 전인 1842년, 스스로의 삶을 되돌아보는 글을 지으면서 자신을 오비거사五費居士라 지칭하였다. 자신이 허비한 것이 세 가지가 아니라 다섯 가지나 된다는 자조적이고 회한에 휩싸인 글이다.

오비거사라는 표현은 자신이 살아오면서 다섯 가지나 허비하였다는 회한悔恨으로 점철되었다는 첫인상을 전해준다. 하지만 그렇게 다섯 가지를 허비할 정도로 무엇인가에 전념하고 몰입하였다는 열정熱情의 모습을 동시에 보여주고 있다. 다시 말해서 서유구는 오랜 세월 자신이 그때마다 세워놓았던 무엇인가를 이루기 위해 분투하였지만 바라던 정도의 성취를 거두지 못하였던 것을 '무엇인가를 허비하였던 것'으로 표현한 것으로 해석된다. 서유구는 자신이 무엇인가를 성취하지 못하였기 때문에 '오비거사'라 자임하였지만, 그의 삶과 생각을 살펴보는 경우 그의 겸양 표현, 자조적인 규정을 그대로 좇을 이유는 없다고 생각된다.

서유구는 80년이 넘는 긴 세월 동안 조선땅에서 살아가면서 그때그때 자신이 설정한 목표를 달성하기 위해, 그리고 주변에서 자신에게 요구하는 바를 성취하기 위해 치열하게 살아나갔다. 그는 스스로 온전한 성취물로 남기지 못한 것을 아쉬워하고, 세월과 노력을 허비한 것으로 자조하였다. 하지만 그가 남긴 삶과 생각의 흔적은 글 속에서 기억 속에서 지금까지 남아 있다. 그가 남겨놓은 『임원경제지』를 비롯한 책과 글 속에 후대인들이 자기 자신을 되돌아보게 만드는 많은 경험이 실려 있다. 본래 인생이란 무엇인가를 후대에 남기는 것이지 자신이 가져갈 수 없는 것이라 생각한다면 서유구의 허비는 후대인들에게는 커다란 성취로 간주해야 할 것이다.

아직 수면 아래 숨겨져 있는 서유구의 삶과 생각을 수면 위로 끄집어 올려 그 전모를 온전히 드러내게 하려면 어떻게 해야 할 것인가? 먼저 생각해보아야 할 부분은 서유구가 자신이 살던 시대와 호흡을 맞추며 살았던 역사적 인물이라는 점이다. 서유구의 삶과 생각은 영조, 정조 재위 시기의 탕평정치와 순조대 이후의 세도정치라는 정치적 권력의 부침이 이루어지던 시대 속에서 살았다. 그는 조선사회가 경제적, 사회적으로 커다란 변화를 맞이하였고, 나아가 사상, 문화의 측면에서 생동하는 꿈틀거림이 번져나가는 시점에 활동하였다. 따라서 우리가 서유구를 제대로 파악하려면 당시 사회의 변동양상과 서유구의 생애를 같이 결부시켜 살펴야 할 것이다.

다음으로 서유구의 진면목을 찾아나가는 방법으로 생각한 것은 그가 남긴 글을 차분하게 살펴보는 방식이다. 서유구 저술작품의 정확한 분석과 해설 그리고 이에 대한 역사적 의의의 해명에 주의할 것이다. 서유구가 18세기 후반에서 19세기 전반에 이르기까지 80여 년 동안 조선사회를 살아가면서 겪었던 많은 경험들과 세상과 사람들에게 대해서 가졌던 온갖 생각들을 하나하나 찾아낸다는 것은 불가능한 일이다. 서유구는 풍부한 울림을 전해주는 산문을 지은 문장가이기도 하였고, 또한 많은 책판의 목록을 작성하고 해제 또한 달아준 서지학자였다. 그리고 관직에 있으면서 지방관에 보임되었을 때 향촌사회의 실상을 파악하고 그 문제를 타개하기 위한 목민활동에도 소홀함이 없던 실무관료였다. 여기에 관료로서 실무에 능한 인물로 평가받기도 하였다. 그리고 서유구의 80여 평생이 여러 가지 우여곡절을 겪고 순탄치 않게 전개되면서 마치 한편의 장편 소설처럼 파란만장한 사건들로 점철되어 있다. 따라서 우리는 서유구 생애의 몇 단면과 그가 품었던 생각의 단편을 그가 남긴 글과 다른 사람이 서유구에 대해서 서술한 글을 통해 찾아낼 수 있을 것이다. 이러한 측면에서 서유구의 생애와 사상을 정리하는 연구작업은 그가 남긴 저서를 활용하는 방법과 서유구에 관하여 다른 사람이 저술한 문장을 활용하는 방법을 동원할 것이다.

마지막으로 서유구의 실학론이 농업개혁론, 그리고 임원경제학이라는 두 가지 틀을 중심으로 설정되어 있다는 점을 살필 것이다. 서유구는 농학에 대한 연구를 집중적으로 많이 수행하였고, 일평생 농업農業 분야에 가장 열정적으로 매진하였다고 할 수 있다. 그리고 그가 편찬한『임원경제지』는 향촌에 거주하는 양반사족의 이상적인 생활에 대한 지침서로 규정할 수 있는 책이다. 이 책은 '임원경제학'이라고 부를 수 있는 각 방면에 대한 탐구를 강도높게 집대성한 결과물로 평가할 수 있다.

이상에서 살핀 바와 같이 서유구가 추구한 가치와 삶의 지향을 염두에 두면서 서유구의 활동, 학문, 사상, 문학 등 총체적인 분야의 전체적인 관련성을 파악하는 방향으로 그의 삶과 생각을 정리할 것이다. 이는 서유구라는 인물의 일생을 정리하는 것도 마찬가지로 서유구의 생각과 활동을 전체적으로 정리하는 작업이 될 것이다.

3. 서유구를 다룬 연구성과들

지금까지 조선 후기의 역사를 탐구하는 사학자를 비롯하여 한

문학자, 서지학 연구자 등 많은 학자들이 서유구를 역사적으로 연구하였다. 특히 1970년대 이후 이른바 내재적 발전론에 입각하여 조선후기 사회의 발전방향과 변동양상을 살피는 연구가 크게 진척되면서 서유구에 주목하는 연구가 이루어졌다. 그리고 1980년대와 1990년대에 서유구가 편찬한 『임원경제지』 등을 중심으로 그의 농업론, 농업기술정리 등에 대한 연구들이 발표되었다. 2000년대 이후 서유구의 폭넓은 학문세계, 그리고 그의 생애의 여러 국면에 대한 다채로운 접근 연구가 이루어지고 있다. 농학자·산문가·서지학자·장서가·실무관료 등의 면모에 대한 관심도 기울여지고 있다.

서유구에 관한 상당수의 연구는 『임원경제지』를 중심으로 이루어진 것이었다. 그런데 『임원경제지』 자체가 현대의 학문 분야에 빗대어 볼 때 워낙 많은 분야에 걸쳐 있기 때문에 『임원경제지』를 다룬 연구들도 많은 분과학문과 연결되어 있다. 우리는 『임원경제지』를 다룬 연구성과로 농업, 의학, 식생활에 관련된 것 뿐만 아니라·문학·사상·건축학·서화·음악·서지학, 의생활에 관련된 것들도 찾아볼 수 있다.

이렇듯 여러 학문분야에서 서유구를 연구하고 있기 때문에 서유구를 바라보는 시선 또한 다양하지 않을 수 없다. 서유구는 농학자이면서, 서지학자, 농업개혁론자, 관료, 유서類書 편찬자, 산문가, 시인詩人 등 다양한 얼굴을 가진 인물이었다. 지금까지 다양한 분야의 연구가 진행되면서 서유구의 '천의 얼굴'을 깊이있게 찾아냈다. 하지만 문제는 서유구의 '천의 얼굴'은 결국 하나로 모여서 '서유구의 얼굴'이 되어야 하는데, 안개에 싸인 듯 그 형체가 희미하다는 점이다. 즉 서유구의 다종다양한 성격이 하나로 묶였을 때 서유구는 어떠한 사람인가, 그의 생각을 하나로 모으면 어떠한 것인가 이러한 의문점이 해결되지 않고 있다는 점이다. 따라서 서유구의 삶과 생각을 관통하는 화두는 무엇인지 따져보는 일이 필요하다고 보인다.

서유구 인물 평전은 당연히 위에서 짤막하게 소개한 서유구를 다룬 많은 연구성과들에 힘입은 것이다. 따라서 뒤이어 제시하는 서유구 인물 평전의 각 구성 부분들은 지금까지 축적된 서유구를 다룬 연구성과를 모아 체계적으로 재구성한 것임에 틀림없다. 또한 서유구를 다룬 연구성과 전체를 종합한 연구결과가 아니라는 점도 밝히지 않을 수 없다. 서유구의 사상, 저작 가운데 아직도 연구자의 손길이 닿지 않은 부분이 많기 때문에 이에 따라 서유구의 삶의 궤적 가운데 아직 밝혀지지 않은 점이 많다는 점을 변명거리로 내세울 수 있다.

서유구 평전의 집필이 앞으로 서유구에 대한 연구는 더 이상 있을 수 없다는 서유구의 연구의 끝이 아님은 너무나 분명한 사실이다. 이 책이 서유구 연구의 마지막 최종 연구성과로 볼 수 없으며 당연히 극히 제한된 연구결과물로 다뤄지길 기대한다. 필자로서도 서유구의 생각을 온전히 쫓아가기에는 앞으로 더욱 많은 연구가 필요하다고 생각된다. 또한 본 평전은 서유구를 새로운 차원에서 연구하는 연구의 시작점이 될 수 있을 것이라고 생각된다. 이러한 이유로 이번에 상재하는 서유구평전이 서유구의 연구의 분수령이 되어 새로운 연구계기가 되기를 기대한다.

4. 이 책의 서술 내용

이 책에서 서유구 생애와 사상의 주요한 부문을 정리하기 위해 본문 구성내용을 몇 가지로 제한하였다. 첫 번째 서유구의 생애를 가능한 수준으로 최대한 재구성하였다. 서유구의 사상과 그의 저술을 살펴보는 연구를 망라하여 서유구의 생애의 특징적인 면모를 이 책에서 드러내고자 하였다. 이는 또한 연구자들이 서유구를 바라볼 때 공유하거나 또는 개인적으로 알고 있는 내용이지만 논문에 제대로 밝히지 않는 부분을 모은 것이다. 따라서 서유구의 시문詩文을 다룬 연구성과에서 찾아볼 수 있는 모든 생애 관련 내용을 정리하였다.

또한 서유구 생애를 크게 4개의 시기로 나누어 서술하였다. 첫 시기는 1764년 출생부터 1790년 문과급제까지 27년간을 수학시절로 설정하였다. 수학기는 서유구 본인의 학문적·실무적 능력을 키워나가는 시기에 해당된다. 또한 이 시기는 서유구에게 크고 작은 영향을 끼친 여러 방면의 인물과의 관계 설정도 또한 이루어지는 시기이다. 특히 이른바 서명응徐命膺 이래 달성 서씨 가문의 가학家學의 영향이 서유구의 학문관, 문학관에 커다랗게 자리를 잡던 때이기도 하다. 수학기에 대한 서술은 위와 같은 점에 주의하였다.

그리고 1790년 문과 급제 이후 1806년까지는 정조대와 순조대 초반에 걸쳐 관료생활을 보낸 시기로 규정하였다. 1790년 이후 17년간 이어진 서유구의 사환기는 정조와 맺은 관계, 규장각에서의 서적 편찬활동이 주된 것이었다. 따라서 이에 대한 서술도 정조대의 관료생활, 특히 규장각을 중심으로 전개한 서적 편찬활동에 두었다. 1800년 정조의 죽음이 일어난 후 얼마 지나지 않아서 서유구는 공교롭게도 의주부윤으로 임명된다. 그동안 규장각에서 편찬활동에 주력하던 '규장각 학사'가 이제 지방수령으로 나서게 된 것이었다. 1806년 중부 서형수의 유배와 더불어 서유구는 반강제적인 은거시기로 들어서게 되었다.

1806년에서 1823년까지의 기간은 은거시기로 설정하였다. 이 시기에 대해서 서유구 자신은 '방폐放廢'되었던 시절로 표현하였지만, 세상에서 내버려진 상태를 가리키는 '방폐'라는 표현은 자기 자신의 처지를 보다 열악하게 윤색하려는 태도에서 나온 것으로 보아야 할 것이다. 서유구의 시장을 지은 홍경모는 이 시기를 '임원에서 병거屛居'하던 시기로 묘사하였다. 병거屛居는 세상에서 물러나 집에만 머무르는 것을 가리키는데, 사실상 은거隱居와 동일한 상태라고 생각된다. 따라서 어쩔 수 없는 정치 상황 속에서 향촌에 물러나 『임원경제지』의 편찬에 몰두하고, 농업과 어업 등 다양한 생활체험을 누렸던 시기를 은거시기로 설정하려고 한다.

마지막으로 1823년 중앙정계에 복귀한 이후 서유구가 세상을 떠나는 1845년까지의 시기이다. 대사헌, 육조 판서 등 중앙의 여러 관직을 역임하였고, 강화유수, 전라도 관찰사, 수원유수 등 지방 수령 자리도 거쳤다. 서유구는 요직을 두루 맡은 것 뿐만 아니라 1839년 영예롭게 봉조하奉朝賀로 치사致仕하기에 이르렀다. 은퇴한 이후 번계樊溪에서 두릉豆陵으로 거처를 옮긴 서유구는 1845년 세상을 떠난다. 이상에서 거론한 네 시기를 중심으로 서유구의 삶과 행적을 살펴볼 것이다.

이 책에서 서유구의 실학자로서의 면모에 주목하려고 한다.

조선 후기 실학의 성격에 대한 논의가 여러 갈래로 진행되고 있다. 하지만 가장 중요하게 고려할 점의 하나가 바로 실학의 시기적 범위 가운데 18세기 후반과 19세기 초반이 가장 중심이 되는 시기라는 점으로 생각된다. 18세기 후반 영조와 정조 재위 시기와 그 시대적 분위기가 여운으로 이어지던 19세기 초반이 실학의 중심시기로 생각된다. 바로 서유구가 생존하던 시기는 실학의 중심시기에 해당한다.

이 책에서 서유구의 실학적 면모로 두 가지 점을 강조할 것이다. 그가 여러 논설을 통해서 제시한 농업개혁론, 그리고 『임원경제지』에 집대성시킨 '임원경제학'은 조선 후기 실학의 진면목에 해당하는 것이다. 이와 같이 평가할 수 있는 전후 사정과 근거들을 분명하게 제시할 것이다. 이와 관련해서 실학의 내용적 특징에서 국가 또는 국왕·지배층이 주도하는 개혁론의 성격을 띠고 있다는 점을 주목할 수 있을 것이다. 조선 후기 실학자들이 제기하는 토지개혁론, 농정개혁론 등 뿐만 아니라 상업, 교역 활성화 주장들도 결국 그러한 입론의 실행과 실천의 주체를 국가, 국왕, 지배층으로 설정하고 있다는 점이다. 결론적으로 이 책은 서유구가 제시한 시대적 개혁론의 주요한 내용을 농업개혁론으로 정리하고, 서유구가 성취한 학문적 업적의 커다란 특징을 '임원경제학'의 집대성으로 제시할 것이다.

이 책에서 우리는 그가 스스로에게 이름붙인 '오비거사'라는 칭호를 벗겨주고자 한다. 서유구는 한 평생 치열하게 자신이 추구하는 바를 성취하게 달려온 사람이었다. 자신의 목표를 달성하기 위해 분투하는 여정에서 그는 자신을 도와주는 사람과 좋은 관계를 맺기도 하고 나쁜 인연을 만나 어려움에 처하기도 하였다. 그럼에도 불구하고 서유구가 살아온 세월은 그가 말년에 서글프게 규정한 '오비거사'의 삶은 아니었다. 그는 '오비거사'가 아니었다.

　　이 책의 내용 가운데 많은 부분은 서유구 연구에 매진하고 있는 선후배 연구자들의 성과에 힘입은 바이다. 그리고 본문에서 인용하는 많은 서유구의 글의 번역은 연구자들의 연구논저에 실려 있는 번역문을 바탕으로 삼아 원문原文을 검토하면서 필자가 약간 첨삭한 것임을 밝혀둔다. 선후배 연구자들의 연구에 의지한 구절, 문장에 일일이 각주를 달아 인용을 표시해야 하는데, 혹시라도 각주를 달지 못하고 빠진 부분이 있다면 이 점에 대해 양해를 구하고자 한다.

서유구, 「유예지」(『임원경제지』)

視篆兄候對時珠峰排歸源、去中
鑒祝申布希和安兩促限拾放一辛
貴堂突拔之若毛糙伯竹趣腸煩中
重惱底口性、石煩追云了地境界
飲一椀情原散如歸兩偉年作之此
挽當一日每作完到餞會呼如別去夫
汗沖試後物情信任私位實才多一遺
珠云云上二但實才之多希上兵覆後時

2장

가학에
뿌리를 둔
수학시절

1. 서유구 가문의 내력

서유구徐有榘는 당대에 경화사족京華士族으로 이름 높았던 달성 서씨 가문에서 태어났다. 서유구에 대한 기본적인 정보를 먼저 간략하게 소개하면, 자字는 준평準平이고, 호號는 풍석楓石이며, 본관은 달성達城이다. 1764년(영조 40) 음력 11월 10일에 태어났다. 조부祖父는 서명응徐命膺(1716~1787)이고, 생부生父는 서호수徐浩修(1736~1799), 생모生母는 한산韓山 이씨李氏[李彝章의 女]이다. 그리고 양부養父는 서철수徐澈修[徐命長의 四子, 1749~1829], 양모養母는 연안延安 김씨金氏[金德均의 女]이며, 계양모繼養母는 반남潘南 박씨朴氏[朴來源의 女]이다.

서유구의 선조 가운데 서성徐渻(1558~1631)은 선조조의 명신으로 이름 높았던 인물이었다. 서성은 임진왜란이 일어났을 때, 선조를 호종하다가 함경도로 건너가 임해군·순화군을 모셨다. 국경인의 반란으로 두 왕자와 함께 가토 기요마사에게 붙잡혔지만 탈출하여 선조의 행재소로 다시 돌아왔다. 광해군 재위 시기에는 계축옥사에 연루되어 단양으로 유배되었고, 이후 오래도록 귀양살이를 하였다. 인조반정 이후 조정에서 여러 관직을 역임하였고, 정묘호란 당시에는 강화도로 인조를 호종하였다. 그는 나중에 영의정으로 추증되었고, 호는 약봉藥峯, 시호는 충숙忠肅, 『약봉집藥峯集』을 남겼다. 그리고 서성의 아들 서경주徐景霌(1579~1643)는 선조의 부마駙馬로 인조반정 이후 정국에서 중요한 위치를 차지한 인물이었다.

서성으로부터 이어지는 서유구의 선대 인물들의 활동을 바탕으로 달성서씨 가문은 그 위세를 크게 떨칠 수 있었다. 서유구의 조부인 서명응徐命膺(1716~1787)과 서명응의 아우인 서명선徐命善(1728~1791)은 소론少論의 완론緩論으로 영조대 노론 주도의 탕평 정국에 협력하였다. 또한 정조 즉위 이후 서명응은 규장각 각신으로 근무하면서 정치적·학문적인 측면에서 커다란 위세를 떨쳤다. 이러한 배경 속에서 서유구 가문은 경화사족으로서의 위치를 굳히고 또한 서울 학인學人들 사이에 유력한 집안으로 지목될 수 있었다.

서유구의 계보를 중심으로 달성 서씨 가문을 정리하면 다음과 같다. 서유구의 고조高祖인 서문유徐文裕(1651~1707)는 예조판서를 거쳤고, 증조인 서종옥徐宗玉(1688~1745)은 이조판서까지 역임하였다. 그리고 조부祖父는 서명응徐命膺(1716~1787)이고, 생부生父는 서호수徐浩修(1736~1799)이며, 계부繼父는 서철수徐澈修이다. 서유구에게 생부와 계부가 따로 있는 이유는 서명응대의 형제들 사이에 계보를 계승하는 문제로 출계出系 관계가 복잡해졌기 때문이었다.

증조인 서종옥徐宗玉은 서명익徐命翼·서명응徐命膺·서명선徐命善·서명성徐命誠 이렇게 네 아들을 두었다. 그런데 서명응이 세 아들을 얻었을 뿐 다른 형제들은 대를 이를 자식이 없었다. 그리하여 서명응의 장남인 서호수는 서명익에게 입양되고, 차남인 서형수徐瀅修는 서명성에게 출계出系되었다. 이렇게 되자 정작 서명응의 후사가 없는 상황이 되자, 서명응은 종중조형從曾祖兄인 사산四山 감역監役 서명장徐命長의 아들 5형제 가운데 넷째 아들 서철수를 후사로 삼게 되었다.

서명응 형제 항렬에서 출계가 어지럽게 이어진 사정을 후대에서도 고스란히 그대로 다시 나타났다. 서호수는 아들을 넷이나 두었는데, 첫째가 서유본徐有本이고, 계속해서 유구有榘, 유락有樂, 유비有榘를 두었다. 그런데 서명응의 뒤를 이은 서철수가 전후 두 명의 부인이 있었지만 후사를 이을 아들이 연이어 일찍 어린 나이에 세상을 떠나자, 서명응은 서호수의 둘째 아들 서유구로 하여금 서철수의 뒤를 잇게 하였다. 서유구는 우여곡절 끝에 본생本生 조부祖父 서명응의 뒤를 승계하게 되었다 이와 같이 서유구는 자신의 생부 서호수와 마찬가지로 대를 잇기 위해 입양入養되는 굴레를 벗어나지 못하였다. 당시에 6촌 범위 내에서 대개는 4촌 범위 내에서 입후立 後하여 계보를 잇게 하는 양상을 다른 사족 가문에서도 자주 나타나는 일이었다.

달성 서씨 집안의 세거지는 경기京畿의 장단長湍이었다. 그는 자신의 고향에 대한 추억을 거론하면서 동원이라는 곳을 중심으로 설명하였다. 동원은 바로 서유구의 종조조부 충문공 서명선의 묘소가 있는 곳이었다. 서유구는 "동원桐原은 단주湍州의 동쪽 경계인 검월봉劍月峰 아래에 자리하고 있는데, 왼쪽으로 임진강을 끼고 있는 곳으로, 우리 종조조부 충문공忠文公[1]의 묘소가 있는 곳"이라고 묘사하였는데, 단주가 바로 서씨의 선산이 있는 곳이었다. 일가친척들이 동원에 모여서 서쪽과 남쪽에 있는 선산을 찾아 봄가을로 제사를 드렸다.

동원의 서쪽 20리에 학산鶴山이 있는데, 파주군 군내면 정자리와 금릉리金陵里 경계에 자리하고 있었다. 학산은 서유구의 선조와 자신의 무덤이 소재한 곳이었다. 좀더 구체적으로 살피면 학산에 고조부 서문유, 증조부 서종옥, 종조부 서명익, 조부 서명응의 묘소가 있었다. 그리고 학산은 바로 서유구의 생부 서호수의 호였고, 금릉은 서유구의 형인 서유본의 호였다. 생부인 서호수와 서유구의 무덤은 후에 금릉리에 자리잡게 된다. 이러한 점을 근거로 서유구가 살았던 곳이 학산 인근인데 이곳이 파주군 아동면 금릉리로 추정하는 견해가 있다.[2] 그리고 다른 연구자는 서유구가 장단長湍의

---

1 충문공은 서명선을 가리킨다. 그리고 서명선의 양자가 바로 서명민의 둘째아들 서로수이다.

동원桐原에 선영을 두고 세거하였는데, 이곳이 지금의 파주시 진동면 동파리 일월봉日月峯 아래라고 보는 견해[3]를 내놓고 있다.

서유구 가문의 세거지가 당시의 장단, 지금의 파주 일대였지만, 가문의 많은 구성원들이 관료로서 한양에서 생활하였기 때문에 경저京邸를 만들지 않을 수 없었다. 달성 서씨 가문의 서울 주택은 저동苧洞과 죽동竹洞 일대에 있었다. 영희전永喜殿 바로 북쪽으로 오늘날 남학동 일대다. 『임하필기林下筆記』에 따르면 남산 아래는 집터가 좋아 옛날부터 '저동죽서苧東竹西'라는 말이 있는데 저동苧東, 곧 저동의 동쪽에서 가장 큰 집이 서명선의 고택이라 하였다.[4]

2. 달성 서씨 가문의 가학家學

서유구 가문은 18세기 중반 이후 서울 중심으로 형성된 경화사족京華士族의 일원이었다. 경화사족은 한성부와 주변 지역에 세거지를 마련한 가문으로 조선사회의 정치적·경제적 위상은 고위관직의 세습적인 계승, 향촌 지역의 넓은 토지 소유, 그리고 서울 중심의 상품화폐경제에 관여 등의 측면에서 쉽게 찾아볼 수 있다. 경화사족은 문화적·사상적인 측면에서 신천지를 개척하는 첨병 노

---

2 조창록, 「楓石 徐有榘에 대한 한 硏究 - '林園經濟'와 『樊溪詩稿』와의 관련을 中心으로」, 성균관대학교 대학원 한문학과 문학박사학위논문, 2004, 9쪽.

3 이종묵, 「자연의 경을 담은 서유구의 자연경실」, 『조선의 문화공간』 4, 휴머니스트, 2006, 355쪽.

4 이종묵, 위의 글, 354쪽.

「수서전도」, 서유구는 저동에서 태어나 활동했다(서울역사박물관)

릇을 하였다. 이들은 서울의 도시적 환경 속에서 생활하면서 서로 교류하였고, 그리하여 문화적·사상적으로 새로운 기운을 북돋아나 갈 수 있었다.

경화사족의 일원으로 지낸 서유구의 어린시절과 젊은 시절은 우선 물질적인 측면에서 아쉬울 것이 없는 풍족한 것이었다. 그리고 학문적인 측면에서도 훨씬 새로운 학문경향이나 새로운 학문업적에 손쉽게 다가설 수 있었다. 서유구는 20대 후반 이후 규장각에서 일할 때 친하게 지냈던 친구 성해응成海應에게 자신의 어린 시절에 대해서 설명한 적이 있었다. 경화사족의 일원이었던 자신이 어린 시절에 누렸던 화려한 삶의 단면을 극적으로 드러낸 것이었다. 성해응은 1823년 지은 글에서 자신의 기억을 다음과 같이 글로 표현하였다.

> 매번 밤마다 등불을 밝히고 나(성해응)에게 살아온 평생을 하나하나 말해주었는데, 금이나 담비털, 말이 끄는 초헌, 종정鐘鼎 등의 귀함을 모두 집 뜰에서 실컷 누렸으니 이제 외물外物이란 것은 나에게 더 이상 즐거움이 되지 않는다고 말하였다.
>
> 성해응, 「풍석 서학사를 회양부사로 떠나보내는 서문
> [送楓石徐學士之淮陽府使序]」[5]

서유구는 자신이 극히 화려한 외물外物을 실컷 누렸으며 더 이

---

[5] 조창록, 앞의 논문(2004), 71쪽에서 재인용. 번역은 조창록의 번역문을 참고하여 필자가 수정한 것이다.

상 이런 것들이 자신에게 즐거움이 되지 않는다고 토로하고 있다. 성해응과 밤늦게까지 일하다가 나눈 대화에서 자신의 옛날 이야기를 한 것인데, 여기에 등장하는 외물이란 의식주에서 없어서는 안 되는 긴요한 물건이 아닌 장식과 자랑을 위한 반드시 필요하지는 않은 물건을 가리키는 것이 틀림없다. 이와 같이 어린 시절 서유구는 물질적으로 남부러울 것이 없는 생활을 보냈다.

또한 서유구는 당대 학계를 떠들썩하게 만든 조부와 생부를 두었고, 여기에 삶의 풍족함을 넉넉하게 누릴 수 있었으니 오히려 남들의 부러움을 받던 시절이었을 것이다. 달성 서씨 집안에 태어난 서유구는 서양 속담을 빌자면 입에 커다란 은숟가락을 물고 나온 것이었다. 또한 서유구는 조부와 생부에게 이어받은 것이 분명한 학문의 세계에 나아갈 수 있는 자질을 갖추고 있었다.

경화사족들은 학문적·사상적인 분야에서도 보다 분명하게 자신들의 존재를 뚜렷하게 만들어 나가고 있었다. 이들은 집안 대대로 이어지는 가학家學의 전통을 수립하고 이를 지켜나갔다. 그런데 경화사족의 가학은 가문의 영욕榮辱과 깊이 관계되는 것이었다. 즉 어느 가문의 가학이 변변한 계승자를 찾지 못하여 끊기거나, 학문세계에서의 영향력을 행사하지 못하는 지경이 되면 이는 곧 가문의 쇠락으로 이어질 수 있는 것이었다. 또한 경화사족이 지켜나가는 가학은 특정 분야의 학문으로 특화되기도 하였다. 서유구가 속한 달성 서씨 가문은 서명응에서 서호수, 서형수, 서유본, 서유구로 이어지는 계보를 중심으로 뚜렷한 가학家學 전통을 보여주고 있다.

서유구 가문의 가학은 사실상 서명응이 그 주춧돌을 세운 것이었다. 서명응은 1784년 『보만재총서保晩齋叢書』, 서명응이 엮은 유서類書를 거의 완성하였을 때 위서緯書 의례儀例를 작성하고 이것을 서유구에게 주면서 이 책을 통해 "후대에 우리 가학家學을 반드시 알게 될 것"이라고 언급하였다. 즉 『보만재총서』를 통해 서유구 가문의 가학이 서명응에서 서유구로 이어지고 있다는 것을 세상 사람이 누구나 알게 될 것이라는 자부심의 표현이었다.

서유구의 형인 서유본은 서형수의 아들 서유경徐有馨(1771~1835)의 부탁으로 서형수의 서재 이름인 '필유당必有堂'에 대한 기문 「필유당기必有堂記」를 지어주었는데, 여기에서 나름의 가학론을 제기하고 있었다. 서유본은 집안에서 학문이 대대로 이어지는 것이 당연하지만 반드시 군자가 단초를 여는 것이 필요하다고 설명하고 있다.

> 내가 듣기에 군자의 학문은 가학家學보다 나은 것이 없다. 양한兩漢이 성대盛代를 이룰 때에 유자儒者들이 각각 스스로 특정 분야에서 일가一家를 이루고 실제로 공을 쌓았다. 그런 다음 아버지와 아들이 묵정밭을 차례로 일구어 계속 이어나가 끊어짐이 없었다. 대개 일용日用의 사이에 배우고 익히기 때문에 그 가르침이 쉽게 습득되고, 집뜰 안에서 지시하고 전해주기 때문에 그 전승됨이 잘못되지 않는 것이다. 그러므로 옛날의 군자君子가 학문이 이루어지고 이름이 세워지면 대대로 유종儒宗이 되었던 것은 바로 이로 말미암은 것이다.
>
> 서유본, 「필유당기」

서유본은 가학家學이 평상시에 자연적으로 습득되고 학문의 깊은 뜻이 곡해되는 것 없이 전달될 수 있다고 강조한다. 이렇게 때문에 예전의 경우 유자儒者가 일가를 이룰 경우 대대로 그 전승이 이어져나갔다고 설명한다. 이러한 가학에 대한 설명의 배경 속에는 서유본 자신에게 이어지고 있는 달성 서씨 가문의 가학에 대한 자부심이 있음이 분명하다. 서유본이 지적한 대로 가학家學의 영향이란 일상생활, 행동거지, 집안일 등을 통해서 점차 물들어나가는 것이기 때문에 미리 어떻게 될 것이라는 계획을 세울 수조차 없는 것이라고 할 수 있다. 또한 가학의 영향은 조금씩 친근하게 다가오는 것이기 때문에 스스로 그러한 영향에 대해서 적극 수용하거나 적극 거부하겠다는 의지를 내세우는 것이 그다지 커다란 힘을 발휘하기 어려운 것이었다. 이러한 가학의 영향을 받아 서유구 형제들의 학문이 어린 시절부터 형성되어 나갔다.

서명응을 비롯하여 서호수와 서형수는 연행사로 중국에 다녀오면서 청의 문물을 직접 눈으로 확인하는 기회를 가졌고, 또한 많은 중국 서적을 구입하여 소장할 기회를 얻었다. 서유구는 직접 중국에 가본 적이 없지만, 가문의 어른들이 구득한 중국 서적을 통해 견문을 넓히고 학문세계의 방향을 잡아나갈 수 있었다.

서유구의 생부生父 서호수는 수리數理와 역법曆法 분야에 특출한 재능을 보여 그에 관한 심도 있는 저술을 남겼다. 그리고 서호수도 서명응과 마찬가지로 정조대 규장각에서 많은 편찬 작업에 참여하기도 하였다. 또한 1799년 세상을 떠나기 전에 『해동농서』를 완성하여 정조에게 응지농서로 올렸다.

서유구의 학문세계는 사실상 가학家學에서 비롯되었다고 볼 수 있다. 서유구는 학문의 길에 들어서서 공부에 매진하여 가학家學인 천문天文, 역상曆象, 수리數理, 농학農學에 능통하게 되었다.

3 중부仲父 서형수의 가르침

서유구는 어린 시절 중부仲父 서형수徐瀅修(1749~1824)의 가르침을 크게 받았다. 달성 서씨 가문의 가학家學의 주요한 부분을 이어받을 수 있었다. 서형수는 서명응의 경학經學을 이은 것으로 평가되고 있으며, 가업家業이 되다시피한 관각館閣 문장文章을 담당하기를 열망하였다. 서형수는 본조本朝 즉 조선의 역사서를 완성하고자 하는 포부를 갖고 있었다. 서유구는 또한 당시에 유행하던 문장 짓는 풍조를 속학俗學이라고 비판하였다. 여러 가지 책에서 이것저것 끌어모아 내실 없는 글을 짓는 것을 강하게 반대하였다.

서유구는 10대 시절에 서형수의 가르침을 받아 학문의 기반을 세울 수 있었다. 서유구가 서형수를 마치 아버지처럼 모셨고, 서형수도 서유구를 각별히 애지중지하였다. 서형수는 자신의 신세가 기구하여 천하의 일에 번번이 어긋남이 많았는데, 오직 문장에서만 짝을 찾았는데, 그 짝이 바로 서유구라고 지목하였다. 서형수는 서유구가 자신의 글을 모아 만든 『풍석고협집』에 서문을 써주었는데, 이 글에서 서유구의 공부하는 자세를 다음과 같이 설명하였다.

풍석자楓石子서유구가 아직 약관弱冠도 되기 전에 나를 따라 오경五經과 사자四子사세, 그리고 당송팔가문唐宋八家文을 읽었다. 의심이 나면 반드시 물어보고 또한 물어보면 의심이 완전히 풀릴 때까지 질문하였다. 한 가지라도 들어맞지 않는 것이 있으면 머리를 숙이고 눈썹을 찌푸리면서 거듭 훈고訓詁자구의 해석, 경전의 고증하여, 약간 그럴듯한 것을 얻더라도 말하지 않다가, 만약 꼭 들어맞는 것이 있으면 말을 채 마치기도 전에 "아 그

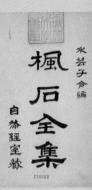

『풍석전집』, 풍석 서유구의 시문을 모아 엮은 시문집(서울대학교 중앙도서관)

렁구나"라고 기이하게 외쳤다. 옆에서 지켜보던 자들이 놀라면서 웃었으
나 서유구는 아랑곳하지 않았다.

서형수, 「『풍석고협집』에 붙인 서문(楓石鼓篋集序)」

　　서형수와 서유구는 비록 중부와 조카 사이이지만, 문장에 관
한 부분은 마치 한 사람, 한 마음인 것처럼 서로를 이해하고 있었
다. 서유구는 서형수의 가르침을 받으면서 스스로 자득하는 단계에
이르게 된 것이다. 어린 시절 만들어진 서유구의 학문하는 자세는
의문을 품고 이를 해결해나가는 것이었다. 서유구가 스스로 문제를
해결해 나가는 과정에 서형수는 든든한 조력자 역할을 했을 것이
다. 서형수가 이에 대해 언급하지 않고 있다. 하지만 본래 스승이란
제자가 가려는 길이 올바른지 그렇지 않은지 일러주는 것만으로,
그리고 제자가 해결책을 찾을 수 있도록 간단한 조언을 해주는 것

만으로 그 역할을 다했다고 할 수 있다. 서형수는 서유구가 자득하는 것을 옆에서 온전히 지켜보고 있었으니 조언을 해주고 길을 판단해주는 역할을 충실히 수행한 것으로 볼 수 있다.

서유구는 서형수에게 오경五經, 사서四書, 당송팔가문唐宋八家文을 배웠다. 서유구는 서형수의 서재인 명고정사明皐精舍에서 오경五經 등을 배웠다. 또한 서유구는 「오비거사생광자표」에서 중부에게 『주례周禮』 「고공기」도 배웠음을 특기하여 기록하기도 하였다. 「고공기考工記」는 『주례周禮』에 들어있는 편명篇名의 하나인데 중국 고대 장인匠人들의 기술을 포괄하는 내용을 담고 있다. 『주례』는 6개의 편으로 구성되어 있는데, 「천관총재天官冢宰」, 「지관사도地官司徒」, 「춘관종백春官宗伯」, 「하관사마夏官司馬」, 「추관사구秋官司寇」, 「동관사공冬官司空」의 여섯 편이다. 그런데 본래 「동관사공」 1편이 빠져 있는 대신 그 자리에 「고공기」가 들어 있는데, 본래의 「동관사공」 1편을 찾지 못하자 대신 집어넣은 것이었다. 「고공기」에 수록된 내용은 차량과 무기, 피혁과 염색, 목공과 도공 등 각종 기술공예와 관련된 주나라 때 직인들의 실무에 관한 것이었다. 달리 말해서 백공百工의 기술을 정리하여 수록한 책이었다. 서형수의 회고에 따르면 서유구는 「고공기」에 크게 심취하였다고 한다.

추억하건대, 내가 일찍이 명고정사에서 서유구와 더불어 『주례』의 「고공기」를 강독講讀하였다. 때는 등잔불이 파랗게 빛을 밝히고, 가을 소리가 물결처럼 나무 사이를 감돌 때였다. 서유구는 「고공기」 몇 편을 낭송하더니 책상을 내리치면서 일어나 말하기를, "대장부가 문장을 짓는데 마땅히 이와 같지 않으면 안 될 것입니다"라고 하였다. 이에 내가 웃으면서 고개를 끄덕였다.

서유구가 「고공기」를 읽고 깊은 감명을 받아 책상을 치면서 자리에서 벌떡 일어날 정도였다는 일화이다. 서유구도 어릴 적부터 사서四書 오경五經의 치밀한 강독과정을 거치면서 단련되었을 것으로 보인다. 그럼에도 불구하고 새롭게 접하게 된 「고공기」에 깊은 감화를 입었다는 것은 그에게 「고공기」가 학문적인 측면에서 커다란 전환을 안겨준 자극이 되었을 가능성이 많을 것이다. 그리고 「고공기」는 조리정연한 서술과 정밀한 묘사, 문장표현에 대한 세심한 배려 등을 통해 '고금기문古今奇文(고금에 없는 기묘한 문장)'이라는 호평을 받아왔다고 한다는 점이 주목된다. 서유구는 「고공기」에서 문장이 갖추어야 할 논리성과 그리고 실제 기술내용을 정확하게 표현해야 한다는 실용성 등에 감화를 받은 것이 아닌가 생각된다.

서유구는 16살 때 중부仲父 서형수에게 상서尚書를 배웠다. 그리고 그는 상서를 읽으면서 『상서지지尚書枝指』를 지었다. 서유구가 지은 『상서지지』는 현재 전해지고 있는지 여부도 불분명한 책이다. 서유구도 『금화경독기』에서 자신이 지은 『상서지지』 4권을 잃어버렸다고 언급하고 있다. 책 이름에 들어 있는 지지枝指는 육손이의 덧붙은 손가락을 가리키는 말로 불필요한 여분이라는 뜻이다. 그는 『금화경독기』에 『상서지지』에서 주장한 바의 대의大義를 기록해놓고 있다. 그에 따르면, 서書[상서尚書]에 요순전堯舜典이 있는 것은 역易에 건곤乾坤이 있는 것과 같고, 시詩에 이남二南[주남周南, 소남召南]이 있는 것과 같다는 것이 이 책의 대의라고 한다.

서유구가 지은 『상서지지』에 붙인 서형수의 「상서지지서尚書枝指序」가 서형수의 문집에 실려 전한다. 그에 따르면 서유구가 『상서지지』를 지어 서형수에게 보여주면서 고쳐주기를 청하자, 서형수가 살펴본 다음에 당부하는 내용을 찾아볼 수 있다. 서형수는 자잘한 것을 힘쓰느라 근본이 되는 것이 없으니 어찌 큰 것을 먼저 세우지 않았느냐고 지적한다. 그러자 서유구는 작은 것이 없으니 큰 것을 다룰 엄두를 내지 못한 것일 뿐이고, 자신의 뜻은 작은 것에 안주하려는 것이 아니라고 대답한다. 이에 서형수는 소원하는 바를 이루기 어려울 것이지만 실행에 옮기고 힘써야 할 것이고, 군자유君子儒가 되어야 하고 소인유小人儒가 되어서는 안될 것이라고 당부하고 있다.

4. 조부 서명응의 교시

서유구가 이어받은 달성 서씨 가문의 가학은 실제로 조부祖父 서명응의 교시를 수용한 것이었다. 서유구의 조부祖父 서명응은 명물도수名物度數 분야에 일가를 이루었다. 서명응은 당대에 천문학 분야에서 커다란 공헌을 남긴 인물이었다. 또한 정조대 이후 국가적인 편찬사업에 참여하여 주도하기도 하였다.

서유구가 학문적인 커다란 진전을 획득하였던 시기는 바로 할아버지 서명응과 같이 지낸 용주蓉洲에서의 3년이었다. 1785년 서명응이 죽서竹西의 서울집를 떠나 용주로 거처를 옮겼는데, 이때 서유구도 할아버지를 따라 용주로 거주지를 옮겼다. 용주는 용산의 다른 이름으로 용산강 북쪽의 경치가 좋은 곳에 서명응이 새로운 머물 곳을 마련한 것이었다. 서명응이 용주蓉洲에 자리를 잡았을 때 서명응을 따라가서 모실 사람으로 서유구가 발탁된 것이었다.

서유구는 이미 20대 초반의 나이였지만 서유구는 서명응과 3년 동안 같이 지내면서 엄청난 학문적 수련을 쌓았다. 조부인 서명응徐命膺의 일거수 일투족을 바로 가까이에서 지켜보면서 스스로 자신의 학문의 토대를 단단하게 만들고 학문의 폭을 풍부하게 만들었다. 서명응도 서유구에게 남다른 사랑을 내려주던 시절이었다. 서유구가 나중에 조부가 세상을 떠난 뒤에 추모하면서 남긴 글에도 1785년에서 1787년까지 3년 동안 조부 덕분에 많은 성취를 거두었다고 적어놓았다.

(할아버지는) 일찍이 불초不肖들에게 경계하여 말하기를 "너희들은 정성定省 때문에 공부를 하지 못하는 일이 없도록 하라"고 하였다. 내가 육예六藝의 학문에 몽매蒙昧함을 모면하게 된 것은 모두 병수발하던 3년 동안에 얻은 것이다.

「조고祖考 문정공文靖公 유사遺事에 붙인 글[書祖考文靖公遺事]」

정성定省은 혼정신성昏定晨省의 준말로, 저녁에는 잠자리를 보아 드리고 아침에는 문안을 드리는 일을 말한다. 서명응은 손자들이 자신을 돌보느라 공부하는 일을 등한히 여길까 걱정하여 이러한 경계의 말을 한 것이다. 육예六藝는 예禮·악樂·사射·어御·서書·수數를 말하는데, 유학 공부의 기본적인 바탕을 이루는 것을 말한다. 즉 유학 교육의 근간이 되는 공부이다. 이것을 터득하기 위한 경전經典으로는 시·서·예·악·역·춘추春秋의 육경六經이었으나 악경樂經이 존재하지 않으므로 현재는 오경五經만이 전해지고 있다.

또한 서유구는 서명응을 추모하는 제문에서 "손자 수십 명이 균등하게 가르침을 받았지만 자신에게 내린 가르침과 사랑의 깊이가 가장 깊었다"라고 술회하였다. 이러한 표현은 세상을 떠나 다시 찾아볼 수 없는 할아버지를 깊이 그리워하는 마음에서 우러난 것으로 볼 수 있을 것이다. 그렇지만 서유구 자신이 조부 서명응에게 많은 가르침을 받았음을 스스로 자부하는 모습으로 해석된다.

용주에서 서유구는 서명응을 모시는 일상日常 생활 속에서 학문적인 수련을 수행하였다. 서유구는 할아버지와 하루종일 같이 지내면서 아침저녁의 문안, 삼시 세끼의 식사, 정원 산책과 지필묵의 준비 등을 도맡아 하면서 할아버지를 하늘처럼 모셨다. 서유구는 할아버지와 더불어 서적書籍에 대해서 토론하고 고금의 시세時勢를 논하기도 하였다.

이 때 선생(서명응)은 소자小子에게 하늘같은 존재로 완전무결하였다. 아침저녁으로 침상에 문안을 올린 것도 소자이고, 이르거나 늦거나 식사를 보살핀 것도 소자이며, 뜰에서 지팡이와 신발을 대령한 것도 소자이고, 안석案席에서 붓과 먹을 준비한 것도 소자였다. 같은 자리에서 숨쉬고 얼굴을 마주하여 서로 떨어지지 않고 같이 지낸 것이 손가락으로 꼽아보면 3년의 세월이었다. 매일 밤 깊이 고요하고 밝은 달이 집을 비출 때에 할아버지는 나를 이끌어 나가기에 힘쓰고, 가르치고 훈도하기를 정성스럽게 하셨다. 혹은 삼황三皇 오제五帝의 서적을 토론하기도 하고, 혹은 고금古今의 시세時勢를 논평하기도 하였다. 촛불이 다하도록 쉬지를 않았는데, 이와 같이 한 것이 3년 동안 내내 한결같았다.

　　실제로 서유구는 자신의 능력에 대해 회의를 가졌을 때 서명응의 깨우침을 받은 적이 있었다. 서유구가 서명응의 지시를 받아 잠사蠶史를 짓게 되었을 때, 『사기』와 『한서』를 본받으려고 여러 번 원고를 고쳤어도 완성에 이르지 못하였다. 그리하여 조부에게 '할 수 없다不能'라고 말하며 그 일에서 물러나려 하였는데, 이때 서명응이 문장은 시대에 따라야 한다고 지적하면서, 역사가는 일을 기록하는 것 뿐만 아니라 당시의 문기文氣의 승강을 보여주기 위해 당대의 문체로 적어야 한다는 깨우침을 전해주었다. 또한 서명응은 『본사』를 짓는 이유가 우부우부愚夫愚婦로 하여금 책을 한 번 살펴보게 하여 실생활에 활용하게 하려는 것이니 가능하면 평이하게 써야 한다고 당부하였다. 서명응의 가르침을 받은 서유구는 『잠사』 편찬을 완성할 수 있었다. 이러한 과정 속에서 서유구는 스스로 학문에 임하는 자세를 가다듬으며 동시에 서명응 이래 만들어진 가학家學의 흐름에 스스로 몸을 싣게 되었다. 『잠사』 편찬 작업은 서명응의 저술인 『본사本史』의 마무리 작업에 해당되는 것이었다. 즉 서유구는 서명응의 지시를 받아 본사의 내용 가운데 일부를 편찬한 것이었다.

　　달성 서씨 가문의 가학 가운데 가장 대표적인 것은 서명응의 『본사』 편찬에서 비롯하는 농학農學이었다. 서명응은 자신이 단초를 연 가학의 주요한 부문이 농학임을 분명하게 알고 있었다. 『보만재총서』를 편찬하는 과정에서 서명응이 거론한 가학에 대해서 찾아볼 수 있다. 『보만재총서』에 들어간 위사緯史에 관한 다음 글을 살펴본다.

> 1784년[甲辰]에 『보만재총서保晚齋叢書』[서명응이 엮은 類書]가 거의 완성되 었다. 그런데 사류史類 가운데 하나가 누락되어 있었다. 그리하여 선생(서명응)이 장차 위사緯史[세계지리서]를 편찬하여 보충하려고 그 의례義例를 직접 정하였다. 이를 소자小子[서유구]에게 주면서 말하기를 "편찬하기 위 해 해야 할 일이 크고도 많은데 나는 늙어버려 힘을 낼 수가 없다. 이 일을 멈출 수 없다면 네가[서유구] 일을 마치는 것이 좋을 것이다. 내가 그 단초를 열고 네가 마무리를 이루어 이 한 책에 할아버지와 손자의 정력精力이 담겨 있게 된다면, 후대에 이 책을 읽는 자들이 어찌 우리 가 학家學의 원류源流를 알아채지 못할 것이라고 생각할 수 없을 것이다."라 고 하였다.
>
> 「조부 보만재선생 제문」

위의 글은 서유구가 지은 서명응에 대한 제문인데, 서명응이 오래전에 서유구에게 했던 이야기를 전해주고 있다. 그에 따르면 서명응은 자신이 가문의 학문 즉 가학家學을 개창하였다는 자부심을 가지고 있었다. 자신이 단초를 연 가학을 손자인 서유구가 마무리 지어 주기를 기대하였다. 그리고 가학의 삼대 전승을 상징하는 작 업이 바로 『보만재총서』의 편찬과정이었다. 서명응은 후대에 『보만 재총서』를 읽은 사람들이 바로 이 책이 서씨 가문의 할아버지와 손 자가 같이 엮은 책이라는 것을 알고, 또한 『보만재총서』의 내용구 성을 같이 살펴보면서 서씨 가문의 가학을 짐작할 수 있으리라고 여긴 것이다.

『보만재총서』는 독특한 성격의 유서인데, 총 13종의 저서를 경사자집經史子集 4부 체제에 해당하는 경익經翼, 사별史別, 자여子餘, 재적載籍으로 분류하였다. 경익은 5종으로『시경』·『서경』·『주역』·『대학』·『중용』에 대한 자신의 부연설명을 담은 책 각 1종으로 구성되어 있다. 사별은 3종인데, 기자箕子에 관한 자료를 정리한「주사疇史」, 세계지리서에 해당하는「위사緯史」, 독특한 구성과 서술 방식에 따라 만들어진 농서農書인「본사本史」로 이루어져 있다. 그리고 자여는 4종으로 천문天文, 역법曆法과 아악雅樂, 주역참동계周易參同契에 관련된 책 각 1종으로 되어 있다. 그리고 마지막으로 재적은 1종으로「고사십이집攷事十二集」인데, 일상생활에 필요한 사항을 필집한 백과사전인「고사촬요攷事撮要」를 전면개정한 것이다.

『보만재총서』를 마무리하는 단계에서 서명응은 서유구에게「위사」의 편찬 범례에 해당하는 의례義例를 건네주면서 편집작업을 지시한 것이다. 또한『본사』의 몇 부분도 서유구가 편찬한 것이었다. 이와 같이『보만재총서』는 서명응과 서유구의 노력이 종합되어 이루어진 학문적 성과라고 볼 수 있다. 또한 수학시절의 서유구에게 서명응이 제시한 학문세계의 진면목을『보만재총서』의 편찬 작업에 참여하면서 실감하였고, 그러한 경험이 서유구의 학문적 지향을 결정하는 데 커다란 영향을 주었다고 볼 수 있다. 이 대목에서 우리는 애초에 서명응이 의도하였던 가학의 전통을 "자신이 그 단초를 열고, 손자가 그 마무리를 완성"하는 방향으로 진전되었다는 점을 알 수 있다.

달성 서씨 가문의 가학 가운데 명물도수지학名物度數之學이 있었다. 명물名物은 자연물을 포함한 사물 등을 말하고, 도수度數는 기학학에서 추구하는 수치의 근본, 원리를 가리킨다. 명물도수지학이란 결국 사물, 자연물 등의 수치적인 근본, 원리 등을 궁구하는 학문이라고 할 수 있다. 좀더 구체적으로 따지면 농학·천문학·상수학 등이 바로 명물도수지학으로 연결된다고 할 수 있다. 또한 명물도수지학은 서학西學과 깊이 관련된 것이었다. 천문·수리·산학의 측면에서 서양의 과학기술이 중국을 거쳐 조선에 영향을 끼쳤는데, 이를 명물도수지학이라 이름붙인 것이었다. 이는 경학經學이나 경세학經世學과 다른 학문적 지향을 갖고 있다고 할 수 있다. 경학이 사서오경을 중심으로 학문의 원리를 탐색하는 것으로 조선 성리학에서 오래도록 탐구하였던 심성心性·예학禮學이 중심이라면, 경세학은 국가운영을 위한 정책·제도 등을 궁구하는 것이라고 할 수 있는데, 이에 반해 명물도수지학은 사물·자연의 원리를 통달하려는 것이므로, 심성론이나 경세론과는 추구하는 지향점이 다르다고 할 수 있다. 결론적으로 서유구의 가학은 성명性命과 의리義理를 추구하는 대신 명물名物 도수度數에 집중한 것이었다. 달성 서씨 가문의 가학으로 명물도수지학이 자리잡게 되는 것은 익히 짐작할 수 있듯이 서명응에서 비롯한 것이었다.

5. 서유구의 학문공부와 문예취향

서유구는 어린 시절에 서명응 손자 항렬에 해당하는 동년배의 여러 사촌들과 함께 학문의 기초를 닦았다. 서유구와 함께 공부한 인물 중에는 족숙族叔인 서로수徐輅修(1766~1802)도 있었다. 서로수는 서유구의 숙부뻘되는 인물이지만, 연배가 비슷하여 서유구와 친근한 관계를 맺고 있었다. 서로수는 서유구의 중부 서형수는 사촌동생 서로수가 조카인 서유본, 서유구와 더불어 '고문古文을 짓는 모임[작고문회作古文會]'을 만들어 시작詩作 공부하고 있다는 소식을 듣고 스스로 80구의 장편 5언고시를 지었다. 서형수의 5언고시는 『명고문집』에 실려 있다. 서형수는 이들이 5일마다 1편씩 마무리하고 있다는 소식을 듣고 기뻐하면서 잠을 이루지 못하였다고 토로하고 있었다. 서유구는 나중에 스스로 시작詩作에는 능하지 못하다고 실토하였지만, 어릴 적 공부 내용 속에는 시짓기도 들어 있었다. 그리고 서유구는 시작 공부를 형·족숙과 더불어 공부모임을 만들어 수행하고 있었다.

　　서유구가 어린 시절에 한문을 공부하고 문장을 습작하던 사정을 짐작할 수 있게 해주는 자료들이 거의 보이지 않는다. 서유구가 스스로 편집한 『풍석고협집』이 있지만, 여기에 수록된 글은 1881년 18세 이후의 글이다. 그렇기 때문에 10대와 그 이전에 지은 글을 직접 보는 것이 곤란한 상황이다. 그런데 서유구가 지은 『금화경독기金華耕讀記』에 그가 지은 글의 주요 내용이 담겨 있다. 서유구가 7세 때 지은 「예양론豫讓論」이라는 글의 주요 내용이 『금화경독기』에 실려 있는 것이다. 예양豫讓은 사마천司馬遷의 『사기史記』에 실려 있는 인물로 그가 생존하던 시대의 최고 자객刺客으로 이름나 있었다. 예양은 자신을 제대로 알아준 지백智伯이 조趙의 양자襄子에게 패하여 죽자, 지백의 원수를 갚으려고 비수를 품고 조양자를 암살하려 한 인물이다.

『금화경독기』에 따르면 서유구가 7세 때 지은 「예양론」이라는 글의 내용은 다음과 같다. 서유구는 7세때 스승에게 『사기』를 배우면서 예양의 일에 대하여 의문점을 묻는다. 예양이 범씨范氏와 중항씨中行氏를 섬겼는데, 다시 지백智伯을 섬긴 것은 두 임금을 고쳐서 섬긴 것이 아닌가 이런 질문을 던진 것이다. 그러자 스승이 범씨와 중항씨가 예양을 중인衆시[평범한 사람]으로 대우하였기 때문에 예양도 두 사람을 중인衆人으로 보답한 것이고, 지백은 예양을 국사國士로 대우하였기 때문에 예양도 지백에게 국사로서 보답한 것이라고 대답한다. 그러자 서유구는 인신人臣이 임금을 섬기는 데 나를 대우하는 것의 후박厚薄에 따라 충성하기도 하고 태만하기도 할 수 있는 것인가 이렇게 물었다. 그랬더니 스승은 서유구의 질문에 제대로 대답하지 못한다. 서유구는 스승과 만난 자리에서 물러나 위의 내용을 「예양론」이라는 글로 적어두었다. 서유구는 「예양론」이라는 글에서 아내가 지아비의 애증愛憎으로 그 섬김을 바꾸어서는 안되고, 신하가 임금이 자신을 대우하는 후박厚薄으로 그 절개를 바꾸어서는 안된다는 점을 강조한 것이었다.

서유구의 학문 세계는 그의 예술취향·심미안과 유리된 것이 아니었다. 어린 시절 그리고 10대 시절의 서유구는 경화사족들이 공통적으로 갖고 있던 예술취향·심미의식을 갖고 있었다. 서유구의 경우도 생활공간을 자신의 취향에 맞게 꾸미는 데 관심을 기울이고 있었다. 자신의 조부와 생부가 미리 마련해놓은 것일테지만, 생활공간을 자신의 미적 감각에 맞춰 꾸미고, 그를 깊이있게 완상하는 시간을 주기적으로 갖는 모습을 보여주고 있다.

그는 모든 것을 대나무로 만든 죽정竹亭을 조성하려는 계획을

세우기도 하였다. 정자의 재료가 대나무일 뿐만 아니라, 울타리, 각
종 기물을 모두 대나무로 만들며, 죽정에 찾아오는 사람도 대나무
갓과 대나무 지팡이를 짚게 하는 구상이었다. 사람과 대나무가 일
체가 되는 그러한 경지의 죽정은 곧 대나무로 상징되는 절개·지
조·인내를 체화하여 사람됨 자체가 되어 버린 사람들이 머무는 곳
이어야 한다는 계획으로 풀이된다.

한성부에서 지내던 서유구의 삶에서 경화사족이 갖고 있던 예
술적인 취향을 찾아볼 수 있다. 서유구는 상당수의 서화를 소장하
고, 많은 서화에 대한 평문을 작성하고 있었다. 또한 서유구는 벼루
를 4개나 소유하고 있었는데, 자신의 운치에 따라 벼루에 적당한
이름을 붙이고 있었다.

서유구는 자신이 가장 좋아하는 우초연雨蕉硯이라는 벼루에
대한 기문記文을 남기고 있다. 그는 쓰러진 파초잎이 비바람에 반
쯤 꺾인 형상을 현지玄池 주변에 가로로 새겨 넣어서 그러한 이름
을 붙인 것이었다. 이외에 파도와 구름이 어우러진 형상과 관련이
있을 것으로 보이는 도운연濤雲硯, 용이 구슬을 품은 모습이 연상되
는 이름이 붙은 용주연龍珠硯, 동해에 사는 신선들이 사는 산을 가
리키는 봉호연蓬壺硯 등 벼루를 갖고 있었다. 이러한 벼루 이름들
속에서 속세의 찌든 때와 전혀 접촉이 없었던 어떤 인물의 감수성
과 심미안이 엿보이는 듯하는데, 서유구의 심미적인 지향을 보여
주고 있다.

서유구는 관찰자의 입장에서 경화사족의 삶을 지켜보며 구체
적인 모습을 글 속에 남겼다. 서유구는 자신과 비슷한 연배인 족숙
族叔인 서로수徐潞修의 저택인 홀원笏園을 묘사하는 기문記文에서 문

인 취향의 호사스런 삶의 모습을 적절히 형상화하였다. 글의 주인공은 서로수이지만 같은 가문의 일원인 서유구도 그리 다르지 않은 일상생활을 영위하였을 것이다.

서명선의 양자 서로수의 집은 홀원忽園이라 불렸는데, 서유구는 홀원 남쪽의 네모난 연못을 배경으로 서로수가 사는 모습을 그린 그림을 보고 문장을 하나 지었다. 이 글이 「지북제시도기池北題詩圖記」이다. 연못의 북쪽에 모여 시를 짓는 모습을 그린 그림에 붙인 기문記文이다. 서유구는 홀원의 주인인 세심자洗心子 서로수가 사는 모습을 그린 그림을 다시 문장으로 자세히 묘사하고 있다. 연못에는 연꽃이 피어있고, 연못 주변에는 괴석怪石들이 놓여 있다. 그리고 석상石床과 술동이·향로·찻사발·책상자 등이 여기저기 널려 있다. 파초에 대한 세밀한 묘사에 뒤이어 그림 속의 주인공이 등장한다.

복건을 두르고 큰 띠를 찬 아름다운 장부丈夫가 부들 자리 위에 단정히 앉아 있는데 바로 홀원의 주인인 세심자이다. 무릎 앞쪽에 풍자風字 모양의 단계연丹溪硯과 백자白磁로 만든 필통筆筒을 두고, 한 손으로는 두루마리를 펼치고 다른 한 손으로는 붓을 들었지만 아직 휘두르지 않고 있다. 입으로 웅얼웅얼거리면서 막 시를 지어 쓰려는 모양이다.

「지북제시도기池北題詩圖記」

서유구의 묘사는 곧 여유로움 속에서 연못을 정원에 품고 살아가는 경화사족의 삶의 한 장면이라고 할 수 있다. 이 글에 의하면 서로수는 세상명리에 관심이 없는 서화골동에 탐닉한 탈속적인 인물로 전해지고 있다. 그런데 서로수가 만든 홀원勿園이라는 정원에 대한 기문에서 문인 취향의 호사스러운 삶의 모습을 구체적인 사물에 대한 형상화로 표현하고 있다. 이러한 모습은 서유구가 지니고 있는 경화사족으로서의 심미안을 제대로 보여주는 것이고 생각된다.

6. 『풍석고협집楓石鼓篋集』의 편찬

서유구는 수학기에 해당하는 시절에 자신이 지은 글들을 모아 『풍석고협집楓石鼓篋集』이라는 책으로 묶였다. 25세 때인 1788년(정조 12)에 『풍석고협집』 6권을 편찬하였다. 풍석이라는 말은 단풍나무가 감싸고 있는 서재의 모습을 형용한 것이면서 또한 한자를 만든 인물 창힐의 고사와 관련된 것이었다. '풍석고협집'이라는 제목에서 고鼓 는 둥둥치는 북을 뜻하고 협篋은 공부할 책을 넣어놓는 책상자를 뜻한다. 『예기禮記』「학기學記」에 나오는 말인데, "학교에 들어갈 때 북을 치고 책상자를 여는 것은 그 학업을 공손하게 수행하라는 뜻이다"라는 구절에 대하여 정현鄭玄이 풀이하기를 "북을 쳐서 학생들의 주의를 기울이게 하고 이네 책상자를 펴서 공부해야 할 경서를 꺼낸다"라고 풀이하였다. 고협鼓篋이란 학문에 나아가는 시기의 학생이라는 뜻도 갖고 있다.

서유구는 『풍석고협집』에 자신의 초상화를 넣으려고 하였다. 문집에 필자의 초상화를 넣는 것은 그리 흔한 일은 아니었다. 당시 초상화로 유명하였던 화가 이명기李命基가 젊은 시절 서유구 모습을 초상화로 옮겨주었다.[6] 이때 그린 서유구 초상화는 그리 크지 않은 크기였던 것으로 보인다. 서유구는 자그마하게 그려진 자신의 초상화를 자신의 문장을 모아 엮은 『풍석고협집』 앞에 넣으려고 하였다. 서유구는 분명하게 문장과 초상화를 같이 후대에 남기려는 의도를 갖고 있었다. 그것은 바로 자신의 마음을 나타내는 문장과 자신의 형체를 보여주는 초상화를 같이 전하려는 의지였다.

서유구는 문장이 지은 사람의 고심苦心을 전해주는 것이라고 보았는데, 그 마음과 더불어 형체 즉 자신의 초상화를 같이 후대에 전한다면, 형체와 마음이 모두 사라지지 않는 것이라고 생각하였다. 다시 말해서 자신의 마음을 담은 문장과 형체를 담은 초상화를 같이 세상을 전하려는 의지였다. 이러한 서유구의 의지는 다른 한 편으로 자신이 지은 문장과 자신의 얼굴이 오래도록 세상에 전해져 잊혀지지 않기를 바라는 것으로 볼 수 있다. 『풍석고협집』을 지을 무렵의 서유구는 자신에 대한 자부심이 넘쳐흐르던 청년이었다. 강한 자신감에 자기에 대한 애정이 하늘을 찌를 듯하였다.

서유구는 용주에 거주할 때 풍석암이라는 개인 장서각을 조성하였다. 사방 1묘畝 정도 되는 땅에 정원을 만들고 돌로 만든 계단 위에 서재를 만들었는데, 풍석암이라는 편액을 걸었다. 풍석암은 서유구가 개인적으로 서적을 수집하고 서적을 정리하여 여기에서 자신의 학문세계를 넓혀나갈 토대를 쌓았던 곳이었다. 풍석암에 머물던 서유구의 나날을 그대로 찾아볼 수는 없다. 하지만 사람이 머무는 곳에 만들어진 공간과 물건들은 그 사람의 모습을 대변하는

---

6 김대중, 「풍석 서유구 산문 연구」, 서울대학교 대학원 국어국문학과 문학박사학위논문, 2011, 19쪽.

것이라 할 수 있다. 서유구의 중부 서형수의 말을 살펴보자. 서형수는 어느날 용주의 풍석암을 찾았다. 조카 서유구가 머무는 곳이었다.

조카[종자從子] 유구가 용주에서 거처하는 곳이다. 네모 반듯하게 정원을 만들고, 돌을 쌓아 계단을 만들었다. 계단 위에는 단풍나무 10여 그루가 비단 장막을 두른 것처럼 서 있다. 계단 아래에는 몇 이랑의 차밭이 도랑과 두둑이 서로 교차해 있다. 계단에서 대여섯 걸음 떨어진 곳에 안채를 등지고 서재를 지었으니 그윽하고 맑은 분위기에 거문고와 서책을 기둥에 기대어놓았다. 편액을 '풍석암楓石庵'이라 한 것은 사실을 기록하려는 것이고 옛 일에 뜻을 두었다는 뜻이다.

서형수, 「풍석암의 장서藏書에 대한 기문記文[楓石庵藏書記]」

서형수는 풍석암이 글자를 만들었다는 창힐蒼頡이 머무른 풍림楓林의 석실石室에서 나온 것이라고 풀이하고 있다. 그리고 계속해서 서유구가 본래 집이 가난하여 책을 소장하고 있는 것이 그리 많지 않았는데, 박학博學과 상설詳說에 열중하여 세월이 지나면서 책을 모으는 데 힘써 이제 사부四部를 거의 구비하게 되었다고 설명한다. 서유구가 책을 모아 공부하는 것이 후일 오래도록 변하지 않기를 바라는 것으로 마무리하고 있다. 서형수가 묘사한 것처럼 서유구는 스스로 학문에 뜻을 두게 되면서 책을 구하여 소장하는 데 심혈을 기울였다. 그리고 또한 책을 소장하는 것에 그치는 것이 아니었다. 서형수는 서유구가 끌어모은 책을 가지고 학문에 열중하는 모습을 묘사하였다.

책대冊臺를 만들어 올려두고, 서제書齋를 만들어 모아놓았다. (그 모습이) 군데군데 구슬이 이어진 것처럼 벌려 있고, 여기 저기 빛나는 것이 별들이 제 자리를 지키며 모여 있는 것 같았다. 또한 새벽부터 밤늦게까지 그 안에서 바깥에 아무런 일이 없는 것처럼 머무르고 있으니 내가 그의 뜻이 절대로 무너지지 않을 것임을 잘 알고 있다.

서형수, 「풍석암의 장서藏書에 대한 기문記文[楓石庵藏書記]」

많아야 나이 20대 초반에 학문에 나아가기 위해 수련에 열중하는 서유구의 모습이 눈앞에 떠오른다. 바깥일에 주의하지 않고 책 속에 침잠하여 빛나는 성취를 거두기 위해 한걸음씩 앞으로 나아가려는 풍석암 주인의 의지가 눈앞에 펼쳐진다.

『풍석고협집』에 실려 있는 서유구의 글을 통해 그의 문예취향에 대해서 정리한 글을 보면 먼저 당송 고문唐宋古文에 대한 압도적인 호감을 갖고 있었다. 이는 당시 문단의 동향과 일치하는 것이었다. 당대의 문단에서는 일부에서 소품문을 크게 선호하였지만, 다른 한편에서는 소품문을 비판하면서 당송 중심의 고문을 견지하려는 경향이 있었다. 또한 이와 더불어 당송고문을 중시하면서도 다양한 시대와 다양한 유파의 글을 수용하려는 경향도 있었다. 당시 상층 사대부를 구성하고 있던 경화사족들은 자신의 집안의 자제들과 다른 가문의 자제들의 문학적 교류를 권장하면서 이와 더불어 더욱 권면하기를 독려하는 양상을 보여주고 있었다.

서유구의 문장에 대한 후대의 평가를 보면 이유원은 서유구의 문장이 양한兩漢에 뿌리를 두고 있고, 팔가八家를 본받아 이에 가깝게 나아갔다고 평가한다. 또한 이유원은 서유구의 소시적 문장에 대해서 선배들이 평했다는 말을 전해주고 있는데 풍석의 어릴 적 문장을 본 선배들이 "동인東人(조선)의 말이 아니다. 그 깨끗하게 뜻이 분명하고[灑落], 아름답고 우아함[綺麗]이 구양수와 삼소의 법에서 근원을 찾을 수 있다. 문가로서 자리를 잡고자 한다면 '풍석체'를 본받아야 할 것이다"라고 말했다고 한다. 이러한 선배들의 평가는 서유구 자신이 40대에 스스로 당송팔가문을 익히고 구양수를 쫓으려 했다고 토로한 바와 일치된다. 서유구의 산문은 이러한 점에서 여기저기 살필 만한 문장들을 남겨놓고 있다.

7. 과거 급제와 관리생활의 시작

서유구는 한성부에서 지낼 때 죽서竹書 즉 죽동의 서쪽 지역의 저택에서 머물렀다. 이 집은 서유구 가문의 경저京邸에 해당하였다. 서유구 가문의 경저는 곧 서명응이 마련한 것이었다. 죽서는 남산 아래에 해당하는 지역인데 당대에 좋은 집터가 많은 곳으로 꼽혔다고 한다. 서유구는 죽서의 경저에 자신만의 서실을 따로 마련해두고 있었다. 한성부는 경화사족들 사이에 문화적이고 예술적인 삶을 서로 누리던 곳이었다. 그리고 그러한 생활은 정원庭園·서화書畫·골동骨董 등의 측면에서 독특한 양상을 나타내고 있었다.

서명응이 1787년 세상을 떠나면서 서유구는 다시 죽서竹西의 본가本家로 돌아왔다. 죽서에 서씨 가문의 터전을 마련한 것은 서명응 때의 일이다. 서명응이 마련한 집은 매우 좁았다고 전해진다. 그리고 서명응은 한 방의 이름을 불속재不俗齋라고 이름을 붙였다. 불속不俗을 대나무를 상징하는 말'인데, 죽동竹洞과 연관시켜 이름을 지은 것이다. 그리고 이곳에 태극실太極室이라는 곳에서 서유구가 거처하였다.

1786년 서유구는 생원시에 급제하였다. 그런데 이때는 서명응을 용주에서 모시던 때였다. 따라서 서유구가 생원시에 응시하는 데에 서명응의 교시가 있지 않았을까 추정해볼 수 있다. 또는 정조의 정치적 움직임에 대한 기대를 갖고 과거에 응시한 것은 아닌지 추정해볼 수 있다. 1786년 생원시에 급제하였지만 성균관에 출입하지는 않았을 것으로 생각된다. 서유구의 회고에 따르면 당시 서유구가 한성부에서 머문 시간은 몇일 몇 달 정도에 불과하였다. 따라서 성균관에 거재유생으로 지내지는 못했을 것으로 생각된다.

1787년 서명응이 세상을 떠난 뒤에 서유구는 경저京邸에 머물면서 성균관에서 공부하였을 것으로 추정된다. 1790년 8월 27일 『승정원일기承政院日記』 기사를 보면 서유구는 6월 일차유생전강日次儒生殿講에 순통純通의 성적으로 받아 직부전시直赴殿試(殿試에 곧장 나아감)의 시상을 받았다. 그리고 곧이어 문과 증광시에 급제하였다.

서유구의 과거 급제 기록 가운데 '일차유생전강'이란 성균관과 사학四學에 거재居齋하는 유생으로서 도기到記의 원점圓點이 50점 이상되는 사람이 응시할 수 있는 시험이었다. 거재유생이란 성균관에 머무는 기숙寄宿유생들이고, 도기到記는 이들의 출석부에 해당하는데 조석朝夕 양식兩食을 할 경우 1점을 부여하였다. 따라서 서유구는 1790년 문과급제한 1790년 8월말 이전 어느 시점부터 성균관에서

---

7 이종묵, 앞의 책, 356쪽.

거재유생居齋儒生으로 지내고 있었던 것으로 보아야 할 것이다.

어린 시절의 서유구는 과거에 급제하기 전까지 다방면에서 여러 가지 학문적 경험을 축적하였다. 우리는 가학家學의 계승, 경화사족으로서의 경험, 그리고 여러 사람들과의 교유관계 속에서 서유구의 면모를 찾아볼 수 있다. 서유구가 세상에 태어나서 1790년 과거에 급제하고, 이후 정조의 총애를 받던 수십년간은 그에게 득의得意의 세월이었다. 경화사족으로서 누릴 수 있는 온갖 영화를 경험하였던 시절이었다. 이후 닥쳐올 시련을 미리 조금도 예측할 수 없었던 소위 말하는 잘나가는 기간이었다. 하지만 그는 그러한 영화에 만족하여 안주하면서 자신의 지향점을 세속의 탐닉에 맞추어놓은 인물이 아니었다. 여기에는 서유구 가문의 특유의 가학, 그리고 정조와의 교류, 서유구 자신의 특이한 기질 등이 작용하였다. 이러한 배경 속에서 1806년 이후 관직에 나아갈 수 없는 상황 속에서도 자신이 해야 할 일을 가늠하고 이를 추진하는 추동력을 본래 가지고 있었다는 점을 짐작할 수 있다. 이렇듯 서유구의 일생도 애초의 기대 또는 바람 그대로 이어지지 않았고, 그럴 수도 없는 것이었다. 그렇다면 당대의 경화사족 가문으로 손꼽히던 달성 서씨 집안에서 많은 사람의 기대 속에 세상에 나온 서유구가 보낸 어린시절, 수학시절을 따라가 보자. 이제 서유구는 생원시 급제, 성균관 거재, 문과 급제의 단계를 거치면서 관리생활로 접어들게 되었다.

祝篆兄儷此时琉库林辟源□去中

曌祝事亦希祖安而但仏拾放一事

重悯应□性□有烦迫召了此一境界

贵邑突握之若色精的竹翅腸燆中

飲一椀情凉散如錦珠兩偉年作之批

挽当一日再作浣判餞會呼此别去美

浮中就長物情伶經私公賣才与一遺

珠云去上二但實才之多希去兵覆读時

渴□通另畫□□方金十六□云竺志

3장

정조의
지우를 받던
규장각 각신

1. 문과 급제와 초계문신抄啓文臣 선발

서유구는 1790년 문과文科에 급제하여 조정에서 관직을 맡기 시작하여 1806년 벼슬자리에서 자의반 타의반으로 쫓겨날 때까지 조정에서 관료 노릇을 수행하였다. 그런데 그는 관직 생활의 대부분을 규장각에서 보냈다. 그는 1792년 29살 때부터 1806년 43살 때까지 청년의 황금같은 세월을 정조의 지우知遇를 받아 규장각 각신閣臣으로 지냈다.[1] 정조 재위 시기 서유구는 규장각 각신閣臣으로 대부분의 관료생활을 채운 것이다. 한 마디로 말해 정조의 지우知遇를 받으면 규장각에서 한창 좋은 시절을 보냈다고 할 수 있다. 1806년 갑작스러운 사건으로 말미암아 관직에서 내몰릴 때까지 서유구는

---

[1] 서유구가 관리생활을 시작한 이후의 행적 가운데 관직에 관한 부분은 『정조실록』・『순조실록』・『헌종실록』, 그리고 『일성록』과 『승정원일기』에 의거하였음을 밝혀둔다.

3장
정조의 지우를 받던
규장각 각신

십여 년 동안 익숙하게 제집처럼 규장각을 드나들었다. 그에게 이
10여 년의 기간을 압축적으로 표현한다면 정조의 지우知遇를 받아
규장각 각신閣臣으로 보낸 나날들이라고 할 수 있다. 정조의 신임을
받고 규장각 서적 편찬 작업에서 중추적인 역할을 맡아 수행하던
시절에 서유구는 어떤 일을 주로 하였고, 어떤 생각을 갖고 있었는
지 차근차근 살펴본다.

　서유구는 1786년(정조 10) 생원시에 급제하였는데 당시 23살이
었다. 이후 1790년(정조 14) 8월 성균관 유생들 중에서 실력이 뛰어
난 자를 선발하여 임금 앞에서 시험을 보게 하는 일차유생日次儒生
전강殿講에서 순통純通을 얻어 전시殿試에 곧바로 응시할 수 있는 기
회를 획득하였다. 그리고 이어서 응시한 문과文科 증광시增廣試에서
병과丙科 14위로 합격하였다.

　문과급제자가 된 서유구는 괴원槐院 즉 승문원으로 배속되었다.
조선의 과거제도에서 문과 급제자는 승문원·성균관·교서관 이렇

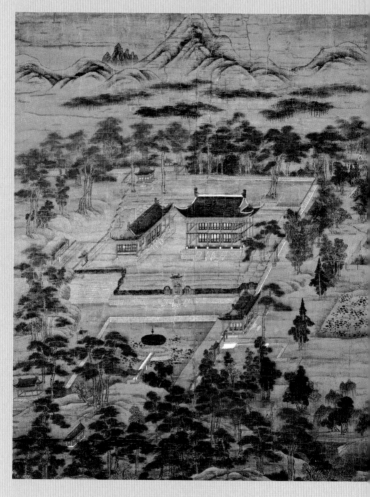

「주합루도」, 서유구는 박제가·정약용 등과 함께 규장각 검서관으로 활동하였다
(김홍도, 국립중앙박물관)

게 3곳으로 나누어 배속시키는데 이를 분관分館이라고 불렀다. 각각의 관청에서 실무를 익히게 하는 것이었다. 그런데 문과 급제 가운데 전도가 유망한 신진 관리인 경우 승문원으로 배속되고, 그렇지 않은 경우 성균관과 교서관으로 나누어 보내는 것이 관례였다. 서유구는 승문원에 분관되면서 일단 관리생활의 첫발을 다른 사람보다 앞서 나가게 되었다. 서유구는 과거에 급제하기 이전부터 문명文名을 당시 세상에 날리고 있었다. 특히 약관弱冠 시절부터 뚜렷한 명성을 얻고 있어서 이미 정조가 그 이름을 알고 있을 정도였다고 한다.

서유구는 승문원에 배속된 이후 규장각奎章閣 직각直閣과 대교待敎 후보자를 선출하는 권점圈點에서 대교로 5점을 획득하였다. 이 권점은 규장각 선임자들이 임의의 후보자를 놓고 실행하는 것이고, 또한 실제 대교로 임명하는 절차도 아니었다. 그렇지만 장차 규장각 대교로 누군가를 뽑을 때 하나의 준거가 될 수 있었다. 실제로 서유구는 얼마 뒤에 규장각 대교에 임명되었다.

1790년 9월말, 승문원에 소속되어 있던 서유구는 초계문신抄啓文臣으로 선발되었다. 초계문신은 37세 이하의 연소한 문신 가운데 선발되었다. 정조는 초계문신을 선발하여 문풍文風을 진작하려고 하였는데, 월강月講[달마다 강독하는 일], 순제旬製[10일마다 글을 짓는 일] 등의 방식으로 경서經書와 시문詩文을 시험보고 성적에 따라 상벌을 내렸다. 그런데 정조는 초계문신제도를 통해 친위세력을 만들려는 의지를 가지고 있었다. 초계문신의 선발은 정조가 직접 수행한 것이 아니라 당시의 정승이 맡아서 수행하였다.

초계문신은 1781년부터 총 10차례에 걸쳐 선발되었다. 서유구는 좌의정 채제공蔡濟恭이 1790년에 뽑은 명단에 들어간 것이다. 이

때 조득영趙得永·정약전丁若銓 등이 같이 뽑혔는데, 문과에 급제한 직후 곧바로 초계문신이 된 것이었다. 서유구는 한 달 뒤에 새로 뽑힌 초계문신에게 '문장이 하늘에 잇닿는다[文章洞天]'라는 구절을 제목으로 삼아 기記를 지어 올리게 하였는데, 이때 서유구가 거수居首를 차지하였다. 이때를 비롯하여 서유구는 당시 초계문신에 이름을 올린 많은 문신들과 더불어 과강課講, 과제課製 등에 참여하였다. 『풍석전집』에 실려 있는 「십삼경책」은 1790년 어제御題로 내려진 것이었는데, 초계문신 10월 과시課試에 응하여 올린 것이었다. 당시 서유구는 거수居首를 차지하였다. 초계문신으로 선발되어 관료생활이 학문적인 탐색과 연결되어 있었다.

> 신이 우러러보건대, 전하[正祖]께서 즐겨 인재를 양성하려는 성념聖念에 새벽부터 밤늦게까지 부지런히 힘써서 초계문신의 시험과 성균관 유생의 제술製述을 해마다 요구하고 달마다 부과하는 것과 관련해서 장정章程 쌓여 있다. 그리하여 고무시키고 진작시켜서 바꾸어낸 모습들이 환하게 빛나고 있는 것을 알 수 있다. 그러므로 돌아보건대 신臣도 또한 조화옹造化翁이신 전하殿下가 만들어낸 한 사람일 따름이다.
>
> 「순창군수응지소」

서유구는 스스로 정조가 자신을 키워주었다고 생각하였다. 정조를 조화옹 즉 만물을 창조하는 노인 조물주에 비유하고 있다. 서유구에게 초계문신으로서의 경험은 스스로의 능력을 키우는 과정이었지만, 또한 정조의 인재양성을 통한 정치적 지지세력 확보와 연관되는 것이었다. 그런데 서유구는 학문적인 측면 특히 학문 연구와 탐구의 전체적인 과정을 중시한다는 점에서 정조와 동일한 성격을 지니고 있었다.

초계문신으로 있을 때 지은 글의 하나가 바로 「농대農對」라는 책문策文이다. 서유구는 1790년에 지은 「농대」에서 새로운 농서 편찬을 주장하였다. 그는 전제田制·수리水利·가기稼器, 즉 농기農器를 중심으로 농업기술을 정리할 수 있다고 전제하였다. 그리고 지금 해야 할 일이 바로 새로운 농서農書를 편찬하는 것인데, 여러 서적과 학설들을 모아 집대성해야 한다고 강조하였다. 그는 역대의 농서를 집성한 새로운 농서를 편찬하자고 제안하였다. 이러한 서유구의 제안은 정조대 후반기에 국가적인 차원에서 새로운 농서를 편찬하는 작업을 추진한 것과 연결시켜 살펴볼 수 있다. 결국 당시 조선 사회가 급선무를 설정해야 할 것이 무엇인지에 대해서 서유구는 나름의 대안을 마련하고 있었고, 그것은 정조의 대응과 이어지는 것이었다고 평가할 수 있을 것이다.

서유구는 1790년 초계문신으로 작성한 「농대」에서 새로운 농서 편찬을 주장하였다. 정조는 책문에서 농사를 짓는 도道가 하늘이 내려주는 때에 따라 땅이 부여하는 이로움을 분간하여 사람이 내야 할 힘을 쓰는 것이라고 정리한다. 그리고 낳게 하는 것은 하늘이고, 키워주는 것은 땅이며, 이루어내는 것은 사람이므로 이 세가지가 각각 제 도리를 다하여 모인 연후에 농사짓는 일에 아무런 탈이 없게 된다고 규정한다. 이어서 정조는 전제·수리·가기 등에서 변통하여 만세에 바뀌지 않고 통용될 만한 규범을 찾아내어 올리라고 지시하고 있다.

서유구는 옛날의 제도를 참고하고 지금에 시행하기에 마땅한 것을 살펴서, 앞으로 바뀌지 않을 상법常法을 정하려고 한다면 거기에 세 가지 항목이 들어가야 한다고 결론을 내린다. 그 세 가지는 전제田制·수리水利·가기稼器라고 제시한다. 전제는 정전제를 비롯한 토지를 나누는 제도로 국가의 조세법과 관련된 것이고, 수리는 제언과 천방을 비롯하여 농사짓는데 필요한 물을 활용하고, 농지에 해를 끼치는 물의 피해를 막는 방법에 대한 것이며, 가기는 농사짓는 데 필요한 기계를 말한다.

서유구는 구체적으로 전제에 대해서 먼저 정전井田이 실행될 때 천하의 토지가 모두 관官에 속해 있고, 백성들이 관에서 토지를 받아 힘써 농사를 지어 세금을 내는 것이 동등하여, 천하에 빈민·부민의 차이가 없었다는 점을 지적한다. 정전이 폐지된 이후에 토지가 넓고 사람이 드물면 겸병의 이로움이 있지만, 토지가 좁고 사람이 많으면 혹은 송곳 꽂을 땅도 없는 경우가 있어, 법률로 가르치거나 제도로 제한하는 것이 불가능하게 된 상황이다. 그렇지만 고제古制인 정전을 그대로 회복할 수는 없는 만큼 한전법限田法을 시행하여 들판에 노는 땅이 없고 나라에 노는 백성이 없게 해야 할 것이라고 주장한다.

또한 수리 진흥을 위한 구체적인 방책을 제시하고 있다. 당시 정조가 책문策問에서 정전井田이 폐지되고 구혁溝洫이 폐지되면서 관개灌漑하는 방도가 마땅함을 잃어버렸다고 지적하였다. 서유구는 수리를 마땅히 진흥시켜야한다고 전제하면서, 명明의 서광계徐光啓가 하천을 잘 측량하여 준설하는 데 참고해야 한다는 방책을 활용하고, 또한 서광계가 천泉을 이용하는 방법과 해海를 이용하는 방법을 대략 쫓아 따라한다면 수리의 마땅함을 얻어 파종과 수확하는 데 어려움이 없을 것이라고 주장한다.

세 번째로 서유구가 제시한 것은 농사짓는 데 사용하는 기계가 이로워야 한다는 것이다. 기계가 이로우면 사람이 편안하게 일할 수 있다는 점을 지적하면서 『농정전서』에 들어 있는 도보圖譜를 참조하여 농기農器를 제작할 것을 제안한다. 이렇게 제작한 농기를 팔도에 반포하면 실용을 구할 수 있고 백성들의 힘을 덜 수 있을 것이라고 한다.

그리고 마지막으로 서유구는 지금의 급무急務는 새로운 농서農書를 편찬하는 것이라고 강조한다. 널리 관련된 책을 수집하고 여러 사람의 이론을 모아서, 옛제도를 따르고 지금의 마땅한 바를 통용시켜 나라에서 시행하는 법으로 삼아야 한다는 제안이다. 이렇게 하면 나라를 다스리고 백성들 편안하게 만드는 하나의 전장典章이 될 수 있을 것이라고 결론을 내린다.

1791년 1월 서유구는 승정원 가주서假注書로 임명되었다. 가주서는 주서注書가 비어있을 때 임시로 차출하여 임명하는 자리인데, 『승정원일기』를 기록·정리하는 일을 맡아 수행하였다. 가주서가 된 서유구는 이후 정조를 보좌하여, 모든 행사에 참여하였다. 조석으로 이어지는 경연 석상이나, 대신 등과 만나는 소견召見 자리, 그리고 궁중 외곽으로 거동하는 행행行幸에도 참여하였다.

2. 규장각 편찬사업의 중추 역할 담당

정조는 중국 삼대三代를 이상사회로 설정하고 이를 달성하기 위해 학문과 정치를 통해 조선사회를 이끌어나간 군주였다. 정조가 재위 시절에 직접 주도하여 많은 시문집을 편찬하였는데, 이는 학문의 측면에서 문풍文風을 변화시키기 위한 노력이었다. 정조는 명청의 문예사조의 영향을 받아 당대를 풍미한 패관문체를 비판하고 순정한 이상적 문풍을 회복하기 위한 방법으로 시문집 편찬을 주도하였다. 규장각 각신과 초계문신을 동원하여 편찬된 많은 시문집이 정조의 '어정본御定本'이었다. 정조가 직접 선집選集의 기획과 내용을 구상하고 또한 손수 시문을 선정하여 이를 하나로 묶는 작업을 수행하였다. 그리고 각신과 초계문신과 더불어 교정과 교준작업을 거쳐 활자로 간행하였다.

정조가 규장각을 통해 수행한 편찬사업은 서적을 세상에 내놓기 위한 목적보다는 자신의 정치적 이념을 세상에 보여주고 이를 통해 세상을 이끌어가려는 문치文治의 이상을 구체화시킨 것이었다. 규장각에서 정조의 문치文治를 위한 서적 편찬에 적극적으로 활동한 인물이 이가환·정약용·심상규·서유구·이서구 등이라고 할 수 있다. 여기에 이덕무·박제가·유득공·성해응 등 검서관들이 같이 활약하였다. 서유구는 다른 규장각 각신들과 더불어 정조의 편찬사업에 중추적인 역할을 담당하였다.

서유구 집안이 정조의 돈독한 신임을 얻게 된 것은 정조 즉위 직후에 서명선과 서명응이 홍국영세력을 조정에서 몰아내는 데 큰 공로를 세운 일 때문이었다. 홍국영은 세손시절의 정조를 보호하고 그리하여 왕위를 계승하는데 커다란 도움을 주었다. 하지만 점차 홍국영의 위세가 높아지면서 세도를 부리는 지경까지 이르러 왕권을 위협하는 양상이 나타났다. 그리하여 정조가 홍국영을 조정에서 몰아내게 되는데, 이 과정에서 서명선·서명응이 커다란 역할을 한 것이다. 그리하여 서유구 집안은 정조의 지우知遇를 받게 되었다.

서유구 집안은 정조대의 규장각과 밀접한 관련을 맺고 있었다. 조부인 서명응은 정조가 즉위한 1776년에 규장각 제학에 임명되어 규장각을 설립하고 정비해 나가는데 결정적으로 기여했다. 또한 생부生父 서호수는 1780년(정조 4)에 규장각 직제학에 임명되었고 중부仲父 서형수는 1783년(정조 7)에 규장각 초계문신에 선발되어 활동했다.[2] 서유구를 비롯하여 서호수·서형수, 그리고 서명응에 이르기까지 서유구 가문의 인물들은 규장각을 매개로 정조의 지우知遇를 받았다는 공통점을 가지고 있었다.

정조는 왕위에 오르자마자 숙종대 세워진 규장각을 새로 만들다시피 크게 개편하였다. 그리고 규장각에서 근무하는 각신들이 학문을 연마하면서 또한 의리를 발휘하여 우문右文 정치를 보좌할 것을 기대하였다. 규장각 각신으로 선발되는 것을 매우 좁은 문을 통과하는 것이었다. 정조는 학문적인 능력을 갖춘 관리를 규장각 각신으로 뽑아 각종 편찬사업을 수행하게 하였다.

1792년 2월 서유구는 드디어 규장각 대교待敎로 뽑혔다. 이때부터 규장각에서 오랜 세월 동안 일하게 된다. 문과에 급제한 직후 규장각 대교 권점에서 5점을 얻은 지 1년 5개월이 지난 뒤였다. 서유구가 정조 재위 시기에 규장각을 중심으로 활동할 때 정약용·이가환 등 많은 당대의 박학다식한 학자관료들과 더불어 활동하였다. 서유구는 그의 나이 29살부터 10여 년 동안 정조의 남다른 총애를

---

2 김문식, 「楓石 徐有榘의 학문적 배경」, 『震檀學報』 108, 진단학회, 2009.

받으며 득의의 나날을 보내게 되었다.

　같은 해 3월에는 서유구는 예문관 검열檢閱을 겸하게 되었다. 생부인 서호수가 원임 규장각 직제학이었기 때문에 정조가 대신大臣들과 각신閣臣들을 소견召見하는 자리가 생기면 부자가 같이 참여하는 경우도 많았다. 그런데 서유구는 대교에 임명된 지 얼마 지나지 않아 자신의 할아버지와 아버지가 규장각에서 일하는 은혜를 입었는데, 자신은 능력이 미치지 못하니 대교 자리에서 사직하지 않을 수 없다는 상소를 올렸다. 하지만 정조가 사직을 허락하지 않아 대교로 근무하게 되었다.

　규장각 대교는 1776년(정조 즉위년) 규장각을 새로 확충하면서 설치된 관직이었다. 규장각 직각直閣 1인과 함께 규장각을 운영하는 핵심적인 자리였다. 특히 정조대에 규장각 대교는 각종 도서 편찬의 실무를 담당하였다. 그리고 규장각 대교자리는 다른 관직과 겸직할 수 있는 자리였다. 서유구도 1792년 3월부터 승정원 가주서 자리를 겸임하였고, 이후 예문관 검열檢閱, 홍문관 정자正字 등의 관직을 거쳤다.

　서유구는 1793년(정조 17) 6월 서유구는 규장각 포폄에서 포폄 자리에 불참하였다는 이유로 중中을 받아 법전 규정에 따라 체직되었다. 규장각 직각과 대교 직임은 옥당玉堂과 마찬가지로 청직淸職인데, 옥당의 경우 전최殿最에서 중中을 받으면 당연히 체직되는 것이 정식定式으로 마련되어 있었기 때문에 규장각의 경우로 이를 준행하는 것이 마땅하였다. 정조도 옥당의 예에 따라 서유구의 체직을 허락하였다. 이후 서유구는 원임原任 즉 전임前任 대교로 불린다. 이후 1794년 12월에 서유구는 홍문관 부교리副校理에 임명되었다.

서유구는 대교에서 물러난 이후에도 원임 대교로 여러 행사에 참여하였는데, 1795년 1월부터 서유구의 관직으로 검교檢校 대교待敎가 사료에 등장하기 시작하고 있다. 검교는 해당 관직의 정원 이외에 임시로 그 일을 맡기는 자리를 가리킨다. 규장각 검교 대교는 규장각 대교 자리의 정원 이외에 임명하는 것이 무방하였고, 임시직이지만 실질적으로는 대교의 직무를 수행하는데 어려움이 없었다. 규장각의 편찬사업이나 국왕에 자문에 응하는 일 등을 모두 정식 대교와 마찬가지로 맡을 수 있었다. 서유구는 오랫동안 검교 대교로 일했는데, 『승정원일기』에 따르면 1795년(정조 19) 1월부터 1804년(순조 4) 11월까지 10년 가까운 기간이나 되었다. 그리고 그가 외직外職으로 나갔을 때에도 이 직임은 그대로 유지되었다. 이렇게 볼 때, 서유구가 정조대 관직생활을 한 것은 거의 대부분 규장각에서 지낸 것이라고 할 수 있다.

규장각 대교·검교 대교로 근무하면서 서유구는 규장각을 중심으로 펼쳐진 각종 서적 편찬사업에 참여하여 중추적인 역할을 담당하였다. 각종 편찬 사업에 실무진으로 참여하면서 서유구는 국내외 서적을 두루 열람할 수 있었다. 서유구에게 규장각 각신으로 지낸 세월을 정조가 요구하는 많은 책을 편찬하는 작업으로 여념이 없던 시절이었다. 서유구는 이미 1791년에 초계문신의 자격으로 『주역강의周易講義』·『상서강의尙書講義』·『시경강의詩經講義』 등의 편찬 작업에 참여한 경험을 갖고 있었다.

규장각 대교로서 서유구는 1793년 삼경三經과 사서四書를 새로 간행하는 일에 참여하였다. 1793년 4월부터 간행하는 역사를 시작하여 1794년 정월에 완료되었다. 그리하여 경서 간행 과정에서 도

판도板 감동監董의 일을 맡아 수행하였던 서유구는 이때 경서를 하사 받았다. 그리고 1795년 윤2월에는 정조가 수원 행궁의 낙남헌洛南軒 에서 문무文武 정시庭試 별시別試를 직접 주관할 때 대독관對讀官으로 참여하였다. 응시자들에 제출한 시권試券을 읽고 점수를 매기는 관 리로 독권관讀券官과 대독관이 있었다. 서유구는 이외에도 시관試官 으로 많이 활약하였다.

서유구는 1796년 12월에 간행된 『사기영선史記英選』 편찬 작업 에 참여하여 감인監印과 교준校準을 맡아 수행하였다. 『사기영선』 편찬 작업은 정조가 자신의 독서경험을 개인적인 차원에서 끌어올 려 국정을 이끌어가는 준칙화하기 위한 편찬사업으로 발전시킨 것 이었다. 정조는 사마천의 『사기史記』에서 가장 순일純一하다고 스스 로 평가한 「항우본기項羽本紀」, 소상국세가蕭相國世家[高祖 劉邦을 도와 漢 을 세운 다섯 공신 가운데 으뜸인 蕭何의 전기]·「유후세가留候世家[漢 창업 공 신 가운데 일원인 張良의 전기」, 그리고 「백이전伯夷傳」·「굴원전屈原傳」 등 열전 30편을 뽑아내고, 여기에 「태사공자서太史公自序」와 『한서漢 書』 열전 8편을 덧붙여서 『사기영선』이라 이름 붙였다. 정조가 뽑 아낸 것을 선사繕寫하고 교준校準하는 일을 초계문신이 담당하게 하 였다.

서유구가 편찬을 담당하였을 것으로 보이는 정조대 편찬 작업 의 결과물 가운데 하나가 『양대사마실기梁大司馬實記』이다. 현재 전 해지는 『양대사마실기』는 정조의 왕명을 받아 편찬된 것으로 소개 되어 있다. 1799년 심환지沈煥之가 작성한 권수卷首에 정조의 교서가 들어 있다. 그런데 1796년 9월 정조가 서유구에게 『양대사마실기』 의 편찬에 관해 구체적인 지시를 내리는 기사가 『승정원일기』에 실려 있다. 이렇게 볼 때 규장각 검교 대교로 일하던 서유구가 『양대사마실기』의 편찬을 주관하는 일을 맡아 수행하였음을 알 수 있다.

『양대사마실기』는 임진왜란 때 호남지역에서 의병장으로 활약한 양대박梁大樸(1544~1592)의 유문遺文과 행적行蹟 등을 모아놓은 책이다. 그리고 양대박의 아들 양경우梁慶遇(1568~?)와 양형우梁亨遇(?~1623)의 유문 및 행적도 각각 『제호집霽湖集』(양경우)과 『동애집東崖集』(양형우)이라는 책명이 붙어 부록附錄으로 첨부되어 있다.

양대박은 1592년 임진왜란이 일어나자 전라도 곡성에서 의병을 모집하여, 두 아들과 가동家童 백 여명을 거느리고 담양으로 이끌고갔다. 담양에서 고경명高敬命을 만나 그를 의병장으로 추대하고 자신은 부장副將이 되어 전주全州로 가는 도중 임실任實의 운암雲巖에서 일본군을 크게 무찔렀다. 이후 전주에 입성하였는데, 군중에서 병이 들어 세상을 떠났다. 정조때 병조판서에 추증追贈되었고, 시호諡號로 충장忠壯이 내렸다. 병조판서를 대사마大司馬라 달리 부르는데, 이는 주례의 하관夏官 대사마에서 유래한 것이다.

양대박이 남긴 시詩들은 두 아들의 손에 의해 1618년 『청계유고靑溪遺稿』라는 이름으로 전라도 장성長城에서 목판으로 간행되었다. 그리고 이외에 글들을 모아놓은 필사본이 정조대까지 남아 있었던 것으로 전해진다. 정조는 1796년 양대박에게 시호를 내리고 정려旌閭를 다시 내리면서 또한 양대박과 두 아들의 글을 모아 간행할 것을 지시하였다. 1796년 9월 정조는 서유구에게 양대박의 문적文蹟을 정리하는 작업을 문집文集의 체제를 온전히 지키려고 할 필요는 없고, 고인古人과 금인今人의 문자를 많이 채록하여 부록附錄에 넣을 것을 지시하였다. 그리고 양대박에 대해서 설명하는 글을 애써 간략하게 압축하지 않는 것이 좋겠다는 것도 지시하였다.

정조의 지시를 받은 서유구의 『양대사마실기』의 편찬 작업의 결과물을 오늘날 우리가 볼 수 있다. 현재 전해지고 있는 『양대사마실기』를 보면 양대박과 양경우·양형우가 남긴 시문, 행적에 대한 글 이외에 신도비명·묘갈명 등이 실려 있다. 특히 양대박의 창의倡義 격문檄文, 양경우의 종군일기從軍日記도 수록하고 있다.

정조는 외적外賊의 침략을 물리치는 데 커다란 공로를 세운 인물을 표창하는 데 많은 공을 들였다. 외적 격퇴에 공이 큰 인물들의 전기 편찬에도 힘써 『이충무공전서李忠武公全書』를 비롯해 『김충장유사金忠壯遺事』·『임충민실기林忠愍實記』 등과 더불어 『양대사마실기梁大司馬實記』를 편찬한 것이었다.

서유구는 1797년에도 많은 서적 편찬에 참여하고 있었는데, 『향례합편鄕禮合編』도 그 중의 하나였다. 서유구는 『향례합편鄕禮合編』의 편찬 작업이 진행되는 과정에 정조와 더불어 향음鄕飮·향사鄕射에 편집방향, 내용을 놓고 토론을 벌이고 있었다. 1797년 3월 '향약통의鄕約通儀'라는 가제로 『향례합편鄕禮合編』의 편찬이 진행되고 있었다. 정조는 '향약통의' 초본草本을 살피고 편찬을 담당하고 있던 민종현閔鍾顯에게 향음鄕飮·향약鄕約 의식을 속히 만들어 넣으라고 지시하고, 또한 연초에 내린 윤음綸音을 권수에 넣는 것이 좋을 것이라고 하였다. 이어서 정조는 송준길宋浚吉이 향약에 대해서 말한 바를 총서總序에 수록해야 할 것이고 격례格例에 크게 어긋나지 않는다면 다른 언급들도 모두 수록하는 것이 좋을 것이라고 하였다. 그러자 서유구는 향약鄕約에 관한 고금古今의 의론이 너무 많기 때문에 이를 모두 수록하는 것을 불가능하다고 설명하였다. 그리고 정조가 향음鄕飮·향사鄕射의 도식圖式은 별로 볼 만한 것이 없으니 빼놓아도 무방할 것이라고 의견을 개진하자, 서유구는 향음·향사는 이미 위차位次를 근거에 따라 파악할 수 있기 때문에 이를 도식圖式으로 표현하는 것을 빼뜨려서는 안 될 것이라고 주장하였다. 이와 같이 서유구는『향례합편』의 편찬과정에서 주도적인 역할을 수행하고 있었다.

정조와 서유구가 논의의 대상으로 삼은 책이 현재 전해지고 있는『향례합편鄕禮合編』이다. 향음주례鄕飮酒禮·향사례鄕射禮와 관혼례冠婚禮·여씨향약呂氏鄕約 등을 모아 풀이를 덧붙여 백성들이 보고 실행하기에 편하게 만든 것이다. 권수에「어제양로무농반행소학오륜행실향음주례향약윤음御製養老務農頒行小學五倫行實鄕飮酒禮鄕約綸音」이라는 긴 제목을 지닌 윤음이 실려 있는데, 위 단락에서 정조가 연초에 내린 윤음이라는 것이 바로 이것이다. 현존하는『향례합편』책끝에 편집에 참여한 사람의 명단이 실려 있는데 이병모李秉模를 비롯하여 민종현閔鍾顯·서용보徐龍輔 등과 더불어 서유구徐有榘의 이름도 보인다. 편찬에 참여한 신하들 가운데 서유구는『향례합편』의 편찬 작업 진행과정을 정조에게 보고하는 위치에 있었던 것으로 보인다. 앞서『향례합편』편찬 방향에 대한 정조와 서유구의 논의 뿐만 아니라 1797년 4월 정조는 서유구에게『향례합편』을 편찬하는 작업이 어느 정도 되었는지 오늘 마무리할 수 있는지 질문하고 있다. 이에 대해 서유구는 교정校正하는 일이 조금 지체되었고, 인출印出하는 일도 쉽지 않아 조금 지연되고 있어 걱정스럽지만 며칠 내에 완성된 것이라고 대답하고 있다. 이러한 정조와 서유구의 문답과정에서 서유구가『향례합편』편찬과정에서 수행하는 일 가운데 하나가 정조에게 직접 보고하는 일이었음을 알 수 있다.

　서유구는 1797년 5월 『주자어류朱子語類』의 구두句讀를 다른 각신, 초계문신과 더불어 나누어 맡았다. 정조는 오래 전 자신이 춘저春邸 즉 동궁에 있을 때, 세손강서원 관리들에게 『주자어류』를 나누어 주고 새롭게 구두를 찍고 현토하여 읽기에 편하게 하는 작업을 맡겼던 일을 회고하면서, 이번에 규장각 각신과 초계문신에게 그 일을 다시 나누어 맡기는 것이라고 전후사정을 설명하였다. 정조는 『주자어류』가 주자의 문인門人의 손에서 나온 것이기 때문에 자세한 부분이 있는가 하면 소략한 부분이 있고, 또한 시기에 따라 내용에도 차이가 있어 이를 바로잡는 것이 필요하다는 생각을 갖고 있었다. 그리하여 동궁에 있을 때인 1769년에 세손강서원 관리들에게 그 일을 맡겼다가 이번에 다시 해보려는 것이었다. 서유구는 정조가 추진하는 『주자어류』 구두 작업에 각신의 일원으로서 참여하고 있었다.

　계속해서 서유구는 정조의 명으로 편찬된 『육율분운陸律分韻』의 편집에 참여하였다. 이 책은 1797년 5월에 완성되었는데, 왕명을 받아 편찬에 참여한 사람으로 서유구 이외에 신현·홍석주·김근순 등이 있었다. 정조는 당시에 시詩를 논하는 자들이 육유陸游의 시를 거칠고 덤벙대며[鹵率], 용렬하고 천박하다[庸淺]고 평하는 것이 잘못된 것이라고 지적하였다. 거칠고 덤벙대는 것이 대가大家가 되지 못하게 하는 것이 아니고, 용렬하고 천박해 보이는 것이 도리어 다른 사람이 미치기 어려운 데 이르게 하는 것이라고 강조하였다. 그리고 지금 세속의 폐단을 고치고 얕은 학문에 빠져 있는 것을 경계하기 위해 육유의 시를 분운하여 편집하는 작업을 지시하는 것이라 설명하였다. 서유구는 『육주약선』 편찬과 같은 시기에 이루어진

『두율분운杜律分韻』을 편찬하는 과정에도 참여하고 있었다.

또한 서유구는 1797년 윤6월에 간행된『어정육주약선御定陸奏約選』의 편찬에도 깊이 관여하였다. 정조는 즉위한 처음에 육지陸贄가 올린 주의奏議들이 나라를 다스리고 백성을 깨우치는 데 크게 도움이 될 것이라고 생각되어 운각芸閣 즉 교서관으로 하여금 전집全集을 간행하게 하였다. 그런데 분량이 너무 커서 살펴보는 것이 쉽지 않다고 여겼다. 그리하여 1794년에 정조가 직접 가장 요긴한 것 29편을 뽑았는데, 이황李滉이『주서절요朱書節要』를 만들 때 하던 방식을 좇아서 자구字句를 줄이고 읽기에 편하게 하였다. 정조는 이것을 다시 수정하고 바로잡아서 2권으로 만들어 '육주약선陸奏約選'이라는 이름을 붙이고 초계문신으로 하여금 선사繕寫하게 하고 주자소에서 정유자로 간행하게 한 것이었다. 이 작업에 서유구, 김근순 등이 참여하여 완성시켰다. 현재 규장각에 소장되어 있는『어정육주약선御定陸奏約選』이 바로 이러한 과정을 거쳐 만들어진 책이다.

3. 규장각 각신閣臣으로 지낸 나날들

서유구는 규장각에서 근무하던 1795년(정조 20) 32세 나이로 아들 서우보徐宇輔를 얻었다. 서유구는 규장각에서 서적 편찬사업에 종사하면서 편집·교정·간행 등에 여념이 없어 심지어 아들 서우보의 돌잔치도 챙기지 못할 정도로 바쁜 나날을 보냈다. 훗날 서우보가 자신보다 앞서 세상을 떠났다. 1825년 이후에 맞이한 죽은 아들의 생일날에 제문을 지었는데, 다시 볼 수 없는 아들의 돌상을 챙기지 못한 것에 대한 아쉬움이 담겨 있다. 그런데 그 제문 속에는 도리어 정조와 같이 규장각에서 편찬사업에 종사할 때 갖고 있었던 학문적인 자부심과 임금과 신하 사이의 믿음에 기반한 정겨운 군신 관계를 느낄 수 있다.

> 네가 태어난 것은 선왕先王[정조正祖] 재위 시기의 을묘년(1795) 5월 11일 이었다. 네가 태어난 이듬해(1796) 돌 날. 나는 교정해야 할 책을 손에 들고 있어서 (규장각에서) 빠져나올 수가 없었다. 연신筵臣이 그 사실을 임금에게 아뢰자 상[정조正祖]께서 웃으시며 새로 돌상을 내어 오게 하고 말하기를 "내원內苑에서 꽃구경할 사람이 또 한 사람 늘었구나"라고 하셨다. 그로부터 세 번 을乙의 해가 지나가 지난 을유乙酉년(1825)이 되었다. 매번 이날을 만나면 고기를 굽고 술을 빚어 그 기쁨을 기억하지 않은 적이 없었다. 그 (정조의) 은혜로운 말을 추모하니 황홀하여 마치 귓전에 들리는 듯하다. 매일 밤 네가 과거에 급제하여 조정에 관리로 나아가 조금이라도 옛일을 좇고 지금에 보답하는 책무를 다하기를 바랬는데, 네가 갑자기 어디론가 가버렸구나.
>
> 「제망아생일문」

먼저 세상을 떠난 아들의 생일에 쓴 제문에 정조에 대한 그리움과 아들에 대한 아쉬움이 동시에 담겨 있다. 정조가 서유구에게 준 것은 단지 규장각에서 각신으로 일할 수 있게 해준 임금의 권한 그것만이 아니었던 것이다. 정조는 서유구의 가계에 대해 깊이 알고 있었고, 또한 기대하고 있었다. 그러한 기대감을 갓 태어난 서유구의 아들에게까지 이어나가고 있었다.

「제망아생일문」,
서유구는 아들 서우보과 함께
『임원경제지』를 엮음(서울대 중앙도서관)

서유구는 규장각에 근무하면서 많은 사람을 만났다. 그 가운데 그와 특별히 인연이 깊은 인물로 심상규沈象奎와 성해응成海應을 꼽을 수 있다. 서유구에게 두 사람은 나이 어린 시절부터 가까이 지내던 사이였지만, 특별히 규장각에서 서적편찬에 같이 종사하면서 인연을 돈독하게 만들 수 있었다.

심상규(1766~1838)는 서유구가 규장각 대교待敎로 오랫동안 복무할 때 그와 같이 대교 자리를 맡았던 인물이었다. 심상규는 서유구보다 2살 어린데, 1781년부터 친교를 나누기 시작하였다. 심상규의 아버지 심염조沈念祖(1734~1783)가 서유구의 글을 보고 극찬하면서 두 사람 사이의 교유를 주선한 것이었다.

서유구는 오랫동안 사귀었던 친구인 심상규가 1838년 자신보다 먼저 세상을 떠난 것을 매우 안타까워 하였다. 3년 뒤인 1841년 심상규에게 문숙文肅이라는 시호가 내려졌는데, 심상규의 장남 심정우沈正愚의 뒤를 이은 심희순沈熙淳이 서유구에게 가장家狀을 들고 찾아와 심상규의 묘지명을 부탁하였다. 이에 서유구가 심상규의 묘지명을 지었는데, 자신과 심상규의 친분이 이루 말할 수 없이 두터웠다고 회고하면서, 심상규와 만나게 된 계기, 규장각에서 같이 보낸 시절 등을 간략하게 다음과 같이 서술하고 있다.

> 전전前前 신축년辛丑年(1781)에 함재공涵齋公[심염조]이 죽서竹西에 있는 나
> 의 서실書室을 방문하였다. 내가 근래에 지었던 글을 찾아보고 "이것은
> 동인東人의 글이 아니다"라고 찬탄하였다. 돌아가서 나와 심상규 사이의
> 만남을 기약하고 사귀게 하였다. 처음 보았을 때 편안하고 기쁘기 짝이
> 없었으며 마치 친아우 같았다. 그 후에 앞서거니 뒷서거니 과거에 급제
> 하였고, 또한 내각內閣에 앞뒤 순서로 들어갔다. 서로 같이한 것이 10년
> 이나 되지만 마치 하루가 지난 것 같았다.
>
> 「심상규 묘지명」

심상규와 같이 보낸 10년 규장각 시절을 꿈결처럼 그리워하는 마음이 잘 드러나 있다. 심상규는 1790년 9월에 규장각 대교로 임명되었고, 서유구는 앞서 서술한 바와 같이 1792년 2월 규장각 대교 자리에 올랐다. 이후 서유구와 심상규는 규장각 대교로 오랫동안 같이 근무하면서, 서적편찬, 시관, 궁중의 여러 행사에 동석同席

하였다.

　성해응成海應(1760~1839)은 서유구와 오랫동안 규장각에서 같이 근무한 사이였다. 서유구보다 4살 위인 성해응은 고향이 포천군 소흘읍인데, 서유구 집안의 세거지와 가까운 곳이었다. 성해응의 아버지인 성대중成大中은 서얼이어서 순탄한 관직생활을 누리지 못하였다.

　성해응은 1788년 규장각 검서관이 된 이후 각종 서적 편찬에 종사하였다. 서유구는 1792년 규장각 대교가 되어 규장각에 근무하게 되었다. 성해응과 서유구는 이때부터 같이 이 규장각 검서관으로 있을 때인면서 두 사람은 보다 굵은 인연을 맺게 되었다. 두 사람은 규장각 검서관으로 있던 이덕무·유득공·박제가 등과 학문적인 교류를 해나갔다. 또한 두 사람은 규장각에서 서적 편찬사업에 참여하여 많은 책을 펴냈다.

　성해응과 서유구는 거의 같은 시기에 규장각을 떠나고 있다. 성해응은 1801년(순조 1) 통례원 인의引義에 임명되면서 규장각에서 물렀다. 그는 이후 금정찰방을 거쳐 1803년 음성현감에 제수되었다. 그리고 같은 시기에 서유구는 1801년 여름 아버지 상에서 벗어난 이후 홍문관 부교리가 되었다가, 승정원 동부승지·좌부승지를 거쳐 형조참의刑曹參議가 되었다. 서유구는 1802년 겨울에 의주부윤이 되어 지방으로 내려갔다. 이와 같이 성해응과 서유구는 거의 같은 시기에 규장각에서 물러나고 있었다.

　성해응은 두 사람이 같이 규장각을 벗어난 지 20년 정도 지난 뒤인 1823년에 서유구에게 글 1편을 지어주고 있다. 성해응은 오랜 은거생활을 벗어나 새로 관직에 나아가게 된 서유구를 송별하는 글을 남겨준 것이었다. 성해응은 서유구가 18년 동안 병거屛居하다가 조정에 다시 나오게 되었다고 설명한다. 그리고 서유구의 생애를 짧게 정리하는데 규장각에서 같이 작업한 일에 대한 언급도 보인다.

　　내가 공公서유구를 따라 내각에서 두루 일하던 것을 기록한다. 공은 어릴 적부터 뛰어난 영걸英傑이었고, 본래 문헌文獻에 능숙한 가문家門의 내력을 계승하였다. 유학儒學이 떨쳐 일어나는 시기를 만나서, 무실茂實함을 크게 올리고 이채로움을 한껏 드러내며 논설을 지어내고 문장을 쏟아 냈다. 비어서 내실이 없는 것은 버리고 돌아보지 않았고, 흠이나 어그러진 것은 긁고 빗질하여 정리하였다. 강유綱維를 모두 펼쳐냈고, 끝나는 곳을 알 수 없을 정도로 넓었다. 그리고 쇠붙이를 녹여 그릇을 만드는 것처럼 일을 성취시키는 것이 굳세게 밀어붙였다. 또한 항목을 나누고 분별하는 것이 정확하고 엄격하였다. 무릇 서적을 편찬하고 교정하는 일에 모두들 공公을 우선으로 추천하였다.

　　　　　　　성해응, 「풍석 서학사를 회양부사로 떠나보내는 서문

　　　　　　　　　　　　　　　　　　[送楓石徐學士之淮陽府使序]」

　　성해응의 회고에서 서유구가 규장각에서 어떠한 일을 어떻게 하였는지, 그 일상을 분명하게 알 수 있다. 규장각에서 서적을 편찬하는 데 공이 가장 정통한 인물이었다는 평가를 받고 있었다. 정조의 지우를 받아 규장각에서 보낸 세월이 갖고 있는 영예로움과 더불어 정조가 갑자기 죽었을 때 서유구가 받은 충격은 서로 반대방향으로 비례하는 것이었다. 서유구의 규장각 생활을 옆에서 지켜본 성해응은 위와 같이 높이 서유구를 칭송하고 있었다.

　　성해응은 당시 서적의 편집작업과 교정작업에 서유구가 가장 능숙하고 능통한 인물로 평가하고 있었다. 규장각을 중심으로 정조대 편찬사업이 전개될 때 서유구는 다른 각신閣臣들과 이에 몰두하였다. 서유구 자신도 손에 굳은살이 박히고, 눈이 침침해질 정도였다고 언급하던 시기였다. 서유구를 비롯하여 정조가 생존하던 시기에 활동한 규장각 각신들을 서적 편찬 사업, 개혁 방안 마련 등에 자신의 온 정력을 다 바치던 시기였다.

4. 규장각 시절 서유구의 학문적 모색

규장각 각신으로 일하던 시절 서유구가 남긴 글 속에서 그의 학문적 지향·학문적 성향을 찾아볼 수 있다. 서유구는 글쓰는 것이 당대의 지배층·지식인으로서 마땅히 해야 할 일이라고 보고 있었다. 또한 실용적 가치를 염두에 둔 글쓰기가 곧장 학문을 통해 세상에 기여하는 것이라고 생각하고 있었다. 이러한 측면에서 서유구가 남겨놓은 글 속에서 그의 학문적 모색, 실용적 가치지향을 찾아볼 수 있다.

초계문신을 거쳐 규장각 각신으로 일하던 시절에 서유구는 많은 글을 지었을 것으로 보이지만, 현재 전해지는 것은 『풍석전집』에 보이는 몇 편 뿐이다. 『풍석전집』에 실려 있는 당시의 서유구 글 속에서 학문적인 태도와 접근방식 등을 찾아볼 수 있다.

첫 번째로 「팔자백선서八子百選序」에서 서유구는 당송고문을 강조하는 정조의 입장에 동조하는 입장을 취하고 있다. 『팔자백선』은 정조의 문체순화 정책, 이른바 문체반정文體反正의 일환으로 편찬된 책이었다. 정조가 직접 당송팔대가의 고문古文 가운데 100편을 선정한 것이다. 간행연대는 미상이지만 1792년에서 1800년 사이에 간행되었을 것으로 추정된다. 당송팔대가는 서유구가 어린 시절부터 익숙하게 공부한 인물들이었기 때문에 정조가 이들의 고문을 중심으로 문체를 변화시키려는 정책을 취하자 여기에 적극 동참하였던 것이다. 특히 정조가 당대의 패관소품을 비판하는 것에도 서유구는 적극 동조하였다.

다음으로 「십삼경책+三經策」(1790)에서 십삼경經 전체에 대한 한당漢唐 이래의 경설經說을 집대성한 『십삼경전설+三經傳說』을 편찬해야 한다고 주장하였다. 또한 전체적으로 주자朱子의 학설을 중심으로 하고 고주古註를 참고할 것을 제안하였다. 구성체제에 대해 한당의 주소注疏를 전편前編으로 삼고, 송명宋明의 전설傳說을 후편後編으로 편집할 것을 구상하고 있었다. 또한 『십삼경전설』의 편찬을 담당할 전담관서를 설치하고, 경술經術에 뛰어난 학자들을 선발하여 작업하고, 그렇게 하여 만들어진 책을 팔도에 보내어 활용할 것도 제안하였다. 조선에서 십삼경에 대한 모든 경설經說을 체계적으로 재정리하는 것이 가능하다고 생각한 것도 의미있지만, 십삼경에 대한 주자의 주석에 매몰되지 않고 중국 역대의 경설을 모두 망라하자고 주장한 것도 의미있는 것이라 생각된다.

다음으로 서유구는 자국의 역사에 대해 몰지각한 당대 조선 지식인의 행태를 극력 비판하였다. 이는 곧 자신을 둘러싼 특정집단에 대한 비판, 또한 스스로의 자기반성으로 나아가는 것이었다. 평소에 친분이 있던 박종해朴宗海가 『금석사료錦石史料』를 완성한 뒤에 서유구를 찾아와 서문序文을 써달라고 부탁한다. 『금석사료』는 조선 개국 이후 영조대까지 열전列傳 중심으로 자료를 정리한 책으

로 보인다. 박종해가 서유구에게 서문을 부탁한 일이 언제 있었는
지 불확실하다. 그런데 박종해는 서유구의 형인 서유본에게도 서문
을 부탁하였다. 그리하여 서유본이 써준 「금석사료서錦石史料序」라
는 글 속에 박종해의 작업이 본조本朝가 400년이 되었는데 국사國史
가 아직 이루어진 것이 없어서 이 책을 짓게 되었다는 경위에 대한
설명이 들어 있어 이를 단서로 삼을 수 있다. 박종해가 『금석사료』
를 지은 것이 적어도 개국 400년인 1792년 이후인 것이 확실하다.
또한 서유구가 지은 「금석사료서」에 박종해의 작업이 7년 걸렸다
는 언급이 보인다. 그렇다면 박종해가 두 서씨 형제에게 서문을 부
탁한 것은 1800년 전후의 일로 추정할 수 있을 것이다.

　　서유구는 「금석사료서」에서 사족들이 역사의식을 갖추어야
한다는 점, 세상에 도움을 줄 수 있는 실용적인 학문을 해야 한다는
점을 강조한다.

　　세상에 진실로 사서史書가 없어서는 안되고, 사서를 만들려면 참으로
　　사료가 없어서는 안된다. 그런데 동국의 사서에서 사료를 매우 필요로
　　하는 것이 또한 이와 같다. 그러므로 (박종해가) 이 책을 지은 것이 어찌
　　조금만 도움이 된다고 말할 수 있을 것인가. 참으로 훌륭하도다. 그대는
　　어디에 의탁해야 할 바를 알고 있다. 내가 일찌기 생각하건데 오늘날 곡
　　식을 축내면서 세상에 보탬이 없는 자로 저술에 종사하는 선비가 가장
　　심하다. 선비들 가운데 용렬한 자는 빌리거나 품팔이하여 앞 사람들이
　　만들어놓은 울타리 아래에 기숙하고, 그 재주 있는 자는 또한 특이함을
　　내세워 도리를 어기고, 허위에 빠져서 실용을 따지지 않는다. 그리하여
　　무익한 학문으로 말미암아 정신을 피폐하게 만들고도 오히려 판목板木을

좀먹고 허비해가면서도 지금 세상에 자신을 알리고 후대에까지 전해지기를 바라는 자들에게 세상에 어찌 끝이 있겠는가.

「금석사료서」

서유구는 세상에 제대로 공헌하지 못하는 존재로 저술하는 선비보다 더 나쁜 것은 없다고 하였다. 용렬한 자(용자庸 者)는 과거를 좀먹고 모방에 빠진 부류이고, 재주있는 자(현자賢 者)는 괴이함에 빠져 자기도취적인 부류이다. 이들을 비판하는 서유구는 사회적 효용성과 현실적 적합성을 내세우는 학문, 그리고 문장을 주장하는 것이었다. 그러한 관점에서 박종해가 『금석사료』를 완성한 것이 참으로 훌륭한 일이라고 평가하고 있다.

5. 순창 군수 시절의 서유구

서유구는 1797년(정조 21) 7월 4일 순창군수淳昌郡守로 임명되었다. 그런데 이 때 서유구는 한창 규장각에서 서적 편찬 작업을 하느라 정신이 없을 시절이었다. 7월 16일 정조는 아직 하직下直하지 않은 수령들을 당일當日 곧바로 사조辭朝하게 하라는 왕명을 내리면서 "순창군수 서유구는 책冊 만드는 일을 아직 마치지 못하여 내려가는 것이 어렵다"라고 언급하였다. 정조도 서유구가 한창 편찬사업에 몰두하고 있어 전라도 순창까지 내려가는 것이 어렵다고 지적할 정도였다. 7월 18일에 이르러 정조가 서유구에게 "주서朱書를 고준考準하는 것이 마친 다음 곧바로 내려가는 것이 좋다"라고 명하자,

서유구가 "마땅히 가까운 시일 안에 사조辭朝하겠습니다"라고 말하였다. 이러한 기록을 보면 서유구는 지금 당장 끝내야할 일만 마무리하고 순창군으로 내려가야 할 형편이 되었다. 즉 지금 손에 들고 있는 작업만 마무리하면 순창으로 내려가게 된 것이었다.

서유구가 갑자기 전라도 순창군수로 임명된 배경이 무엇인지 현재로서 정확히 알기 어렵다. 전라도 순창군수라는 외직外職으로 나아가게 된 배경에 대해서는 현재 어떤 자료에서도 언급하는 바를 찾기 어려운 상황이기 때문이다. 그런데 『내각일력』 7월 6일 기사을 보면 서유구가 정조에게 검교 대교 자리에서 물러나야 되는 배경에 대해 설명한 부분을 볼 수 있다. 그에 따르면 검교 각신이 3인을 넘게 되면 임금에게 아뢰어 처리해야 한다는 왕명이 있었는데, 윤6월에 이존수李存秀가 새로 검교 대교에 임명되면서 3인을 넘은 상황이었다. 이러한 상황에서 7월 초에 서유구가 순창군수에 임명된 것이었다. 하지만 서유구를 내직內職이 아닌 외직으로 임명한 분명한 이유는 아직도 미상이다. 서유구는 자신이 새로운 관직인 순창군수로 내려가게 되면 자연히 3인을 넘은 검교 각신을 덜어내는 것이 가능할 것이라고 언급하였다. 그리하여 7월 22일 서유구는 순창군수 직임을 수행하기 위해 내려갔다.

순창군수로 내려간 서유구가 어떠한 목민관으로 일했는지 알기 어렵다. 하지만 서유구가 순창군수로 지내면서 민폐를 해결하기 위해 고심한 흔적을 찾아볼 수 있다. 1798년(정조 22) 3월 정조가 상경해 있던 서유구를 소견召見하였는데, 이 자리에서 서유구는 호남 지역의 백성들이 겪는 폐단을 설명하면서, 순창에서 이를 해결하기 위해 실행할 만한 방안을 제시하고 있었다. 서유구의 지적에 따르

「순창군수응지소」, 정조에게 올린 지역 고충사항 해결방안 상소(서울대 중앙도서관)

면 호남 지역의 백성들에게 함부로 거두는 폐단이 심한 곳은 바로 종이가 생산되는 4읍인데, 나주와 남평은 본래 민고民庫가 있어 여기에서 부담에 응하고 있고, 남원은 앞서 환미還米 즉 환곡미를 획급받았기 때문에 어지간히 지탱할 수 있다. 그런데 순창은 종이로 원래 납부해야 할 것이 많아 매년 들어가는 비용이 적지 않은데, 오로지 백성들 토지에서 염출하는 것으로 마련하고 있으니 남원의 사례와 마찬가지로 곡물을 갖고 있는 관청에서 3,000석을 빌려주어, 이를 환곡으로 운영하고 그 모곡耗穀을 일부는 본래 곡물을 빌려준 관청에 보내주고, 나머지를 종이 납부에 쓰면 좋을 것이라고 하였

「권농정구권농서윤음」,
1798년 농정개혁방안을 제출하라고 정조가 반포한 윤음(정조, 실학박물관)

다. 정조는 백성들에게 이득이 된다면 당연히 그렇게 해야 할 것이라고 하면서 남원의 사례에 따라 시행하고 나중에 보고하도록 지시하였다. 서유구는 순창지역이 안고 있는 지역적인 고충사항을 해결할 만한 방안을 마련하여 이를 정조와 대면하는 자리에서 제시하고 실행할 수 있도록 노력한 것이었다.

서유구는 순창군수의 직무를 수행하는 도중에도 원임 대교로서 규장각의 편찬 사업에 계속 관여하였다. 『어정주서절약御定朱書節約』과 『대학유의大學類義』를 편찬하는 데에 참여하였다. 『어정주서절약御定朱書節約』은 교정을 맡아 수행하였고, 『대학유의大學類義』는 왕명을 받아 광주와 더불어 순창에서 교정校正에 참여할 유생을 모아 교정하고 교정본을 다시 올려보내는 일을 담당하였다. 당시 중부 서형수가 광주목사로 재직하고 있었는데 같이 『대학유의』의 교정 작업 진행과정에 참여한 것이었다.

1798년(정조 22) 11월 30일에 정조는 「권농정구농서윤음勸農政求農書綸音」을 내려 중외中外의 신민臣民에게 농업기술을 정리한 농서農書 또는 농정農政에 대한 개혁안을 담은 농소農疏를 제출하도록 요청하였다. 정조의 윤음에 호응하여 중외에서 100명이 넘는 사람들이 농서책자 또는 상소문을 올렸다. 순창군수 서유구는 정조의 명령에 호응하여 응지농서應旨農書를 올렸다. 서유구가 올린 글은 「순창군수응지소淳昌郡守應旨疏」라는 제목으로 『풍석전집』에 실려 있다.

6. 서호수의 죽음과 정조의 죽음

서유구 생애의 결정적인 시절은 1799년 서호수의 죽음, 1800년 정조의 죽음을 연이어 맞이한 때부터 1806년 조정에 발길을 옮길 수 없게 된 시기까지 6년 정도의 기간이었다. 그의 80여 평생 가운데 겨우 6, 7년 정도에 불과한 시간이지만 이 기간 동안 서유구는 자신의 진로와 전망에서 커다란 전환을 경험하게 된다. 그러한 전환은 외부 환경에 의해 주어진 것이었지만 서유구에게는 오히려 이전부터 준비하고 기대던 바이기도 하였다. 서유구는 마치 누가 미리 짜놓은 듯한 이야기 속으로 성큼 발걸음을 내딛게 된다. 그 길은 조선의 농업을 개혁하는 방안을 마련하는 길이자 서유구가 제시하는 임원경제의 이상향을 모색하는 길이었다. 하지만 1799년과 1800년 서유구는 먼저 극심한 고통을 먼저 경험하게 된다.

서유구 몸으로 경험하게 된 참담한 사건은 바로 생부인 서호수의 죽음과 연이은 정조의 죽음이었다. 1799년에 생부인 서호수가 세상을 떠나고 이듬해인 1800년에는 정조가 승하하는 참혹한 경험을 하게 된 것이다. 불과 2년 사이에 서유구는 자신이 가장 믿고 의지할 수 있었던 커다란 기둥을 송두리째 잃어버리고 말았다. 정조 재위 시기에 서유구는 정조의 신임을 받고 있었고 그 자신이 규장각에서 중추적인 역할을 수행하고 있었다. 또한 집안에서도 생부 서호수, 중부 서형수를 모시면서 집안을 이끌어나가고 있었다. 하지만 1799년(정조 23) 서호수가 세상을 떠나고 이듬해 1800년 6월 정조가 서거하자 서유구는 급변한 상황을 맞이하였다.

　　1799년(정조 23) 정월 서유구는 순창군수로 임지에 있었다. 1월 10일 서호수가 급작스럽게 세상을 떠났다. 서호수의 죽음은 주변 사람들 모두에게 너무나 갑작스러운 일이었다. 정조는 서호수의 죽음에 대해 "이렇게 급히 떠날 줄 몰랐도다. 어제御製 편찬 작업이 이제 주인을 잃었도다"라고 언급하였다고 한다.[3] 서호수가 자신의 문집인 『홍재전서』 편찬 작업을 맡고 있었는데, 그 작업을 제대로 수행할 사람이 사라졌음을 안타까워하는 것이었다. 정조의 언급은 어제 편찬 작업에 국한되어 있지만, 신하의 죽음 그것도 자신이 신임하던 정조보다 훨씬 서호수에 의지하고 또한 앞으로도 의지하려던 사람이 바로 서유구임을 불문가지의 사실이라고 할 수 있다. 서명응이 세상을 떠난 뒤에 달성 서씨 가문의 중심은 서호수였다. 그런데 서호수가 죽으면서 서유구는 믿음직한 기댈만한 의지처를 잃어

3 조창록, 「鶴山徐浩修論」, 『민족문화』 31집, 2008, 192쪽.

버린 것이었다. 서유구가 지은 서호수 묘표墓表을 살펴보면 감정표현이 일절 보이지 않는다. 서유구는 중부 서형수가 지은 지문誌文에 모든 것이 잘 갖추어져 있어 자신은 더할 것이 없다는 정도만 언급하고 있다. 서유구는 말로 표현할 수 없는 슬픔, 글로 적어낼 수 없는 슬픔에 빠져 있었던 것이다. 하늘이 무너져내리는 아픔을 느끼고 있지만 그것을 겉으로 드러내지 않고 있었던 것이다.

생부인 서호수를 떠나보낸 서유구는 곧이어 부인 송씨宋氏의 상을 당하였다. 서유구 나이 36살 때인데, 부인 송씨와 서유구는 24년 전인 서유구가 12살 때 혼인한 사이였다. 서유구의 부인 송씨는 본관이 여산礪山이고 아버지는 송익상宋翼庠으로, 서유구보다 4살 연상이었다. 생부에 이어 20여년을 같이 지낸 부인을 떠나 보낸 서유구는 이루 말로 표현할 수 없는 황망함에 파묻혀 있었을 것이다.

슬픔에 빠져 있던 서유구에게 닥친 또 다른 시련은 바로 정조의 죽음이었다. 다음해인 1800년 6월 정조가 마흔 아홉살이라는 창창한 나이에 갑자기 세상을 떠났다. 발병한 지 20여 일이 지난 6월 28일 오전 정조는 혼수상태에 빠졌고, 결국 깨어나지 못한 채 그날 오후 늦게 창경궁 영춘헌에서 서거하였다.[4] 병석에서 일어나 다시 정사를 돌볼 것으로 기대하던 많은 신료들과 마찬가지로 서유구에게 정조의 죽음은 청천벽력같은 충격을 주었다. 태어나면서부터 거칠 것 없이 지내왔던 서유구는 자신의 많은 희망과 꿈이 사라지는 순간을 맞이하게 되었다. 이제 서유구는 자신의 삶을 새로운 방향으로 이끌어나가야 할 시점에 이르렀다. 정조正祖의 죽음은 곧이어

---

4 유봉학, 『정조대왕의 꿈』, 신구문화사, 2001, 16쪽.

훨씬 커다란 시련을 안겨줄 것을 예고하는 것이었다. 이 점을 서유구가 짐작하고 있었는지는 알 수 없지만 정조의 죽음 자체는 서유구에게 커다란 충격이었다.

서유구 스스로 명확하게 정조의 죽음을 언급한 구절을 보이지 않지만 몇 가지 자료에서 서유구가 받은 당혹스러움과 절망스러움을 찾아볼 수 있다. 먼저 서유구의 시장을 지은 홍경모는 정조의 죽음으로 서유구가 받은 충격을 "정묘正廟[정조]가 세상을 떠나자 공公[서유구]이 원망하면서 하늘이 무너지고 끊어졌다고 부르짖으면서 살고자 하는 의지가 없는 것 같은 모습이었다"고 표현하였다. 홍경모는 짧은 몇 구절만으로 서유구의 심정을 표현하였지만, 표현 자체가 너무나 생생하게 서유구가 받은 상실감을 드러내고 있다. 표현 중에 "살고자 하지 않는 것 같았다"는 구절과 "하늘이 무너지는 것처럼 부르짖었다"는 구절은 서유구가 받은 충격의 강도가 하늘이 무너지고 숨이 끊어지는 것과 같은 정도였음을 그대로 전해주고 있다. 서유구가 정조의 죽음에서 받은 충격이 위에서 살핀 것처럼 엄청난 것일 수밖에 없었던 어떤 특별한 이유가 있었을 것으로 생각된다. 아래 글은 1807년 서유구가 숙제叔弟 서유락(서유락의 자는 붕래朋來이다)에게 보낸 편지에서 자신의 정조대 벼슬살이에 대해 언급한 부분이다.

벼슬하던 첫시절에 선왕先王[정조]에 발탁해주는 은혜를 입었다. 그리하여 나같이 노둔한 사람도 조정에 참여하고 나같이 쓸모 없는 사람도 관리로 등용되었다. 이영각邇英閣(중국 송나라 학사원의 이칭, 시강을 주관함)과 서청西淸(중국 청나라 한림학사가 출근하던 곳)의 반열에서 관원수를 채우게 되자,

「여봉래서」, 서유구가 서유락에게 보낸 편지(서울대 중앙도서관)

스스로 망령되게 환담桓譚(중국 후한대 오경과 고학에 능했던 인물)처럼 옛일을 상고하고, 유중루劉中壘(유향, 중국 전한대 도서 교감에 능했던 학자)처럼 서적을 교정하겠노라 스스로 다짐하여, 한창 채찍질하며 힘을 다할 때에는 손에 굳은살이 박이고 눈이 침침해지는 줄을 스스로 모를 정도였다. 그런데 얼마 되지 않아 양장羊腸(중국 태행산 구절양장九折羊腸의 험한 길)이 앞에 있고, 구당瞿塘(중국 양자강 삼협 가운데 하나)이 뒤에 있어서, 수레의 굴대가 부러진 것이고, 키가 없어진 것과 같아 막막하여 앞으로 나아가지 못했다. 이것이 두 번째 허비이다.

「봉래에게 보낸 편지 2」

서유구는 이 편지에서 자신의 정조의 지우를 받아 규장각에서 근무하게 되면서 서적 편찬에 온 힘을 기울였음을 잘 설명하고 있다. 그런데 위 인용문 뒷부분에 난데없이 양장과 구당이 앞을 가로막고 앞으로 나아갈 길을 잃어버리는 지경에 빠졌음을 표현하고 있다. 서유구 앞으로 나아갈 길을 알지 못하게 되는 지경에 빠지게 된 것은 앞서 규장각에서 하던 일을 더 이상 할 수 없게 된 사건 때문임이 분명하다. 그 사건은 서유구가 분명하게 기록하기를 꺼려하고 있지만, 바로 정조의 죽임임이 확실하다고 할 수 있다. 서유구가 규장각에서 관료생활의 대부분을 보내면서 기대하였던 바를 정조의 죽음과 더불어 헤쳐나갈 수 없는 난관에 봉착하였다. 그리하여 서유구는 낙막한 처지에 빠져 스스로를 허비한 사람으로 자책하게 된 것이다.

또한 서유구의 자책은 정조의 개혁방향에 기대어 구상하던 것을 더이상 수행할 수 없을 것이라는 자기 진단에서 나온 것이었다. 정조는 왕위에 오른지 25년이 되어가는 그 즈음에 자신의 복안을 하나하나 세상에 펼쳐나갈 입지를 굳건히 다져놓고 있었다. 이와 더불어 정조를 보좌하며 조선 국가의 환골탈태를 갈망하던 개혁적 관료들은 저마다 기대와 바램을 키워나갔다. 그런데 정조의 죽음은 아무도 예상하지 못했던 시기에 갑작스럽게 찾아왔다. 1800년 6월 49세의 나이로 정조는 많은 주변 인물의 기대를 받던 창창한 국왕의 자리를 떠나 그가 추구했던 개혁의 물결이 송두리째 뒤집어엎어지는 것을 캄캄한 관 속에서 지켜보게 되었다.

서유구가 정조의 총애를 받았던 만큼, 서유구도 정조에게 기대하는 바가 많았을 것이다. 정조가 계속 살아 있었다면 서유구와 정조의 밀월관계가 어떻게 흘러나갔을지 그 끝을 알 수 없다. 하지만 정조가 갑작스럽게 죽게 되자 서유구가 받아들여야 하는 현실은 애통함과 좌절에 휩싸이는 것이었다. 그리고 점차 서유구는 자신의 생각을 그대로 드러내지 못하고 자신의 주장을 현실화시키는 것 불가능하다는 무력감이었다.

서유구에게 정조의 죽음은 예기치 못했던 그래서 더욱 참혹하였을 뿐만 아니라 자신이 10년 가까이 전력 다해 일하면서 앞으로의 전망을 세워보려던 기대가 좌절되는 것을 의미하였다. 서유구를 비롯한 규장각 각신들에게 정조의 죽음은 금상今上이 세상을 떠났다는 슬픔 뿐만 아니라 열의를 다 바쳐 좋은 앞날을 구상하던 희망이 덧없이 사라지는 것과 다름 없었다. 서유구가 「오비거사생광자표」에서 자신이 심혈을 기울인 서적 편찬 사업이 결국 양의 창자처럼 배배꼬인 언덕을 만난 것처럼 그리고 구당협과 같은 협곡이 앞을 가로막은 것 같은 지경에 처하게 되었다고 표현한 것이 바로 정조의 죽음과 그 직후 찾아온 정조 개혁정치의 중단으로 생각된다.

7. 순조 즉위 이후 서유구의 행적

정조가 세상을 떠난 후 11세에 불과한 세자(순조)가 즉위하였다. 영조의 계비 정순왕후가 왕실의 큰어른으로 나이 어린 왕을 보살피며 수렴청정垂簾聽政을 하게 되었다. 수렴청정에 나선 정순왕후를 중심으로 경주 김씨 김귀주를 비롯한 벽파세력은 조정의 권력을 장악하였고, 이와 더불어 정조가 말년에 추진하였던 여러 가지 정책을 제대로 실행에 옮기지 않았다. 그리고 정조가 애써 키워 왕실의 친위세력으로 삼았던 장용영도 제 구실을 할 수 없게 재정을 대폭 축소시키더니 1802년에 들어서면 아예 혁파해 버렸다.[5]

순조가 즉위한 이후에도 서유구는 계속 규장각에서 근무하였다. 하지만 1802년(순조 2) 12월 서유구는 비변사의 천거로 의주부윤에 임명되는 뜻밖의 상황과 마주하게 되었다. 서유구는 다른 사람의 말 때문에 자신이 처해 있는 형편이 좋지 않아 의주부윤을 수행할 수 없다고 하소연하였다. 하지만 다음해 1월 9일 순조는 당일 내려가라는 왕명이 내려지고, 다음날 수렴청정하던 대왕대비도 특명을 내려 즉시 사조辭朝할 것을 지시하였다. 그럼에도 불구하고 서유구는 의주로 내려가는 일을 어찌된 일인지 계속 머뭇거린다. 그리하여 1월 말에 평안 감사 김문순金文淳이 장계를 올려 서유구가 부임하지 않는다는 것을 보고하자, 급기야 평양에 서유구를 유배하라는 왕명이 내려지기까지 하였다. 서유구를 유배시키라는 왕명은 곧이어 철회되지만 결국 서유구는 의주로 부임하게 된다. 이렇듯 서유구를 서울에서 멀리 떨어진 의주에 내려보내는 일이 비변사, 대왕대비전 등 당대의 최고권력을 누리던 권력집단에서 나온 것이었다.

서유구는 의주부윤 자리에 있으면서 의주부의 읍지邑誌인 『용만지龍灣誌』를 증보하는 작업을 실행하였다. 이 작업은 서유구의 종조從祖인 서명선이 앞서 만든 읍지를 크게 고치고 보충하는 것이었

5 송찬섭, 「正祖代 壯勇營穀의 設置와 運營」, 『韓國文化』 24, 서울대학교 한국문화연구소, 1999, 273~276쪽.

다. 앞서 1768년(영조 44)에 의주부윤으로 있던 서명선이 진사進士 전 익규田益奎 등에게 명하여 각 군현에서 올린 읍지를 바탕으로 정리 하여 일편一編을 만들고 의주부의 읍사례邑事例를 부록으로 붙여『용 만지』를 만들었다. 이를 보게 된 서유구가 다시 읍인邑人 전첨사前僉 使 김취규金就奎 등에게 명하여 그 체제대로 증보하여 2권으로 만들 었다. 필사본으로 만들어진『용만지』는 그 뒤로도 계속 증보 과정 을 거쳐 1836년에 이르러 비로소 간행되었고 1849년에 중간重刊되 었다. 서유구가 의주부윤에서 자리에서 물러나게 된 것은 1804년 5 월의 일이었다. 이제 서유구는 자신의 삶에 커다란 전환점이 된 1806년을 맞이하게 되었다.

　1806년 중부仲父 서형수가 유배되는 일을 겪은 직후에는 자신 이 앞으로 겪어야 할 기나긴 세월 동안의 시련을 짐작하기 어려웠 을 것이다. 하지만 얼마간 시간이 지난 뒤에는 자신의 처지에 대해 서 직접 토로할 만한 상황에 이르러 있었다. 1807년 서유락에게 보 낸 서유구의 편지는 앞서도 인용한 바가 있지만, 순조 즉위 이후 자 신이 한 일에 대해서도 압축적으로 보여주고 있다. 서유구는 정조 의 죽임 이후에 자신이 어떠한 일을 지향하였는지, 그리고 어떠한 연유로 중단되었는지 다음과 같이 설명한다.

　재주를 조장助長하는 식으로는 나아가게 할 수 없다는 것을 알게 되고, 운명이란 애를 쓴다고 해서 옮길 수 없다는 것도 알게 되었다. 그런 연후 에 모든 미련을 버린 채 동릉東陵(진나라 동릉후 소평)이 참외를 심은 일과 운 경雲卿(송나라 은사 소운경)이 채소밭을 일군 일을 본받아 농사짓는 일로 나 아가 범승지氾勝之·가사협賈思勰의 농법을 천착하였고, 경영하고 도모하는 일에 얼마간의 세월을 쌓아나갔다. 다툴만한 것이 없을 분야라고 말할 수 없으니, 어떤 것으로 인해 가로막혀, 사리가 어긋나고, 일이 망쳐버렸다. 지금에 이르러 졸지에 몸이 내버려지고 집안이 망해버려 온갖 인연이 와해되고 찢어지고 말았다. 이것이 세 번째 허비이다.

「봉래에게 보낸 편지 2」

서유구는 범승지와 가사협을 본받아 농사짓는 기술을 정리하는 일을 도모하였다. 그런데 이 또한 순조롭게 진행되지 못하였다. 그렇게 된 이유에 대해서 분명하게 언급하고 있지는 않지만, 1807년의 시점에서 자신의 의도가 망쳐진 원인은 당연히 1806년의 일로 보아야 할 것이다. 게다가 서유구 스스로 "몸이 내버려지고, 집안이 망해버려 온갖 인연이 와해되고 찢어졌다"고 언급하고 있으니, 이는 1806년 자신이 관직에서 물러나고 집안이 몰락한 것을 가리킨다고 보아야 할 것이다.

이렇게 본다면 위 인용문은 정조의 죽음 이후, 서유구가 강제적으로 은거하게 된 시점까지 서유구가 온 힘을 기울인 일이 바로 농서農書를 만드는 것이었음을 알려주는 글로 해석할 수 있다. 서유구는 『범승지서汜勝之書』를 지은 범승지, 『제민요술齊民要術』을 편찬한 가사협의 뒤를 잇고자 하였다. 하지만 이러한 의지도 현실에서는 꺾이지 않을 수 없었다. 서유구가 기획한 농서 편찬은 이제 오랜 세월을 거쳐 『행포지』로 완결되었고, 나아가 『임원경제지』「본리지」로 이어졌다.

視蒙兄候對時珠未措歸源之去叶
縣祝事亦希祖安兩俱仰放一事
重惱序口�石煩追另了此一說畀
貴當突投之若色精粉竹赶脯煩中
飲一椀情深散如錦珠兩俸 那作之此
挽單一百每作浣割餞會呀批別喜夫
許沖試復物情情任任實才考一遺
珠云去之二但實才之多亥去兒覆演時

4장

은거생활과
『임원경제지』
의 편찬

1. 방폐기인가 은거기인가

　서유구 삶의 궤적이 크게 뒤바뀌고, 그의 사상이 또렷하게 자리를 잡게 된 사건이 1806년에 일어났다. 이후 1823년까지 18년에 가까운 세월 동안 서유구는 중앙정계와 유리된 채 임원林園 즉 향촌에서 은거하며 지냈다. 약 18년 동안 어떠한 관직도 맡지 못하고, 조정의 일에 일언반구—言半句도 제대로 발언하지 못한 채 지낸 이 시기를 그동안의 연구에서는 방폐기放廢期라고 규정하였다. 그런데 이 시간 동안 서유구는 직접 농사를 지으면서 『임원경제지』 편찬에 열중하였다. 『임원경제지』는 서유구가 그의 아들과 더불어 펼친 필생의 업적으로 오늘날 높은 평가를 받고 있다. 그렇다면 서유구가 심혈을 기울여 『임원경제지』라는 조선에서 유래를 찾기 힘든 거작 巨作을 펴내던 시기를 방폐기放廢期라고 이름붙이는 것이 정당한 일인지 따지지 않을 수 없다.

4장
은거생활과
『임원경제지』의 편찬

　　서유구의 생애 가운데 1806년부터 1823년 정계복귀까지의 기간을 방폐기放廢期로 규정한 것은 유봉학의 연구에서 비롯한다.[1] 유봉학은 서유구의 성장과정을 서유구가 남긴 「여붕래서與朋來書」[2] (1806년지음)와 이를 보충한 「오비거사생광자표五費居士生壙自表」[3](1842 년, 풍석이 79세에 지음)를 통해 살펴보았다. 유봉학은 서유구가 자신의 평생을 다섯 시기로 나누고 헛되이 시간을 보냈다는 자성적自省的 의미에서 스스로 '오비거사五費居士'라고 칭하였다고 보았다. 이를 바탕으로 서유구의 생애를 다섯 시기로 나누어 1764년부터 1790년까지의 성장기成長期, 1790년부터 1806년 정계 축출까지의 사환기仕宦期, 1806년부터 1823년 정계복귀까지의 방폐기放廢期,

---

1 유봉학, 『燕巖一派 北學思想 硏究』, 一志社, 1995, 191쪽.
2 『금화지비집(金華知非集)』(영인본 『풍석전집』, 보경문화사 소수) 권2.
3 『金華知非集』 권6.

1823년부터 1839년 치사致仕까지의 현달기顯達期, 1839년부터 그이후의 은퇴기隱退期로 다시 정리하였다. 유봉학의 서유구 생애 구분은 다른 연구에서도 거의 대부분 그대로 수용되고 있다. 이러한 다섯 시기 구분 가운데 특히 방폐기로 설정한 부분에 대해서는 의문점이 있다.

1806년 이후의 시기를 '방폐기'로 명명命名하는 것과 관련해서 서유구가 아들 서우보를 위해 쓴 묘지명墓誌銘에 나오는 표현을 눈여겨 볼 수 있다. 1827년 서유구가 강화유수로 있을 때 서우보가 33살의 나이로 갑자기 세상을 떠났다. 서유구의 묘지명에 따르면 아들은 죽는 순간까지 아버지를 걱정하였다고 한다. 1823년 새로 조정에 관리로 복귀하기 전까지 아들은 『임원경제지』를 편찬하는 데 힘있는 조력자였다. 그런데 죽은 아들을 위해 지은 묘지명에서 서유구는 "병인丙寅(1806)년에 나는 들판으로 방폐放廢되어 갑작스럽게 쌓아둔 것이 무너지고 이리저리 떠돌게 되었다"고 쓰고 있다. 서유구는 계속해서 하루에도 세 번씩 죽기를 기도한 것이 20년 동안 멈추지 않았지만 그대로 죽지 않은 것은 이 아들이 있음을 믿었기 때문이라고 설명하고 있다. 그렇다면 서유구 자신이 1806년 이후를 방폐당한 시기로 보고 있다고 할 수 있다.

문제는 서유구가 '방폐'라고 표현한 문장이 죽은 아들을 애달파하는 글에 등장한다는 점이다. 특히 그 아들은 병석에 누워서 아버지를 걱정하여 "내가 죽는 것은 죽은 것일 뿐이지만 그리되면 우리 아버지를 어찌할까"라고 주변 사람들에게 말했다는 아들이었다. 서유구도 죽기 직전에 아들을 어루만지면서 "너의 후사를 세워 너 대신 나를 봉양하게 할 것이니 걱정하지 말라"고 하니, 말이 끝나자

마자 아들이 세상을 떠났다고 한다.[4] 이렇게 아들의 죽음을 애달파하면서 지은 글이기 때문에 고생하던 시절을 '방폐'된 것으로 묘사하였을 것으로 생각된다.

앞서 지적한 대로 『임원경제지』를 편찬하는 데 몰두하였던 시절을 '쫓겨나고放 버려진廢' 시기로 규정하는 것에 문제가 있다는 점을 지적하였다. 또 다른 문제점은 '오비거사'의 의미가 다섯 시기를 헛되이 시간을 보냈다는 시간적인 측면에서가 아니라, 어떤 활동의 결과가 제대로 결말을 맺지 못하여 그러한 활동이 헛된 것이었다는 활동적인 측면에서 따져보아야 한다는 점이다. 서유구에게 아쉬웠던 것은 『임원경제지』를 거의 완성하였지만 이를 판본이나 활자본으로 간행하지 못하였던 것이지, 『임원경제지』를 편찬하기 위해 분투하던 시간은 아니었을 것으로 생각된다.

또한 방폐기로 규정하게 될 경우 당시 서유구가 세상에서 내팽개쳐서 극심한 빈곤과 절망 속에서 지낸 것으로 보여지게 된다는 문제가 있다. 서유구는 비록 여러 차례 거주지를 옮기지만 그렇다고 극심한 빈곤에 허덕인 것은 아닌 것으로 보인다. 경화사족의 화려한 생활과는 거리가 있을 터이지만, 방대한 서적을 소장하고 이를 바탕으로 『임원경제지』를 편찬해 나가는 작업이 가장 주된 일상이었을 것으로 보인다.

위에서 살펴본 바와 같이 1806년 이후의 약 18년을 방폐기로 규정하는 것이 문제가 있다면 어떠한 시기로 보아야 할 것인가? 조정에서 공식적으로 유배된 시기는 아니지만, 중부의 유배와 관련되

---

4 『楓石全集』, 金華知非集 卷7, 墓誌銘, 亡兒墓誌銘.

어 조정에 나아가지 못하던 시기이다. 그리고 세상에서 강제적으로 내팽개쳐진 시기가 아니라 세상일 가운데 학문적인 측면에서 의미 있는 성과를 축적하던 시기이다. 따라서 조정에서 벗어나 자신의 일에 몰두하고 있다는 점에 주목해야 할 것으로 생각된다. 이와 관련해서 홍경모가 지은 시장諡狀의 표현이 주목된다. 홍경모는 시장 諡狀에서 1806년에 중부仲父[서형수]가 해도海島에 유배되면서 "공公[서 유구]이 가족을 거느리고 강江에 병거屛居하였다가 강江에서 교郊로 옮겼고, 다시 교郊에서 향鄕으로 옮겼다"라고 설명하고 있다. 홍경모가 지적한, 강江이나 교郊·향鄕이 바로 임원林園이라고 할 수 있다. 그리고 병거屛居는 세상에서 물러나 집에만 있는 것을 뜻한다. 이렇게 본다면 1806년 이후의 서유구의 생애를 '임원에서 병거한 시기'로 규정할 수 있다. 그런데 병거라는 말 자체가 오늘날 잘 쓰이지 않는 단어이고 그 뜻을 제대로 따라잡기 어려운 말이기 때문에 거의 동일한 뜻인 은거隱居로 대체하여도 무방할 것으로 생각된다. 따라서 서유구의 생애에서 1806년 관직에서 내몰려서 1823년 다시 조정에 복귀할 때까지의 시기를 '임원 은거기隱居期'로 규정하는 것이 마땅하다고 생각한다.

서유구는 18년 간 처사로 지내면서, 자신이 지은 『임원경제지』 「예언例言」에서 규정한 대로 식력食力하고 양지養志하는데 힘을 기울였다. 식력이란 스스로의 힘으로 먹을 것을 만들어내는 것이고, 양지는 처사로서의 삶을 온전히 꾸려나가려는 뜻을 키우는 것이라고 할 수 있다.

은거시기의 서유구가 경제적으로 넉넉한 생활을 했을 것으로 생각되지는 않는다. 근기 지역의 사인士人들은 관직에 대한 경제적

의존도가 높았다. 삼남 지역의 사족들이 중소규모의 토지를 소유하는 지주로서 경제적인 기반을 다져놓고 있던 것에 비해서 근기 지역의 사족들은 사환仕宦에서 떨어져나갈 경우 경제적인 어려움을 겪기 마련이었다. 또한 서울에 거주하는 사족은 집권층의 호사스런 삶에 익숙해졌다는 점에서도 관직에서 멀어진 사족이 경제적으로 여유롭지는 않았을 것이다. 하지만 서유구 가문은 장단 지역에 세거지가 있었고, 이 지역 일대에 선대의 묘소가 자리 잡고 있었다는 점을 주목해야 한다고 생각된다. 현재기록으로 전해지지는 않고 있지만 장단 일대를 비롯하여 여러 지역에 서유구 가문의 토지가 분포하고 있었을 것으로 추정된다. 토지에서 거두는 지대 수입이 없이 은거 시기의 서유구 가문이 생계를 꾸려나갈 수는 없었을 것이다. 이 부분에 대해서는 앞으로 연구가 더 필요하다고 생각된다.

2. 생애의 전환점이 된 1806년

1805년 10월 무렵 서유구는 형조참의 자리를 수행하고 있었다. 그리고 김달순의 옥사가 아직 시작되지 않았던 때인 12월 초에 성균관 대사성 자리에 제수되었지만 어머니의 병환을 이유로 사직을 청하였고, 순조가 이를 수용하면서 대사성 자리에 나아가지 않았다. 1806년 1월 김달순의 처벌을 요구하는 상소가 본격적으로 제기될 무렵 서유구는 홍문관 부제학에 임명되었다. 서유구는 자신이 홍문관에서 홍문록 회권會圈을 주관하게 되면, 재종숙부 서매수가 영의정으로 도당都堂에서 도당록 회권을 주관하는 것과 함께 지친至

親이 두 회권을 주관하는 것이 꺼려진다며 사직을 요청하였고 이를 순조가 받아들이면서 부제학 자리에서 물러났다. 홍문관 부제학 자리에서 물러나는 것과 서형수가 전라도 홍양현으로 유배가는 것은 거의 같은 시기에 일어난 일이었다. 이후 서유구의 반강제적인 은거생활이 시작되었다.

서유구의 생애에 커다란 전환점이 된 시기가 1806년이다. 이후 타의에 의한 은거생활을 계속 오랫동안 지속하게 되었다. 그렇다면 서유구가 1806년을 전후한 시기에 어떠한 일들과 마주쳤는지 구체적으로 살펴본다.

정조가 죽고 순조가 즉위한 지 몇 년 지나지 않았을 때인 1806년 김달순金達淳의 옥사獄事가 일어났다. 이 사건에 중부仲父인 서형수徐瀅修가 김달순의 옥사에 연루되어 벽파로 낙인찍힌 채 정계에서 축출되어 유배되었다. 이와 더불어 풍석 가문이 일거에 몰락하면서 서유구도 더불어 정계에서 쫓겨나 은거隱居 생활을 꾸려나가게 되었다.

1806년 김달순의 옥사는 달리 병인경화丙寅更化로도 불린다. 김달순은 1805년 12월 27일 우의정으로 임명된 이후 순조를 소견召見하는 자리에서 의리를 천명할 것으로 아뢰었다. 그런데 김달순이 주장한 의리는 바로 노론 벽파의 의리였다. 김달순은 정조 연간에 사도세자의 추숭을 주장했던 이우李㙖 등 영남 만인소萬人疏의 주모자를 처벌하자고 주장하였다. 그 뿐만 아니라 영조대 사도세자의 모함에 앞장섰던 인물인 박치원朴致遠과 윤재겸尹在謙을 표창하자고 주장하였다. 이와 같은 김달순의 주장은 사도세자의 죽음과 관련된 노론 벽파의 행동을 정당화하면서 이른바 '벽파의 의리' 자체의 정당성을 주장한 것이었다. 김달순의 주장이 처음 등장하였을 때에는 처음에는 김달순의 주장에 따라 정국이 전개되었지만, 곧바로 형조 참판 조득영趙得永이 김달순을 공격하면서 벽파세력이 결정적으로 물러나게 되었다.

김달순이 벽파의리를 내세운 것은 1805년 겨울 무렵 조정의 형세가 순조 즉위초와 달라졌기 때문이었다. 순조 즉위 이후 정순 왕후의 수렴청정이 1804년(순조 4)까지 이어지면서 벽파들이 세력을 떨칠 수 있었다. 하지만 1804년 순조가 친정親政을 선언하고 나서면 서 벽파세력의 권력기반이 점차 흔들리게 되었다. 이러한 순조 친 정 전후 시기 변화의 중심 인물은 바로 김조순이었다. 정조 생전에 김조순의 딸이 세자비로 간택되었는데, 1802년에 이르러 김조순의 딸이 드디어 왕비로 책봉되면서 그는 국왕의 장인 즉 국구國舅의 자 리를 얻게 되었다. 시파時派세력의 대표인 김조순이 순조 초반 정순 왕후 수렴청정 시기라는 벽파 득세기에도 살아남았다가 순조의 친 정이 시작되자, 벽파 인물들을 차례로 조정에서 축출하였다. 김달 순이 벽파 의리를 전면에 내걸고 조정을 주도하려 나선 것은 바로 이와 같이 점차 벽파세력의 힘이 밀리는 상황을 반전시켜 다시 한 번 벽파가 주도하는 정국을 만들기 위한 것이었지만 실패로 돌아가 고 말았다.

김달순의 옥사에 서유구의 중부 서형수는 과연 어떻게 연루된 것일까 살펴보자. 김달순을 처벌하자는 상소 내용에 따르면 서형수 는 김달순을 지휘하고 종용한 배후 인물로 지목되었다. 서형수를 김달순의 모주謀主로 간주하면서 서형수의 아버지 서명응까지 끌어 들여 흉악한 인물로 몰아세우고 국법을 세우고 세도를 유지하기 위해 김달순의 처벌에 뒤이어 서형수도 유배보내야 한다는 상소가 계속 올라오고 있었다. 당시 김달순와 연결되어 조정에서 축출된 인물이 상당수였는데, 서형수가 여기에 관련된 것이었다. 그리고 서형수 이외에 서유순徐有恂·서기수徐淇修 등도 연루된 것으로 지목되었다. 결국 경기관찰사京畿觀察使로 있던 서형수는 1806년 2월 전라도 흥양현에 유배되었다. 이후 1806년 4월 절도絶島 안치安置로 바뀌어 전라도 영암군 추자도楸子島로 이배되었다. 한참 뒤인 1821년 내지인 전라도 임피臨陂로 유배지가 옮겨졌지만, 고향으로 돌아오지 못하고 1824년 임피에서 세상을 떠나고 말았다. 서형수가 유배되었던 기간이 바로 서유구가 은거하던 시기와 거의 겹치고 있다.

3. 은거기의 경제생활과 반성적인 회고

서유구의 회고에 따르면 1806년 이후 계속 가솔家率을 이끌고 강江·교郊·향鄕 등지로 돌아다녔다고 한다. 강 주변·들판·시골 등지에 거처를 옮겨다니면서 자신의 일상생활을 본격적으로 고민하는 시기를 맞이하게 되었다. 그의 은거기는 때로는 뿌리 없는 두려움 때문에 고심하던 세월이었다.

서유구는 1806년 이후 관직에 나갈 수 없게 된 상황에 처하여 이곳저곳으로 거주지를 자주 옮겨다녔다. 은거은일기에 서유구는 빈곤함을 온몸으로 체험하였다. 굶주림까지 이르지는 않았을지라도 거친 음식과 나쁜 의복에 익숙해져나갔다. 서울에서 호사스러운 생활을 하던 서유구가 쉽게 이러한 달라진 환경에 적응하기는 어려웠을 것이다. 가깝게 지낸 동생 서유락은 당시 서유구의 집안 살림을 도와주고, 정신적인 의지처가 되어준 인물이었다. 서유구는 동생 서유락에게 보낸 편지에서 자신의 심정을 서유락이 마치 옆에 앉아 있는 듯이 생생하게 들려주고 있다. 따라서 우리는 이때 서유구가 지낸 삶의 생생한 모습을 그가 동생 서유락에게 보낸 편지에서 또렷하게 짐작할 수 있다.

1806년 관직에 나아가지 못하게 된 이후 1823년까지 18년 동안 서유구는 여러 차례 사는 곳을 옮겨다녔다. 서유구는 6번 또는 9번 사는 곳을 옮겼다고 진술하였다. 그런데 서유구는 1844년 무렵에 서자인 서칠보에게 보낸 편지에서 1806년 이후 당시까지 사는 곳을 4번 옮겼다고 회고하였다. 서유구가 거주한 곳이 4곳에 한정되는 것이 아니고, 이외에 다른 지역에서도 거주한 흔적이 보인다. 그럼에도 불구하고 서유구가 4곳을 꼽은 것은 어느 정도의 기간 동안 거주하던 곳을 선택한 것으로 생각된다. 서유구가 지적한 4곳은 금화・대호・번계・두릉인데, 이 가운데 번계와 두릉은 다시 관직에 나간 이후의 거처였다. 그리고 금화와 대호는 은거하던 초기에 자리잡았던 곳이었다. 즉 은거시기 초반에 서유구는 임진강 북쪽 장단長湍지역의 금화金華・대호帶湖 등지를 중심으로 생활하였다.

먼저 서유구가 1807년 무렵부터 1811년까지 서유구가 살던 곳이 금화이다. 1807년에 서유구는 제대로 자신의 앞날에 대한 계획이나 누군가와 맺은 기약도 없는 처지에 놓여 있었다. 또한 얼마나 이러한 시련이 계속될지, 죽을 때까지 세상에 제대로 나아가지 못할 지도 모르는 지경이기도 하였다. 이때 머물던 곳이 바로 금화이다. 나중에 서유구는 다시 관직에 나오게 되었을 때에도 금화산장에서 지낸 시절을 잊지 않고 금화를 자신을 가리키는 별칭으로 자주 사용하였다.

금화는 서유구가 『금화경독기』를 지은 곳으로 그의 행적을 추적할 때 매우 중요한 지역이지만 현재 정확히 어디인지 위치 파악이 어렵다. 지금의 경기 포천시 영중면 거사리에 '금화봉'이라는 지명이 있고, 이 지역 일대에 달성 서씨 선대의 묘소들이 널리 분포하고 있다는 점에서 금화산장의 위치로 추정해볼 수 있다. 현재 금화봉은 수십년에 걸친 석재 채취로 인해 흔적도 없이 완연히 사라진 상태이다. 한편 양주 소요산에서 멀지 않은 곳으로 추정하는 견해도 있다.

서유구는 1815년에 이르러 대호를 떠나 난호蘭湖에 자리를 잡았다. 아들 서우보는 부친을 모시고 1815년 봄에 임단의 난호 가에 집을 지었다고 기록하였다.[5] 난호에 지은 난호정사에서 1825년까지 거주한 것으로 보인다. 난호에 자리잡기 전에 유양維楊·노원蘆原·금화金華·두호荳湖·대호帶湖 등을 거쳤다.[6] 유양은 지금의 남양주 평구역 부근 각심촌으로 불리던 곳이고, 노원은 지금의 서울시 노원구 불암산 아랫녘이며, 두호는 서울시 성동구 옥수동 아래 두모포荳毛浦로 추정된다. 그리고 대호·난호는 이름에 호湖라는 글자가 들어가 있어 강변 지역으로 생각된다. 호湖는 물이 크게 고여 있는 호수를 가리키기도 하지만 흐름이 멈춘 듯이 고요해 보이는 강물을 가리키기도 한다. 난호가 어느 곳인지 구체적으로 지역을 특정하기

---

[5] 조창록, 「서유부 서우보 부자의 방폐기 행적과 난호 생활」, 『한국실학연구』 16, 2008, 215쪽.

[6] 조창록, 「楓石 徐有榘에 대한 한 硏究 – '林園經濟'와 『樊溪詩稿』와의 관련을 中心으로」, 성균관대학교 대학원 한문학과 문학박사학위논문, 2004, 87쪽.

어려운 상황이다.

난호에서 거주하던 시기에 서유구는 급격히 쇠락한 가문의 경제적 상황을 아들 서우보와 함께 겪었다. 서유구는 1827년 이후에 죽은 아들 서우보의 공령함功令函에 붙인 글에서 서유구 가문이 겪은 어려움을 짧고 분명하게 설명하였다. 공령함功令函은 과거 공부를 위해 썼던 책들을 모아 놓은 상자이다.

두려운 마음으로 떠돌며 농사짓고 나무하는 것으로 부모님을 모시고 자식을 기른 것이 18년이 되도록 끝나지 않았다. 아이[서우보]는 자라서 어른이 되고 가정을 꾸렸지만 끝내 논밭에서 도롱이 입는 일을 벗어나지 못하였다.

「죽은 아들의 공령함功令函에 붙인 글」

아들이 논밭에서 농사짓는 일에서 벗어나지 못하는 것을 안타까워하는 서유구의 심정이 잘 드러나 있다. 그리고 서유구는 서우보가 그토록 어려운 상황에서도 과거공부를 내놓지 않고 애쓰는 것을 애처롭게 바라보고 있었다. 서유구는 앞에 소개한 글에서 자신이 아들을 애처롭게 바라본 정경을 잘 그려놓고 있다.

(아들 서우보는) 집안이 급격하게 쓰러진 것을 애통해하고, 젊은 시절이 쉽게 지나가버릴 것을 애석해 하였다. 그릇을 만들어 때를 기다리려고 생각하면서, 쓰러지고 시든 집안을 스스로의 힘으로 일으키려고 과거공부에 힘쓰는 것을 시간을 아끼고 기운을 다하여 노력에 노력을 더하였다. 비록 힘에 겨운 일이었지만 그칠 줄을 몰랐다. 내가 그 뜻이 애처로

워 차마 말리지 못하였다.

「죽은 아들의 공령함功令函에 붙인 글」

　　서우보는 쇠락한 집안을 일으키기 위한 방편의 하나로 과거시험 공부에 매진하였다. 서유구는 아들의 그러한 노력을 애처롭게 바라보면서 차마 그만두라는 말을 하지 못하였다.

　　은거시기에 서유구는 경제적으로 아주 어려운 지경에 빠져들었다. 서유구 자신이 쓴 글에 따르면 서유구 집안은 굉장한 경제적인 궁핍 상태에 들어가 있는 것처럼 보인다. 서유구가 양부養父인 서철수徐澈修의 묘표墓表로 쓴 글에는 "집안의 재산 경영이 중도에 없어져서 조상들이 남겨둔 재산을 점차 잃어버렸고 이제 거의 다 써버려 남은 것이 없는 것 같다"라고 묘사하였다. 또한 다른 사람의 집에 세들어 사는 처지에 놓여 있는 자신을 달팽이에 비유하면서 "7척짜리 몸을 의지할 만한 처소도 빌리지 못하고 있으니, 삶을 도모하는 것의 졸열함이 이런 지경에 이르렀구나"라고 스스로 자신을 비웃고 있었다.

　　이와 같이 서유구의 글만 보게 되면 굉장한 경제적 궁핍에 시달리고, 쪼들리는 삶을 살아갔을 것으로 보인다. 하지만 서유구가 표현한 그의 집안의 경제적 궁핍함은 실상보다 훨씬 과장되었을 것으로 생각된다. 오늘, 내일의 끼니를 걱정하는 정도의 궁핍함을 경험했을 것으로 생각되지 않는다. 이렇게 파악하는 이유는 몇 가지를 들 수 있는데, 먼저 서유구가 가문을 이끌고 들어가 복거할 만한 곳을 찾아다니고 있다는 점을 지적할 수 있다. 서유구가 숙제叔弟 서유락에게 보낸 편지에서 복거할 적당한 곳을 찾아다니는 모습을 볼 수 있다.

검산黔山의 기슭과 소강昭江의 물가는 모두 이미 사람을 보내 같이 살
만한지 살펴보았는가? 검산은 길이 가까워서 편하고, 소강은 길이 멀어서
불편하다. 다만 듣건대 검산의 좌측 기슭은 이미 두 이씨 가문에서 먼저
점유한 바가 되었다고 하니, 소강의 물가 근처의 한 골짜기를 우리가 오
로지 차지하는 것이 도리어 나을 것이다.

「봉래에서 보낸 편지」 2

한 골짜기를 독차지 할 만한 복거지卜居地를 찾아다니는 모습
에서 궁핍한 생활에 찌들린 일상의 흔적을 찾기 어렵다. 서유구가
언급하는 가내의 경제적 형편에 대한 묘사는 자신의 은거를 방폐로
표현하는 것과 마찬가지 방식으로 자신이 겪고 있는 어려움에 대한
과도한 과장으로 보는 것이 적당할 것으로 생각된다. 복거卜居할 만
한 곳을 찾기 위해 여러 곳을 답사하고 있던 시절의 은거생활이 경
제적으로 궁핍함에 찌들린 것으로 보이지 않는다. 다만 관직에 나
갔을 때의 화려함과는 거리가 있었던 것은 분명할 것이다.

그리고 은거시기 서유구 가문의 경제적 사정을 짐작하게 해주
는 또 하나의 단서는 1815년 봄에 서유구가 선산이 모여 있는 동원
桐原에서 20리 떨어진 난호에 새 집을 지었다는 점이다. 난호에 새
로운 집을 지을 수 있는 정도의 경제적 형편을 궁핍함이 찌들린 것
으로 볼 수는 없을 것이다. 한편 서우보의 문집 『추담소고』에는 이
때의 복축卜築을 기념하는 시가 많이 실려 있다.[7] 또한 이때 서우보
는 화초를 가꾸거나 그림을 감상하거나, 거문고와 서책을 즐기는

---

[7] 조창록, 앞의 논문(2004).

생활을 하고 있었다. 이와 같이 살펴보았을 때 서유구는 은거시기에 예전에 비해 여유가 부족하기는 하였지만, 『임원경제지』를 편찬하는 데 집중할 수 있을 정도의 경제력을 갖추고 있었고, 자주 거처를 옮겨다니면서 생활하였다고 할 수 있다.

1806년 이후 새로운 환경 속에서 살아가게 된 은거시기의 서유구는 자신이 지내온 삶에 대한 돌아볼 기회가 많았다. 지난 세월의 영화를 그리워하는 회한悔恨의 감정을 드러내는 것과 더불어 지난 세월의 호사스런 삶을 반성하는 냉철한 이성을 발휘하고 있었다. 오랜 서울생활을 어쩔 수 없이 끝마치고 향촌으로 내려온 서유구는 지난날을 반성하면서 새로운 다짐을 만들어나갔다. 아래 편지는 숙제 서유락에게 보낸 것인데, 천지天地의 생육生育하는 은혜에 그동안 보답하지 못한 것에 부끄러워하는 서유구의 내면을 절실히 드러내고 있다.

원씨세범袁氏世範(송나라 원채가 지은 가훈)에 "천지가 생육生育하는 도道로 사람에게 미치는 바가 되는 것은 매우 크고 매우 넓은데, 그에 비해 사람이 천지에 보답하는 것은 어디에 있는가"라는 대목이 있다. 내가 매번 이 구절을 읽을 때마다 놀라서 사방을 돌아보는 눈이 되고, 두려워하여 어찌할 바를 모르는 마음이 들고, 얼굴은 점차 새빨갛게 되고, 땀이 나서 발바닥까지 흥건해지지 않은 적이 없었다.

「봉래에게 보낸 네 번째 편지」

서유구는 천지의 은혜에 보답하는 것에 대해서 제대로 하지 못한 것에 대해 부끄러움을 느낀다고 하였다. 그가 제기한 천지의 은혜에 보답해야 한다는 생각은 가장 자연스러운 삶의 본질 그 자체에 대한 근원적인 물음에서 나올 수 있는 대답이다. 서유구는 얼굴이 빨개지고, 발바닥에 땀이 흥건히 젖을 정도로 부끄럽고 게다가 두려워하기까지 하였다. 깊고 진실한 반성에 걸맞는 몸의 생리현상을 표현한 것이다.

서유구는 이시기에 천지天地에 빚은 진 삶이라는 답변을 촉발해낸 이러한 물음을 스스로 던질 수 있게 된 것이다. 그리고 천지에 보답하는 것을 제대로 실천하지 못한 것을 부끄러워하는 것은 개인이 처해 있는 사회적인 관계망에서 나오는 보답·복수 등의 파생의식과 다른 것이다. 어떤 사람일지라도 부모·가족·임금·친구와 나눈 관계에서 유래하는 은원관계에 따라 보답하거나 보복하는 일을 해나가는 삶을 살기 마련이다.

사회적 관계망의 중요한 부분일 끊어졌을 때 보다 근원적인 삶에 대한 의문을 제기하게 된다. 서유구가 천지의 은혜를 자신이 입었으며 이를 보답하지 못하는 것을 부끄러워하는 것은 당시 그의 처지가 사회적 관계망의 상당부분을 잃어버린 채 개인적인 삶에 천착하지 않을 수 없는 것이었음을 알려준다. 이런 상황에서 서유구는 자신이 갖게 된 부끄러움의 근원을 찾아 나선다.

자신이 엄청난 호사를 누리는 생활을 했다는 점을 먹을 것, 입을 것만으로 간결하게 표현한다. 그러면서 실제 생산 활동에 종사한 적이 없다는 것도 고백한다. 이러한 구절들은 서유구가 지난날의 화려한 삶을 그리워하는 차원에서 나올 수 있는 것들이 아니다. 당연히 서유구가 지난 세월 생산하지 않고 소비만 하였던 것을 반성하는 단계에 이르렀다는 것을 보여준다. 서유구는 조물주가 지금까지 의식의 비용으로 들어간 것을 적은 장부로 자신에게 책망한다면 하늘 아래에서 이를 피할 수 있는 곳이 없다는 것을 스스로 공감한다.

내가 내어난 이래 지금까지 44년 동안 17,300여일을 되돌아보았다. 겨울에는 솜옷을 입고, 여름엔 갈옷을 입는 것을 빼놓은 적이 없었고 또한 두터운 갓옷을 입고 주름진 비단을 걸친 적도 있었다. 그리고 아침에 아침밥을 먹고 저녁에 저녁밥을 먹는 것을 빼놓은 적이 없었고, 또한 산해山海 진미가 한상 가득 차려진 적도 있었다. 그렇게 쓴 것을 돈으로 따지면 어찌 천만으로 계산을 다할 수 있을 것인가. 그러나 나는 일찍이 손에 쟁기를 잡아본 적이 없고, 나의 처자들은 눈으로 길쌈에 쓰는 고치와 북을 구별하지 못한다.

「봉래에게 보낸 네 번째 편지」

서유구는 은거생활 초기에 자신의 지난 세월을 반성하면서 농사짓기에 나서야 하는 현실을 긍정적으로 받아들였다. 반강제적으로 시작한 은거생활 초기에 서유구는 자신의 지난날을 회고하며 스스로 반성하는 시간을 보냈다. 그가 이 무렵 남긴 글 속에 자신의 곤란한 처지를 괴로워하면서 또한 지난날의 잘못을 반성하는 마음을 볼 수 있다. 서유구가 1807년 무렵 숙제叔弟 서유락徐有樂에게 보낸 편지에서 자신이 이제 농사짓기에 나서야 하는 처지임을 분명하게 드러내고 있다. 『풍석전집』에 실린 순서로 보면 서유락에게 보낸 3번째 편지이다.

서유구 자신이 관직에서 멀어지기 전까지 어떠한 화려한 삶을 살았는지 잘 보여주는 고해성사라고 할 수 있다. 그런데 이러한 자기 고백은 일면에서 과장되어 있는 것으로 생각된다. 왜냐하면 은거에 들어가기 이전에 서유구는 농사짓기와 농법체득·농법개발이라는 방향을 자신이 가야할 길로 상정하고 있었기 때문이다.

서유구는 1808년 무렵에 자신이 20대에 세상살이에 대해서 얼마나 자만하였는지 반성하고 있다. 그는 용주에서 지낼 때의 기억을 되살려 자신의 오만함을 더욱 뚜렷하게 드러내었다. 용주정사에 지내던 시절 서유구는 우연히 명나라 육수성陸樹聲(1509~1605)이 지은 「병탑오언病榻寱言」이라는 글을 읽었다. 그 글에는 "사람이 살면서 1세에서 10세까지는 몸을 위해서 계획하고, 20에서 30까지는 집을 위해서 계획하고, 30에서 40까지는 자손子孫을 위해서 계획한다"라고 나와 있었다. 서유구는 책을 집어던지면서 계획하는 바가 몸과 집과 자손을 벗어나지 못하는 것을 비웃었다. 그런데 수십년이 지난 뒤인 당시 자신이 학문學問이나 사공事功은 말한 것도 없고, 몸과 집과 자손을 위한 계획을 세우지 못할 지경에 빠져 버린 것이다. 이러한 처지에 놓여 있던 서유구는 과거 자신이 호기롭게 비웃은 것을 자책하지 않을 수 없었다. 그리고 자신이 이제부터라도 해야 할 일에 대해서 새로운 계획을 세우고 있었다.

또한 서유구는 내가 지금 거친 음식을 먹는 것은 예전의 잘못하였던 죄를 속죄하고 부채를 덜어내기 위한 것이고 수명을 늘리려고 하는 것이라고 자신의 뜻을 밝힌다. 이어서 서유구는 식결食訣 즉 식사할 때 외울 구결 3장을 만들었다. 중국 황정견黃庭堅이 지은 「식시오관食時五觀」이라는 글이 오만한 것이라고 지적하면서 자신의 생각을 정리한 것이다.

매번 식사할 때 다른 반찬을 섞지 말고 먼저 밥만 세 숟가락을 먹는데, 첫 숟가락질 하면서 "고르고 깨끗하구나, 나의 밥과 나의 죽이여, 수북하게 많구나 위대한 상제上帝가 내려준 복록이네"라고 외운다. 두 번째 숟가락질 할 때에는 "화경火耕(불을 피워 잡목을 태워버리고 기경하는 것)하기 어렵고, 수누水耨(무논에서 제초하고 물을 대는 것)하기 어려우니 농사는 곧 어려움인데 나는 농사짓지 않고도 밥을 먹네"라고 외운다. 세 번 째 숟가락질 하면서 "달구나, 농사짓는 것의 달콤함을 달게 여기네, 달고도 향긋하구나"라고 외운다. 이렇게 세 번을 외우면 밥이 벌서 반 정도 먹게 된다. 드디어 목구멍이 열리고 위장이 편안해지는 것을 느끼게 된다. 비록 명아주와 콩잎과 같은 거친 반찬일지라도 말고기나 곰발바닥과 같은 맛을 느끼게 될 것이니 누가 내가 먹는 것을 부족하다고 말할 것인가.

「봉래에게 보낸 네 번째 편지 2」

서유구는 은거기에 농사짓는 일을 병행하고 있었다. 그는 이제 농사일을 사족의 일로 간주하고 있었다. 이때 그는 자신을 찾아온 지인이 거친 밥을 먹고 있는 자신의 모습을 보고 한숨을 쉬면서 걱정해주는 것에 대해 "당신이 잘못이다"라고 분명하게 말하며 자신의 현재 모습을 당연한 것으로 자세하고 분명하게 설명한다. 이 글이 비록 동생에게 보낸 편지에 들어있지만 그가 평소 생각하던 바임에 틀림없다.

4. 서유구의 농사 경험과 『행포지』 편찬

서유구는 은거기에 구체적인 농사 경험을 충실히 축적하였다. 그리고 그러한 농사경험을 바탕으로 농학農學 연구에 매진하여 『행포지』를 편찬할 수 있었다. 『행포지』는 서유구가 붙인 서문을 쓴 시기가 1825년으로 나오지만, 그 내용에 해당하는 부분은 1823년까지 이어진 은거시기에 저술된 것임이 분명하다.

서유구 자신의 농사체험담은 『행포지』, 『임원경제지』의 「본리지」·「의상경계책」 등에 들어 있다. 『행포지』 내용 속에 구전區田을 설명하는 대목에서 구전의 좋은 점을 여러 가지로 설명하고 있는데, 바로 서유구의 농사경험에서 나온 것이었다. 여기에 그는 신미년辛未年 봄과 여름 사이에 커다란 가뭄이 들었을 때 혈종穴種한 것은 싹이 나는 경우가 있었지만, 흩어 뿌린 만종漫種한 것은 전혀 싹이 나지 않았다는 경험담을 덧붙이고 있다.[8] 이러한 농사 체험 기록이 다른 사람의 경험을 전해들은 것일수도 있지만, 내용 서술하는 방식에 인용을 가리키는 단어가 전혀 보이지 않는다는 점에서 직접 혈종해 본 경험일 것으로 보인다. 게다가 신미년은 1811년인데, 당시 서유구는 벼슬자리에서 물러나 여러 곳을 이사다니며 지내던 시기였다.[9] 따라서 서유구 본인이 실제로 혈종이라는 농사법을 실제로 수행한 경험이 『행포지』의 내용 속에 들어가게 된 것이라고 할 것이다.

---

8 『林園經濟志』「本利志」卷1, 田制, 區田.
9 유봉학, 『燕巖一派 北學思想 研究』, 一志社, 1995.

또한 「의상경계책」에는 1814년 서유구가 모래와 자갈이 많은 밭에서 구전區田을 만들어 보리를 경작하였더니 가뭄에도 불구하고 평년에 비해서 3배의 수확을 거둔 경험을 소개하였다. 이와 더불어 서유구는 구전이야말로 흉년을 이겨낼 수 있는 요긴한 방법이라고 지적하였다.[10] 이와 같이 서유구는 가뭄을 극복하는 방법, 작은 토지에서 많은 수확을 올릴 수 있는 방법으로 구전법區田法을 제시하고 있었다.

다음으로 서유구는 자신이 고친 대전법代田法을 직접 농사에 적용해 본 경험도 갖고 있었다. 서유구는 난호蘭湖에 있을 때 조를 매년 심었는데, 대전법을 사용하여 수확을 많이 거두웠던 것을 경험하였다.[11]

마지막으로 서유구는 양맥兩麥을 재배할 때 시비를 많이 넣어 주어야 한다는 점을 경험을 통해서 확인하였다. 서유구는 대소맥大小麥을 막론하고 그리고 땅의 비옥도를 가리지 않고 소변小便을 뿌려 주는 것이 가장 좋은 시비법이라고 강조하였다. 이는 서유구 자신이 금화산장金華山莊에서 직접 경험한 것이었다. 이상에서 제시한 여러 농사 경험을 바탕으로 『행포지』의 주요한 내용을 구성하였다.

서유구는 「행포지서」에서 자신이 농가農家에서 부지런히 심신이 피곤할 정도로 애쓰고, 늙어 기운이 빠질 때까지 그치지 않은 이유에 대해서 설명하였다. 그는 아주 장황하게 그 이유를 설명하고 있는데, 바로 자신의 학문 연구의 내력을 정리하여 보여주는 내용

---

10 徐有榘, 『楓石全集』 「金華知非集」 卷11, 策, 擬上經界策.
11 『杏蒲志』 卷1, 田制(『農書』 36, 47쪽).

이었다. 서유구는 자신이 경예지학經藝之學(유가 경전을 연구하는 학문)을 일찍이 공부하였는데, 말할 만한 것을 옛사람이 모두 말하여 내가 두번 세번 말하는 것이 아무런 이득이 없을 것이다. 그리고 자신이 경세지학經世之學(국가 경영을 위한 학문)을 공부하였는데, 처사處士로서 헤아리고 다듬어온[揣摩] 말들이 흙으로 만든 국일 따름이고 종이로 만든 떡일 따름이어서 아무리 잘한들 아무런 도움이 되지 않는 것이었다고 자탄한다. 그리하여 그는 스스로 금일 자신이 앉아서 말할 수 있고 일어나서 실행할 수 있는 실용實用이 곧 범승지氾勝之와 가사협賈思勰이 정리해놓은 수예지술樹藝之術(농사짓는 방법)일 따름이라고 확신하고 있다. 조금이라도 천지天地의 은혜에 보답하는 길은 바로 여기에 있다고 하였다.[12] 이러한 상세한 설명 속에서 서유구가 향촌에서 거주하는 자신의 힘으로 자신의 먹을 것을 마련하는 선비를 위해 이 책을 지었다고 언급한 이유를 알 수 있다.[13] 즉 치인治人으로 나아가고자 힘써온 선비로서 그러한 지위에 가지 못하고 자신의 힘으로 자신이 먹을 것을 마련하고 있을 때 그러한 사정에 맞춰 실용에 맞는 농사짓는 방법을 다듬어내야 할 것이라는 것이 그의 생각이었던 것이다.

서유구는 『행포지』를 편찬하면서 스스로 설정한 편찬 방침, 편찬 경위 등에 대하여 「행포지서杏蒲志序」에서 설명하였다. 서유구는 「행포지서」에서 가장 요긴한 것이 곡穀이고 가장 필요한 것이 농

---

12 안대회, 「임원경제지(林園經濟志)를 통해 본 서유구의 이용후생학(利用厚生學)」, 『한국실학연구』 11권, 한국실학학회, 2006, 50~51쪽; 徐有榘, 『楓石全集』 金華知非集 卷3 序 杏蒲志序.
13 徐有榘, 『楓石全集』 金華知非集 卷3 序 杏蒲志序.

農이라는 것을 다음과 같이 논리적으로 풀어서 설명한다.

> 천하의 만물萬物 가운데 우주宇宙와 고금古今을 다 들쑤고 헤집어 하루
> 라도 없어서는 안되는 것을 찾을 때 가장 요긴한 것이 바로 곡穀이고, 천
> 하의 만사萬事 가운데 우주와 고금을 다 들쑤고 헤집어 귀천貴賤과 지우智
> 愚를 가리지 않고 하루라도 어두워서는 안되는 일 가운데 가장 중요한 것
> 이 바로 농農이다.
>
> 「행포지서」

서유구는 위와 같은 서문에서 만물萬物 가운데 곡穀이 가장 중
요하고, 만사萬事 가운데 농農이 가장 필요하다는 주장을 펼쳤다. 이
러한 서유구의 주장은 만물과 만사에 관통하는 법, 즉 농곡農穀의
획득을 위한 실용적인 공부를 추구하는 것이 필요하다는 주장으로
이어지는 것이었다.

농곡의 중요성을 강조한 서유구는 맹자孟子가 설명한 '사람을
다스리는 사람治人'이 해야 할 일이 바로 용천用天・분지分地의 일이
라고 주장하였다. 용천用天은 시령時令(때마다 해야 할 일)의 변화에 따른
농사의 안배를 의미하는 것이고, 분지分地는 토질・지세・기후 등에
따른 각지의 토의土宜를 파악하는 것을 의미하는 것으로 생각된다.
결국 치인治人이 해야 할 일은 각 지역에서 시령의 변화에 따라 농사
를 토의에 맞게 실행할 수 있게 이끄는 일이라고 정리할 수 있다.

서유구는 당시의 치인은 자신이 해야 할 일을 도리어 농민農民
에게 모조리 맡겨놓고 어떤 일도 하지 않고 지리멸렬되었다는 보고
만 받으면서 아무런 반성도 하지 않는 것을 크게 야단치고 있다.[14]

이러한 논리에 따라 서유구는 맹자가 말한 치인이란 바로 농리農理를 밝히고 근본에 힘쓰는 도道로써 다스려야 한다고 강조한다. 서유구는 왕도王道를 논할 때 먼저 전리田里를 다스리고 수축樹畜을 감독하는 것을 앞세워야 한다고 지적한다. 이상의 언급에서 서유구는 치인의 의무와 해야 할 일을 농곡에서 찾고 있었다.

서유구는 자신이 논밭 사이에 칩거하고 있는 '다스림을 받는 사람治於人'이면서 또한 자신의 먹을 것을 자신이 해결하는 사람이라고 자임한다. 이와 더불어 전가田家의 어려운 일에 대해 경험을 쌓아왔다고 자랑한다. 서유구는 동속東俗이 잘못되고 사람들이 게으른데庭惰 이를 바로잡을 수 있는 법으로 삼을 만한 것이 없다는 현실을 지적하고 있다. 그리하여 농사짓는 처음부터 끝까지에 관한 기술을 모두 이미 시험해보고 효과를 거둔 것을 저술하여 쌓아두었는데, 이것을 묶어서 '행포지杏蒲志'라 이름붙였다고 설명한다.[15] 이상에서 서유구는 『행포지』를 자신이 경험한 농사일을 중심으로, 그 근원적인 농사의 이치農理를 밝히고 이를 다른 사람들에게 알려주기 위한 책으로 자부하고 있었다.

『행포지』 편찬이 마무리된 것은 서유구는 다시 관직에 나아가게 된 이후의 일이었다. 서유구는 1825년에 「행포지서」를 지었다. 이 무렵 은거하던 시기에 본격적으로 진행하였던 『행포지』 편찬 작업을 종료한 것으로 보인다. 은거기에 직접 수행하였던 농법 연구의 한단락을 이때 마무리한 것이었다. 새롭게 관직생활에 나아가게

---

14 徐有榘, 『楓石全集』 金華知非集 卷3 序 杏蒲志序.
15 徐有榘, 『楓石全集』 金華知非集 卷3 序 杏蒲志序.

된 서유구가 가장 먼저 하나의 마무리된 책으로 『행포지』를 편찬하였던 점을 눈여겨 볼 수 있다. 「행포지서」에서 서유구는 새롭게 관직에 나아가게 된 관리官吏로서, 그리고 은거은일기를 보내며 자신의 지향을 확정한 학인學人으로서, 자신이 해야 할 일이 농법 변통, 농정 개혁에 있음을 다시 한번 재확인하는 의지를 보여주고 있다.

내가 망녕되게 말한다면 "금일 앉아서 말할 수 있고, 일어나서 실행할 수 있는 실용實用으로 범승지·가사협의 농사짓는 법 바로 이것이 그러할 따름이다"라고 할 것이고, 또한 조금이라도 천지天地가 내려주고 길러준 은혜에 보답하는 것도 또한 농사짓는 법에 있을 따름이다. 아쉽구나 내가 어찌 완성된 바를 얻었겠는가. 하루라도 늦추어서는 안되는 책무이지만 지금 세상에서 비루하고 깨끗하지 않은 것으로 여기는 나머지 농사짓는 사람은 한 명인데 얻어 먹는 사람이 100명이 될 정도로 많고, 10년 농사를 지으면 9년이나 흉년이 찾아오니 저들 도랑이나 골짜기에 빠진 것처럼 곤경에 처한 백성들에게 어떤 죄가 있을 것인가. 그러므로 이 책을 지은 것은 어찌 한갓 향촌에서 자기 힘으로 먹고살아야 하는 선비들만 바라보고 짓은 것이 아니다. 세상의 대인大人과 선생先生들이 다만 비웃지 말기를 바란다.

「행포지서」

서유구는 농사짓는 사람이 크게 줄어들어 1명이 농사지은 것을 100명이 챙겨 먹어야 하는 지경에 이른 것, 그리고 거의 매년 찾아오는 가뭄·홍수 등 자연재해 때문에 흉년이 밥 먹듯 찾아오는 것, 이 두 가지를 커다란 문제로 지적한다. 그리고 『행포지』를 향촌에서 먹고사는 선비들을 위해 지은 것이 아니라는 점도 강조한다. 결국 서유구는 자신의 농사경험 속에서 당대의 농민들이 준용할 만한 것을 모아서 『행포지』를 편찬한 것이었다. 또한 서유구는 지금 당장 실행에 옮길 수 있는 실용實用을 강조하면서 농사짓는 법에서 그 실체를 찾고 있다. 이러한 입장은 농사짓는 법이 바로 천지의 은혜에 보답하는 것이라는 설명에서 극단적이지만 절실하게 제시되어 있다. 사람이 천지의 은혜를 받아 태어나는 것이라면 사람으로서의 도리를 다하는 것이 천지의 은혜를 갚는 것이고, 이는 곧 농사짓는 법의 묘리를 체득하여 실행하는 것과 다른 것이 아니라는 설명이다.

5. 「의상경계책」 저술과 농정개혁론 정리

삼가 아룁니다. 일이 닥쳤을 때 널리 묻는 것은 밝은 임금이 마땅히 지켜야 할 전범이고, 때를 만나 계책을 바치는 것은 뜻있는 선비의 바램입니다. 신은 초야草野에 묻혀 살면서 아침저녁으로 하는 바는 전부田夫와 운부耘夫(김매기하는 농부)가 하는 일이고, 눈과 귀로 보고 듣는 바는 모두 땅을 갈고 파종하여 작물을 키우는 일입니다. 그리하여 생각하는 바가 논밭을 벗어나지 못하고, 걱정하는 바도 세상 어느 사람보다 먼저 앞서 하고 있습니다.

「의상경계책」

위 인용문은 서유구는 자신이 「의상경계책」을 지은 배경에 대해서 「의상경계책」 첫 머리에 표현한 부분이다. 서유구는 자신이

金華知非集卷第十一

测上　徐有榘準平

箋

擬上經界策上

伏以臨事博詢明王之懿範達時獻猷志士之顯欲且經伏草野所朝夕者田父私夫也所耳目者耕播刜藝也忠不出乎畎畝夏戎光荼天下篇以烏我東田制之丞宜夐張者二量法之丞宜講磨者三農政之丞宜訓勵者六習甲之言曰多天門

「의상경계책」, 수리 시설의 개선 방안을 제시하다(서울대 중앙도서관)

현재 농사짓는 일에 몰두하고 있는 농부라 자임하면서 농촌, 농업에 관한 나름의 생각을 품고 있다고 전제하고 있다. 서유구의 농업에 대한 현실진단과 개혁방안을 체계적으로 정리한 글이 바로 「의상경계책」이다.

서유구는 은거하며 난호에 머물던 1820년에 그동안 자신이 농촌생활에서 경험하고, 각종 문헌자료를 섭렵하면서 구상한 농업개혁론을 하나의 책자로 완성하였다. 당시 조정에서 양전量田을 실시하기 위해 여러 가지 논의가 이루어지고 있었다. 서유구는 당시 양전을 계획하고 추진하던 순조에게 올리기 위해 「의상경계책擬上經界

策」이라는 글을 작성하였다. 「의상경계책」은 서유구 자신의 농정개혁론을 체계적으로 정리해놓은 글인데, 그동안 농업에 대해 변통론, 개혁론으로 제시할 수 있는 것들을 묶어서 조직화시킨 글이다. 다만 실제로 순조에게 올리지는 않은 것으로 보인다.

1820년은 서유구가 57살되던 해이자, 관직에 나가지 못한 지 15년째 된 해이기도 했다. 관료를 지냈던 학자가 해야 할 필생의 사업 가운데 하나는 나라를 제대로 이끌어가는 방책을 임금에게 제시하는 것이었다. 「의상경계책」은 서유구가 은거시기를 보내면서 필생의 과업으로 설정한 농업개혁을 구상을 정리하여 임금에게 올리려는 목표로 저술한 것이었다. 아래의 인용문에 잘 나타나 있는 바와 같이 서유구는 조선의 전제·양법·농정에 관하여 무수히 말하지 않고 넘어갈 수 없는 아주 절실한 것만 모아서 하나의 '경계책經界策'을 작성한 것이었다.

생각하건대, 우리 조선의 전제田制에서 시급히 개혁해야 할 것으로 두 가지가 있고, 양전법에서 시급히 갈고 닦아야 할 것으로 세 가지가 있으며, 농정農政에서 시급히 깨우치고 권장해야 할 것으로 여섯 가지가 있습니다. 가슴 속에 품고 있는 말을 날로 많아지는데 임금에게 올릴 길이 없습니다. 근래에 들은 바에 따르면 신하의 상언上言으로 양전量田을 시행하라는 왕명王命이 내려졌다고 합니다. 지금 상황에서 말하지 않는다면, 내 가슴 속의 말이 제대로 나오지 않을 것 같습니다. 문득 감히 그 설을 조목으로 나누어 경계책 하나를 작성하고 목욕재계하여 잘 써서 올립니다.

「의상경계책」

서유구는 「의상경계책」의 내용을 몇 개 부분으로 나누어 놓았다. 서유구는 「의상경계책」에서 조선의 전제田制·양법量法·농정農政에서 시급하게 교정하고 변통하지 않으면 안 될 것으로 총 11개의 조목을 제시하였다. 11개 조목에 대한 자세한 설명은 농정개혁론을 설명한 6장에 들어 있고, 여기에서는 핵심적인 내용만 소개한다.

먼저 전제田制 가운데 시급히 개혁해야 할 것 두 가지를 제시하였는데, 첫 번째가 결부結負를 고쳐서 경묘頃畝로 바꿔야 한다는 주장이다. 조선의 결부는 토지의 절대면적과 비옥도를 결합시켜 상대면적을 환산하여 획득한 수치인데, 결부 숫자가 곧 수세의 기준이 될 수 있었다. 그런데 서유구도 지적하는 바이지만 결부를 환산하는 과정에서 여러 가지 폐단이 등장하고, 비옥도를 파악하는 과정에서도 비리가 개입되고 있었다. 따라서 절대면적 단위인 중국의 경묘 방식을 채택해야 한다고 주장한 것이다.

두 번째는 척도를 바로잡는데, 고제古制를 준수해야 한다는 것이다. 현재 활용되고 있는 주척周尺이 짧고, 양전척도 짧은 것을 사용하고 있어 이를 바로잡아야 한다고 주장한다. 그런데 서유구는 보步를 길이의 한 단위로 보는 것이 아니라 양 다리가 평상시에 움직일 때 이동하는 거리를 가리키는 단위로 파악하고 있다. 자연에서 획득한 것이기 때문에 이를 기준으로 삼아야 한다고 파악하고 있다.

다음으로 양법量法 즉 양전법 가운데 고쳐야 할 것이 세 가지인데, 첫 번째는 방전方田 방식을 실시하여 은루隱漏된 결부를 찾아내야 한다는 주장이다. 서유구도 지적하는 바와 같이 방전법方田法은 1701년(숙종 27)에 해서海西에서 개량할 때 황해도관찰사 유집일兪集—이 채택하여 실제 양전에 활용한 일이 있었다. 이를 지적하면서 서유구는 유집일이 당시에 올린 계본啓本 등을 조사하여 상세한 방전법의 내용을 파악해야 마땅하다고 주장하고, 비변사에 당시 계본 등을 조사하라고 지시할 것을 요청하고 있다.

두 번째는 수법數法 즉 계산법을 반포하여 미리 잘 익혀 익숙하게 할 것을 제시한 부분이다. 이 조목에서 서유구는 여러 도형에서 면적 구하는 방법을 설명하고 있다. 실제 양전과정에서 특정한 모양의 논밭 필지는 측량하게 될 경우 면적을 구하는 셈법을 어떻게 해야 하는지 실전 연습문제를 제시하고 있는 것이다.

세 번째는 상대적으로 내용이 짤막한데, 양전 전담기관을 설치하고 담당 관리가 성실히 근무하도록 독려해야 한다는 것이다. 서유구의 제안은 비변사 당상 가운데 사무에 능통한 사람 8인을 선택하여 팔도의 양전을 나누어 맡게 하는 방안이었다.

다음으로 농정農政 가운데 시급히 시행해야 할 조처 여섯 가지를 제시하는 부분인데, 「의상경계책」의 가장 핵심에 해당하는 내용을 담고 있다. 첫 번째는 한양의 북극고도를 측량하여 시각을 정확히 측정하고 이를 알려야 한다는 것이다. 북극 위도緯度의 차이로 각 지역의 주야晝夜 시각을 정하고, 적도 경도經度의 차이로 각 지역의 절기 시각을 정한다고 설명하고 있다. 그는 당시 양전에 나선 담당 관리로 하여금 북극고도를 측량하게 하고, 그리하여 달력에 측량한 내용을 수록하도록 주장하고 있다. 결국 서유구는 각 지역의 절기를 파악하여 이를 농사짓는 시기를 놓치지 않는 데 활용해야 한다는 점을 강조하고 있었다.

두 번째는 농사짓는 방법을 가르쳐서 지력地力[16]을 다 활용해야 한다는 지적이다. 서유구는, 조선은 일마다 중국에 미치지 못하지만, 농사짓는 것에서 제대로 된 법이 없는 것이 가장 심한 것이라고 지적한다. 그런 다음 중국 땅가는 법과 종자 심는 법을 소개하고 이어서 이 조목의 핵심적인 부분인 구전법區田法과 대전법代田法에 대한 설명으로 이어진다. 마지막으로 둔전屯田을 통해 농사짓는 법을 보급시켜야 한다는 방법론을 소개한다.

세 번째는 좋은 종자를 구매하여 재해에 대비해야 한다는 주장이다. 가뭄이나 홍수 등의 자연재해에 대비할 수 있는 종자를 중국에서 구매할 것을 제안하고 있다. 내한耐旱·내수耐水·내염성耐鹽性을 지닌 품종으로 중국으로부터 수입할 것을 제안한다. 그리고 서유구는 50일 내지 60일 정도의 짧은 성장기간을 갖고 있는 품종(六十日稻－通州, 深水紅稻－上海·靑蒲, 香秄晩稻－德安府)을 수입하여 메밀이나 녹두 등을 대파代播하는 것과 같이 활용하면 좋을 것이라는 주장도 제기하였다. 이렇게 좋은 종자를 널리 구하는 것이 바로 재황에서 백성을 구제하는 제일의 급무急務라고 주장하고 있다.[17]

네 번째는 수리水利를 크게 진흥시켜 가뭄과 홍수를 대비하자는 것이다. 서유구는 그동안 자신이 축적한 수리 지식 가운데 조선의 수리현실에 비추어볼 때 가장 요긴한 것을 정리하여 제시하고 있다.[18] 먼저 그는 땅에 대한 물의 관계가 사람에서 혈기血氣와 진액津液이 있는 것과 같다고 비유하면서, 막히거나 넘치거나 말라붙는

---

16 『풍석전집』의 원문은 '敎樹藝以盡地方地方'이어서 "地方을 다 활용해야 한다"로 풀이해야 하지만, 이 조목의 내용 속에 '地方을 다 활용한다(盡地方)'는 구절로 연결시킬 만한 내용이 보이지 않는다. 따라서 地方은 地力의 오기로 생각된다.

17 徐有榘, 『楓石全集』「金華知非集」卷11, 策, 擬上經界策.

18 徐有榘의 興水利以虞旱澇에 대한 상세한 분석은 문중양의 책에 들어 있다. 문중양, 『조선 후기 水利學과 水利담론』, 集文堂, 2000, 215~226쪽.

것 모두 병을 일으킨다고 설명한다.[19]

다섯 번째는 번전反田을 금지하여 명실名實이 부합하도록 해야 한다는 것이다. 조선 후기 한전旱田 즉 밭을 수전水田 즉 논으로 만드는 번전反田(반답으로도 칭함)이 확대되었다. 번전의 확산은 결국 이전에 비해서 수리조건이 열악한 수전이 대량으로 확대된다는 점을 의미하였다. 서유구는 "일체 육전陸田 즉 밭으로 되돌려야 한다"는 강력한 입장을 표명하고 있었다.[20]

여섯 번째로 마지막 조목이 바로 둔전을 널리 설치하여 축적되는 바가 많게 해야 한다는 주장이다. 이 주장은 농법을 변통하는 것에 멈추지 않고 이를 널리 보급시키는 문제도 나름대로의 방안과 관련된 것이었다. 농법 보급의 방법으로 둔전경영론을 제시한 것이었다. 서유구는 당대의 농업현실의 개혁론으로 둔전론屯田論[21]을 제시하였는데, 여기에 새로운 농법 보급의 통로를 개설하는 것도 제시되어 있었다. 또한 둔전개설은 북방지역의 경우 지역개발의 주요한 접근방식으로 활용해야 한다는 주장도 펼치고 있다.

서유구는 자신이 올리려고 했던 『의상경계책』의 내용에 굉장한 자신감을 가지고 있었다. 그리고 세상의 움직임에 따라 자신이 주장하는 논설의 내용도 바뀌어 나갈 수밖에 없다는 점을 잘 알고 있었다. 지금 양전量田의 움직임이 있어 모든 사람들이 양전을 어떻게 진행할 것인지에 대한 관심이 높아져 있고, 따라서 나의 양전을

---

19 徐有榘, 『楓石全集』「金華知非集」卷11, 策, 擬上經界策.
20 徐有榘, 『楓石全集』 3冊, 『金華知非集』卷12, 擬上經界策.
21 金容燮, 「18~19세기의 농업실정과 새로운 농업경영론」, 『增補版 韓國近代農業史硏究』上, 一潮閣, 1992.

『산림경제』, 홍만선이 지은 농서이면서 향촌생활의 경제서(홍만선, 실학박물관)

비롯한 전제, 농정에 대한 주장과 논설을 수록한 경계책의 내용도 더욱 구체적이고 현실적인 것이 될 수 있다고 생각한 것이다.

　서유구는 은거에 들어가던 무렵부터 자신이 나라를 위해 해야 할 일을 농업에서 찾았다. 범승지와 가사협, 그리고 서광계가 공통적으로 했던 일 즉 농서를 만드는 일에 주력하였다. 이는 또한 할아버지 서명응이 『본사』를 편찬하였고, 아버지 서호수가 『해동농서』를 편찬한 일을 가학으로 제대로 계승하는 일이기도 하였다.

6. 『임원경제지』 편찬 작업의 진전

　서유구는 은거하던 시기에 홍만선이 지은 『산림경제山林經濟』를 계승하면서 또한 뛰어넘는 책으로 『임원경제지』 편찬을 시작하였다. 서유구는『임원경제지』를 단기간에 집중적인 저술활동을 통해서 편찬한 것이 아니라 오랜 기간에 걸쳐 차곡차곡 완성시켜 나간 것이었다. 서유구가『임원경제지』편찬을 시작한 것은 바로 은거에 들어가던 무렵이었다.

서유구가 자신을 '오비거사五費居士'로 자칭하면서 스스로 지은 표문表文인「오비거사생광자표五費居士生壙自表」에 따르면 적어도 1806년 이후 30여 년간에 걸쳐『임원경제지』를 편찬하였다는 점을 알 수 있다.[22] 그는 1806년 향리에 유폐된 이후 "걱정 속에 있으면서 걱정을 잊기 위해 많은 자료를 모아서『임원경제지』를 편찬하였는데, 부部를 16개로 나누고 국局을 110개로 나누었고, 문장을 이러저러 수정한[丹鉛] 것이 30여 년이다"라고 토로하였다. 그런데 서유구가 이 표문表文을 지었을 때 스스로 79세라고 언급하고 있기 때문에 1842년에 지은 글임을 알 수 있다. 1842년이라는 저작 시점은 글 속에 나오는 1806년 이후 30여 년이라는 지적과 정확하게 들어맞는다. 서유구는 장기간에 걸친 저술 작업의 결과로 책이 완성되었지만 이를 간행할 힘이 없고, 그렇다고 항아리 뚜껑으로 쓰기에는 불만스러운 상황을 '헛수고의 하나―費'라고 표현하였다.

서유구가『임원경제지』편찬을 시작한 구체적인 시기로 1808년을 전후한 시기로 비정할 수 있다. 이 무렵을『임원경제지』편찬 착수 시기로 추정하는 것은 1806년 은거 시작 이후 3~5년 정도 지난 뒤에 서유구가 새로운 작업에 나설만한 의지를 나타내고 있기

---

22 『楓石全集』『金華知非集』卷6,「五費居士生壙自表」. 유봉학(『燕巖一派 北學思想 研究』, 一志社, 1995, 191쪽)은 '五費'를 서유구가 자신의 생애를 다섯 시기로 나누어 본 것이라고 해석하였는데, 다섯 가지의 헛수고한 일을 가리키는 것으로 보아야 할 것이다.

때문이다.

은거 시작 직후인 1807년 무렵에 서유구는 자신의 지난날을 반추하고, 직면한 상황을 평가하면서 자신이 꿈꾸었던 나날이 사라져버린 것을 아쉬워하는 글을 남겼다. 바로 숙제叔弟 서유락에게 보낸 편지에서 자신의 심경을 밝힌 것이다. 그는 이 글에서 자신이 허비한 세 가지 가운데 하나로 범승지와 가사협을 이어받아 농법 연구에 힘쓰던 일이 집안의 쇠락과 맞물려 중단된 것을 지적하였다.

서유구는 은거 직후 외부적인 요인으로 농법 연구가 중단된 것에 대해 아쉬움에 빠져 있었다. 그리고 자신이 그동안 지내왔던 경화사족의 삶에 대한 깊은 반성과 더불어 새로운 갈길을 모색하고 있었다. 서유구가 1808년 무렵에 동생인 서유락에게 보낸 또 다른 편지에서 새로운 모색을 구체화시키고 있다는 점을 찾아볼 수 있다. 서유구는 이 편지에서 서유락에게 자신이 자그마한 소망 하나를 가지고 있다고 밝힌다. 서유구가 내세운 소원의 구체적인 내용 속에서 그가 이후 시기에 보여주는 학문적 지향점을 찾아볼 수 있다. 이 편지에서 1808년 무렵의 서유구가 어떠한 학문적인 지향점을 설정하고 그를 위해 분투하고 있는지 다음과 같이 표현하고 있다.

참으로 한 언덕빼기나 한 골짜기를 얻어 형제들이 손을 잡고 집들을 서로 이어지게 짓는다. 그리고 앞에는 장포場圃를 만들고 뒤에는 과원果圃을 만든다. 밭가는 것을 학문學問으로 삼고, 경작법을 경제經濟로 삼아 아이들과 손자들에게 절대로 무너지지 않을 장래에 대한 계획을 부과한다.

「숙제 붕래에게 보낸 편지」

서유구는 형제들이 같이 살면서 농사짓는 것을 학문과 경제로 삼는 생활을 꿈꾼다고 토로한다. 그리고 그는 또한 농포農圃·수예樹藝 분야도 총명聰明하고 지려智慮가 있는 사람이 있어야 어떤 성과를 거둘 수 있는데, 지금 하루를 일 년으로 삼아도 오히려 날은 저무는데 길을 아직도 먼 상황이라고 간주한다. 하지만 서광계에게 어떤 사람이 당신은 이미 늙었으니 10년을 기다려야 하는 나무심기를 왜 하는가 묻자, 서광계가 지금 급히 나무를 심어야겠다고 답변한 것을 인용하면서 서유구는 지금 당장 급히 서둘러야겠다는 자신의 의지를 밝힌다. 현재 자신이 해야 할 일을 서둘러 행하는 것이 중요하지 미래에 성취가 어떨지 미리 걱정하는 것은 잘못이라는 깨우침을 설명한 것이다.

위의 편지글에서 보이는 농포와 수예에 대한 성찰과 과제 부여는 바로 농학연구를 본격적으로 수행하여 서광계徐光啓에 비견하는 업적을 쌓고자 하는 의지의 표명이라고 풀이된다. 결국 서유구는 1808년 무렵 과거에 대한 회고적 감정 허비에서 벗어나 새로운 농학 연구에 본격적으로 나선 것이었다. 이러한 농학 연구의 구체적인 결과물은 『행포지』이지만, 서유구는 농학 연구에만 머무르지 않았다. 서유구는 홍만선의 『산림경제』를 계승하여 산림山林 처사處士들이 마땅히 알아두어야 할 온갖 지식知識을 모아 『임원경제지』를 편찬하였다.

『임원경제지』는 『임원십육지』라는 이칭에서도 알 수 있듯이 전체가 16개의 지志로 구성되어 있다. 서유구가 16개의 지를 나눈 것은 홍만선洪萬選의 『산림경제山林經濟』의 영향을 받은 것으로 보인다. 서유구는 「예언例言」에서 '향촌에 거처하면서 뜻을 키우는 책(鄕居養志之書)'으로 겨우 『산림경제』 하나가 있을 뿐이라고 지적하였다. 그는 계속해서 "『산림경제』 속에 쓸데없고 자잘한 것이 많으며, 채록한 것이 좁아 사람들이 병통으로 여기고 있다"[23]고 지적하였다. 서유구 의 이러한 지적은 자신의 『임원경제지』 편찬의 당위성을 강조하기 위한 표현이기도 하지만 또한 『임원경제지』가 『산림경제』를 계승하 면서 뛰어넘을 만한 책이라는 자부심을 보여준 것이라고 해석된다.

서유구 자신이 『임원경제지』 편찬에 나선 이유로 『산림경제』 를 꼽고 있었다.[24] 홍만선洪萬選(1643~1715)이 지은 『산림경제』는 '실 용백과전서 겸 잡고 체제의 대형 저술' 성격의 유서類書[25]이기도 하 고, 농업생산에 관련된 각종 기술을 담은 종합농서이기도 하다. 홍 만선은 『산림경제』 4권 4책을 편찬하였는데, 공교롭게도 16조條로 분류하고 있었다. 홍만선이 16조로 나눈 것은 결국 16지志, 16류類 로 나눈 것이나 마찬가지였다.[26] 그리고 그는 산림山林이라는 거주 공간을 강조하면서 본래 산림과 경제經濟를 길이 다르지만, 산림처 사들만 알아두어야 할 경제가 있다고 강조하였다. 『산림경제』는 산 림 처사處士를 자처하는 사족士族들이 익히 알아두어야 할 사항을 정리한 생활지침서生活指針書라고 할 수 있다. 마찬가지로 『임원경 제지』도 향촌에 거주하는 사족이 알고 있어야 할 온갖 정보를 수합 정리한 유서類書, 일용서日用書에 해당한다고 할 것이다.

1823년까지 10여 년에 걸쳐 서유구는 필생의 업적인 『임원경제

---

23 徐有榘, 『林園經濟志』「林園經濟志例言」.
24 金容燮, 「『山林經濟』의 編纂과 그 農業論」, 『朝鮮後期農學史研究』, 一潮閣, 1988.
25 심경호, 「『임원경제지』의 문명사적 가치」, 『『임원경제지』 연구의 문명사적 의의』, 전북 대 인문한국 쌀·삶·문명연구원 제2차포럼 자료집, 2008, 22쪽.
26 洪萬宗, 「山林經濟序」『山林經濟』(『農書』 2, 3쪽).

지』를 편찬하고, 농업개혁론을 완성하였다. 서유구는 은거시기의 괴로운 나날들을 헤쳐나가면서 나라와 백성들을 위해 개혁론을 제시하였다. 그리고 『임원경제지』를 편찬하면서 '임원경제학'을 제시하였다.

이상에서 살펴본 은거기에 서유구는 조선사회 변혁에 대한 생각을 정리하고 이를 책으로 저술하고 있었다. 서유구는 은거하는 동안 향촌에서 실제 농업에 종사하게 되며 이 경험을 토대로 임원생활에 관한 모든 지식을 집대성하여 경제지학 연구를 심화해 나간다. 농업에 관한 『금화경독기金華耕讀記』, 어업에 관한 『난호어목지蘭湖漁牧志』를 저술하고, 필생의 대작 『임원경제지林園經濟志』를 아들 서우보徐宇輔(1795~1827)와 함께 편찬하였다.

홍현모는 1806년에서 1823년 사이 18년의 서유구의 은거隱居시기에 대해 서유구 시장諡狀에서 "농사의 이치를 밝히고 책을 저술하면서 스스로 즐거워하였다"라고 표현하였다. 그리고 그가 구상한 자신의 두 가지 필생의 과업을 본격적으로 다듬어 나간 시기였다. 하나는 농업을 변혁시키기 위한 방책을 마련하여 제시하는 것이었다. 이는 구체적으로 농법의 변통, 수리의 진흥, 풍석대전법의 보급 등으로 정리할 수 있다. 그리고 다른 하나는 임원경제의 구상을 실현시킬 수 있는 방대한 규모의 『임원경제지』 편찬이었다. 식력과 양지를 위해 『임원경제지』의 16지를 분류하고 큰 항목과 작은 세목을 나누어 목차를 구성하고, 자신의 편집방침에 따라 인용서목에서 필요한 부분을 옮기는 작업을 수행하였다. 『임원경제지』의 구상은 19세기 초반 조선의 사족이 구상할 수 있는 향촌생활의 자립적인 생존방책을 제시하는 것이었다.

祖箋兄傭笑此班事排解須之去叶

縣祝事亦希稅安兩但必拾救一事

重惱庭口僅一石頃追可了此一境界

貴堂哭搥之若色精約竹翅胸煩中

飲一椀情像散如錦珠兩俸每作之此

挽留一日再作浣剳餞會此此別意美

祥沖試良物情信然私必實才多一還

珠云去大一但實才之多希走見覆待時

5장

노년의
관직생활과
임원경제
꾸리기

1. 조정에 다시 서게 된 날

서유구가 1806년 이래 계속해온 오랜 은거생활에서 벗어나 다시 관직에 나가게 된 날은 1823년 11월이었다. 이때 조정에서는 서유구를 강원도 회양현감으로 임명하였다. 한양에서 벼슬살이를 다시 하게 된 것은 아니었지만 이때부터 새롭게 관직에서 활동하는 시기가 열린 것은 분명하였다. 서유구는 정조대 관직생활의 기억과 18년에 가까운 은거생활의 경험을 바탕으로 새로운 관료생활을 시작하게 되었다. 이때부터 1845년까지 서유구의 삶은 다시 시작한 관직생활 속에서 다채롭게 이어나갔다.

유봉학에 따르면 이때 서유구가 다시 관직에 나갈 수 있었던 것은 남공철南公轍(1760~1840) 덕분이라고 한다. 남공철은 안동김씨 세도가 김조순의 제일의 협력자로서 안동김씨 세도정권 아래 여러 차례에 걸쳐 영의정을 지냈는데, 이서구李書九가 청론淸論의 정치지

도자로서 척족 세도의 걸림돌이 되자 그를 탄핵하여 정치적으로 매장시켰다. 이제 환갑을 맞았던 풍석에게는 손을 내밀어 정계에 복귀하도록 하여 회양부사淮陽府使를 시작으로 세도정권의 실무관료로서 그의 능력을 발휘하는 길을 열어주게 되었다고 한다.[1]

서유구는 십수년만에 복권되면서 정조대의 관료생활과 전혀 다른 관료생활을 하게 되었다. 서유구가 맞이하게 된 조정의 정치 상황은 정조대의 그것과 사뭇 다른 것이었다. 조선의 중앙 정계는 몇몇 세도가문들이 정치권력을 쥐락펴락하는 곳으로 바뀌어 있었다. 그리고 서유구 자신도 43세의 청년이 아니라 이미 60에 가까운 노년에 이르러 있었다. 세상을 보는 눈이 예전보다 훨씬 풍부해졌고, 또한 17년에 걸친 은거생활 동안 서유구의 삶에 대한 태도 자체

---

[1] 유봉학, 「풍석 서유구의 학문과 사상」『풍석 서유구와 임원경제지』, 소와당, 2011, 266
~267쪽.

도 변했기 때문에 1823년 이후 두 번째 관료생활은 예전과 다르지 않을 수 없었다.

서유구가 18년에 가까운 은거생활을 뒤로 하고 다시 조정에 나서게 된 시기에 대해서 약간의 혼란이 있다. 서유구 자신과 아들은 1823년이라고 기록하고 있는 반면에, 시장諡狀을 쓴 홍경모는 1824년이라고 표기하여 혼란을 주고 있다. 그런데 『일성록日省錄』에 1823년 11월 18일 서유구를 회양현감에 임명하는 기사가 나오고 있어 1823년 11월이 회양현감에 임명된 시기라는 확증을 주고 있다. 그리고 『일성록』 12월 11일 기사에도 서유구가 위태롭고 오그라든 처지에 빠져 있으며 신병身病으로 힘들어 하고 있어 회양현감 자리에 나아갈 수 없으니 즉시 파출해줄 것을 요청하였다는 점을 확인할 수 있다. 서유구의 요청은 이조吏曹에서 올린 보고에 들어 있는데, 이에 대해 순조는 서유구를 엄히 신칙하여 즉각 내려가게 하라는 왕명을 내렸다.

1823년 11월에서 12월까지 거의 2달 가량 서유구는 당시 조정의 정황을 살펴보면서 임지인 회양현으로 내려가지 않고 있었다. 하지만 순조가 엄중하게 왕명을 내려 부임을 독촉하자 1824년 정월 무렵에 회양현감으로 부임하였던 것으로 보인다. 『일성록』에 1824년 6월 규장각 원임原任 대교待敎의 자격으로 회양현감 서유구에게 탄일誕日을 맞이하여 전문箋文을 지어올리라는 왕명이 실려 있다. 이러한 기록을 종합해서 살펴본 결과 서유구가 1823년에 회양부사로 임명되어 1824년 초에 임지에 부임하면서 새롭게 관직생활을 다시 시작하였음을 알 수 있다.

회양부사로 임지에 나간 서유구는 그곳 농지가 황폐한 것을 보고 이를 개간하기 위해 우경牛耕을 권장하는 방안을 마련하여 실행하였다. 즉 공명첩空名帖을 팔아 마련한 자금으로 소를 사서 면리面里에 나누어주고 서로 근실하게 키우는 것을 권장하게 하였다. 이는 중국 고사에서 발해渤海 태수가 백성들이 송아지를 사서 키우도록 권장하고, 여강태수가 사람들에게 우경牛耕을 가르친 일화에 비견되는 것이었다.

2. 내외의 중요 관직을 두루 역임하다.

　　1823년 11월 다시 관직생활을 시작한 서유구는 1839년 76세의 나이로 치사致仕할 때까지 수많은 중앙과 지방 관직을 거쳤다. 서유구는 이 기간 동안 중앙과 지방의 많은 관직을 두루 역임하였다. 서유구는 1826년(순조 26) 여름에 양주목사楊州牧使에 임명되었다. 서유구는 양주목사로 있을 때 품계品階가 올라 종2품 가선대부가 되었다. 부임한 해 가을에 숭릉崇陵(현종과 명성왕후 기씨의 능)의 무너진 곳의 흙을 보충하고 보수하는 작업이 제대로 이루어진 것에 대한 공로로 가선계嘉善階에 오른 것이다. 숭릉은 현재 경기도 구리시 인창동 동구릉 안에 위치하고 있는데, 이곳이 조선시대에 바로 양주관내였다. 숭릉의 무너진 곳을 새로 만들고 수선하는 일이 완료되자 당상, 낭청에 대해 시상하였다. 그런데 서유구가 양주목사로 보토당상補土堂上을 겸하고 있었기 때문에 이때 같이 시상을 받았다.

　　다음해인 1827년 3월 서유구는 강화유수江華留守에 임명되었다. 강화유수부는 한성부 주변에 자리한 4유수부 가운데 하나로 서

울을 보위하는 중요한 곳으로 간주되던 곳이었다. 따라서 강화유수
는 광주·수원·개성유수와 더불어 내직內職으로 간주되었다. 서유
구는 자신이 무능하여 유수직을 수행할 수 없다며 몇 차례 사직상
소를 올렸지만 받아들여지지 않았다. 결국 당시 순조를 대신하여
정사를 처리하는 대리청정을 하고 있던 왕세자孝明世子가 서유구에
게 영서令書를 내려 유수 겸 진무사의 직임을 잘 헤아리고, 편의便宜
와 전헌典憲에 따라 직무를 수행하라고 지시하면서, 강화유수 자리
에 나아가지 않을 수 없었다.

강화유수 서유구는 한양을 떠나 1827년 강화부로 들어왔다.
강화부 읍치邑治에 소재한 규장각 외각外閣 즉 외규장각은 서유구에
게 뜻 깊은 곳이었다. 그의 생부인 서호수가 예전에 규장각 외각의
규모를 만드는 일을 맡아 수행하였던 것이다. 생부의 흔적이 남아
있는 강화부에서 서유구는 유수로서의 직임을 성실히 이행하였다.

서유구는 강화유수로서 각종 인사문제의 처리, 농형農形 우택
雨澤 장계의 보고 등 맡은 바 직무를 수행하는 데 여념이 없었다.
서유구가 후에 수원유수로 지낼 때 『화영일록』이라는 사환일기를
썼고, 전라도관찰사를 지낼 때에는 『완영일록』이라는 사환일기를
기록하였다는 점을 생각한다면, 강화유수로 있을 때 『강도일록』,
또는 『심영일록』 등의 제목을 붙인 사환일기를 기록하였을 것으로
추정되지만 현재까지 관련된 자료가 발굴되지 않고 있다.

서유구는 일반적인 농정農政·군정軍政 이외에 강화부의 부민
府民들이 직면하고 있는 어려움이 무엇인지 찾아 이를 해소하기 위
해 노력하였다. 그리하여 1827년 6월에 서유구는 강화유수로서 구
폐오조求弊五條를 왕세자에게 장달狀達하였다. 서유구가 올린 '구폐

오조' 상소는 강화부의 부민府民들이 겪고 있는 폐단을 다섯 가지로 제시한 것이었다. 왕세자는 서유구가 올린 상소에 대한 왕세자가 실행할 만한 의견으로 평가하면서 묘당에 보내어 상의하여 처리하게 하였다.

서유구는 강화에 있을 때 아들 서우보가 세상을 떠나는 참혹한 일을 겪었다. 아들을 먼저 세상에서 떠나보내는 일은 서유구에게 커다란 충격을 가져다주었다. 특히 서우보는 은거시기에 서유구를 도와 『임원경제지』를 완성하는 데 커다란 도움을 주던 조력자이기도 하였다.

서유구의 후손을 여기에서 살펴보면 여산礪山 송씨宋氏와 사이에 자식으로 1남宇輔 1여(李光膊과 혼인)를 두었다. 서우보가 먼저 세상을 떠나면서 요절하여 족자族子 치보治輔의 아들 태순太淳을 후사後嗣로 삼았다. 그리고 측실側室에서 2남(七輔 檢書官, 八輔) 2녀(각각 尹秉求, 尹致奕과 혼인)를 두었다.

서유구는 1828년(순조 28) 7월에 영의정 남공철南公轍의 추천으로 호조판서에 의망되었지만, 양주목사의 해유解由가 아직도 나오지 않았다는 점을 지적받아 실제로 호조판서에 임명되지는 않았다. 그렇지만 8월 정기인사에서 자헌계資憲階(正二品下, 正卿)에 품계가 올랐다. 당시 남공철이 선조先朝의 각신閣臣이면서 오랫동안 관계 승급이 지체되었고, 이번에 호조판서에도 통망通望되었으니 서유구를 정경正卿으로 올려줘야 한다고 건의하자 이를 순조가 받아들인 것이었다.

1828년 이후 서유구는 중앙관직과 지방관직을 두루 역임하였다. 자헌계에 오른 뒤에 곧이어 사헌부 대사헌大司憲과 지경연사知經筵事를 겸하게 되었다. 그리고 겨울에 공조판서工曹判書 지춘추관사知

春秋館事를 겸하였다. 66세되던 1829년(순조 29)에는 여름에 대사헌이 되었고, 가을에 광주유수가 되었는데 사은하기 전에 양부養父 서철 수徐澈修의 상을 당하였다.

서유구의 양부 서철수는 1749년(영조 25)에 태어났는데, 생부는 서명장徐命長이고, 양부는 서명응徐命膺이다. 서명응이 자신의 두 아들(서호수·서형수)를 출계보내고, 대신 맞아들인 아들이 바로 서철수이다. 서철수는 1777년(정조 1) 생원시와 전사시에 급제하였는데, 문과급제는 하지 못한 것으로 보인다. 서철수는 1829년 81세의 나이로 세상을 떠났다.

서유구는 1831년(순조 31) 복상服喪을 마치고 조정에 돌아와 형조판서刑曹判書가 되어 지경연사와 도총관을 겸하였다. 1832년(순조 32) 봄에는 비변사 제조가 되어 유사有司를 맡았고, 홍문록弘文錄 권점圈點을 주관하였다. 그리고 이어서 예문관 제학이 되고, 사역원 제조가 되었다. 가을에 대사헌이 되고, 곧이어 예조판서가 되었다. 세손좌부빈객左副賓客을 겸하고, 곧이어 우부빈객右副賓客이 되고 호조판서가 되었다. 다시 홍문관 제학이 되고 동지춘추관사가 되었다.

숨가쁘게 이어진 서유구의 관직이력은 1833년(순조 33) 70세가 되면서 이 해 봄에 기로소耆老所에 들어갔음에도 불구하고 계속 이어졌다. 1833년 4월에 전라도 관찰사로 부임하였다. 전라도 관찰사로 재임한 기간은 『완영일록完營日錄』에 따르면 1833년 4월 10일부터 1834년 12월 30일까지 약 1년 9개월 정도이다. 서유구는 호남관찰사로 재직하면서 사환仕宦 행적 등을 기록한 『완영일록』이라는 사환일기를 작성하였다. 『완영일록』은 현재까지 남아 있어 전라도 관찰사가 어떠한 직무를 담당하였는지, 그리고 서유구가 무슨 일을 구체적으로 실행하였는지 살필 수 있는 중요한 자료가 되고 있다.

서유구가 전라도 관찰사로 재직하던 막바지 무렵인 1834년 12월 중순에 순조가 승하하였다. 1835년 봄에 서유구는 예문관 제학이 되었고, 의정부 좌참찬左參贊, 우참찬右參贊을 거쳤다. 그리고 여름에 도총관이 되어 『순조실록純祖實錄』 편찬을 주관하였다. 규장각 제학을 거쳐 이조판서에 임명되나 사직하였다. 비변사 당상, 지중추부사 자리를 지냈다. 그리고 가을에 의정부 우참찬이 되고, 빙고氷庫 제조가 되었으며, 실록청 찬수纂修 당상堂上이 되고 병조판서가 되었다.

1836년(헌종 2) 73세의 고령임에도 불구하고 봄에 수원부 유수가 되었다. 서유구가 수원유수로 재직한 기간은 1836년 1월 1일부터 1837년 12월 12일까지 약 2년여에 달하였다. 그가 수원유수로 근무하면서 지은 사환일기가 바로 『화영일록華營日錄』인데 현재까지 전해지고 있다. 서유구는 수원유수로 재임하면서 각종 편찬사업에도 참여하였다. 여름에 『열성어제列聖御製』를 교정하고 감독하여 간행한 공로로 정헌대부正憲大夫 품계에 올랐다.

1837년(헌종 3) 겨울에 수원 유수 임기를 채우고 물러났고, 지경연사가 되었다. 이후 전생서典牲署 제조, 예문관 제학, 도총관 자리를 거쳤다. 1838년(헌종 4) 여름에는 지의금부사가 되고, 이어서 대사헌이 되었다. 대사헌으로 있을 때 당시의 흉년을 구제하기 위한 방안으로 '구황삼책救荒三策'으로 불린 상소를 올렸다. 당시 기호 지역에 큰 가뭄이 닥쳤는데, 앞으로 심각한 기근이 발생할 것으로 우려되자 서유구가 세 가지 구황책을 제시한 것이었다. 첫 번째는 중국의 벼 품종을 도입하자는 것이고, 다음으로 수리 시설을 정비하자는 것이었다. 그리고 세 번째는 한전을 수전으로 바꾼 번답反畓을 다시 한전으로 되돌리는 것이었다. 헌종은 서유구가 올린 상소에 따라 중국 강절江浙지방에서 도종을 구입해 오게 하였다. 강절지역에서 구입해 온 도종稻種 12종의 시험재배를 서유구가 맡게 되었다. 서유구는 당시 자신이 살던 곳인 번계에서 이를 수행하였다. 그리고 가을에 대신이 주청奏請하여 정조 재위 삼조三朝(정조·순조·헌종)에 걸쳐 관각館閣을 역임한 서유구에게 종1품從一品 품계를 내려줘야 한다고 주장하였다. 이러한 주장이 받아들여져서 서유구는 이에 숭정계崇政階에 올랐다.

서유구는 1839년(헌종 5) 가을에 재차 은퇴를 요청하는 상소를 올려 허락받고 드디어 치사致仕하게 되었다. 치사는 나이가 많아 벼슬 자리에서 물러나는 것으로 대개 70세에 치사하는 것이 일반적이었다. 하지만 서유구는 75살을 넘어서야 치사할 수 있었다. 치사한 이후 번계로 내려온 서유구는 전원생활을 누리면서 『임원경제지』를 완성하는 작업을 진행하였다. 그러다가 1842년(헌종 8) 79살이 된 서유구는 「오비거사생광자표五費居士生壙自表」라는 제목을 붙인 자찬自撰 행장行狀 또는 묘지墓誌에 해당하는 글을 써서, 자신의 지난 생애를 정리하였다. 서유구는 자신을 다섯 가지나 허비한 인물로 묘사하였다.

1843년(헌종 9) 80세가 되어 국전國典에 따라 숭록계崇祿階[從一品上]이 되었다. 이때 계양모繼養母 반남潘南 박씨朴氏의 상을 당하였다. 그리고 헌종이 건릉健陵(정조의 능)에 행행行幸하여 정조의 옛 신하들을 추념追念하면서 왕명을 내려 특별히 보국숭록계輔國崇祿階[正一品下]에 올랐다. 2년 뒤인 1845년(헌종 11) 11월 1일 82세의 나이로 광주

廣州 두릉斗陵의 자택에서 시중드는 사람이 거문고 뜯는 소리를 들으며 세상을 떠났다. 이듬해인 1846년(현종 12) 정월에 장단長湍 금릉리金陵里 선영先塋에 장사지냈다.

이상에서 살펴본 바와 같이 서유구는 1823년 겨울 정말 오랜 세월 동안 다가서지 못하던 조정에 다시 발을 디딜 수 있었다. 조정에 복귀한 이후 호조판서, 홍문관 제학·규장각 제학·의정부 좌참찬 등 많은 중요한 관직 자리를 거쳤다. 그리고 관계官階도 계속 올라 가선계嘉善階를 거쳐, 정헌계正憲階·자헌계資憲階·숭정계崇政階에 올랐고, 80세 되던 1843년에는 숭록계崇祿階를 거쳐 보국숭록계輔國崇祿階에 이르렀다. 이와 같이 요직을 역임하고 관계가 계속 높아진 것 뿐만 아니라 1833년 70세 되던 해에는 기로소耆老所에 들어가기까지 하였다. 기로소는 문과 출신의 정2품 이상 전현직 문관으로 나이가 70세 이상인 사람만 들어가는 예우관청이었다.

서유구의 두 번째 관직생활은 외면상으로는 혁혁한 위세를 누린 것으로 보이지만, 내부 실상을 그렇지 못하였다. 당시는 세도가勢道家가 정치권력을 농단하던 이른바 '세도정치'가 기를 펴던 시절이었다. 세도가와 끈이 이어지지 않는 관리는 자신의 직무 범위 안에서 관료생활을 해나가는 일꾼이었다. 정치적으로 위세를 떨칠 수 있는 정책을 마련하고, 이를 실행에 옮길 수 있는 권력을 갖지 못하였다. 이 시기에 대해 서유구가 1842년에 지은 「오비거사생광자표五費居士生壙自表」에서 직접 언급한 내용 속에서도 정치권력에 가까지 가지 못한 실무능력만 지닌 관료의 허무한 빈손을 실감나게 느낄 수 있다.

내가 다시 조정에 서게 되면서 봄볕이 따스하게 내리쬐고, 마른 뿌리가 다시 번성하는 듯하였다. 청직清職과 후직厚職을 넘나들며 거쳤고, 관계官階는 숭현崇顯의 자리에 올랐다. 그러나 재주가 없고 성질이 용렬하여, 조정에서는 임금과 정사를 의논할 만한 계책을 내놓은 것이 없고, 관직에서는 임금의 은혜에 보답할 만한 실적을 쌓은 것이 없다. 나이가 들어 지모가 다 소진된 지경에 이르렀지만 쉬고자 하여도 쉴 수가 없다. 허깨비를 보는 것처럼 그렇게 물거품같이 흘러가 버렸으니 이것이 하나의 허비이다.

「오비거사생광자표五費居士生壙自表」

위와 같이 서유구는 1823년 11월 관계에 복귀한 이후 수많은 지방과 중앙의 요직을 역임하였다. 서유구는 1839년 치사할 때까지 세도정권 하에서 실무적인 능력을 바탕으로 막중한 요직을 무리없이 맡아냈다. 그리고 치사한 뒤에는 전원생활을 이어나가면서 임원경제의 이상을 실현하기 위한 노력을 기울였다. 또한 이 시기 서유구의 행적에서는 전혀 세도정권이나 세도가문과 연관되는 모습을 찾아볼 수 없다는 점도 특징적이라고 할 수 있다. 서유구가 가지고 있는 실무능력, 그리고 정조대 구신이라는 점 등이 새로 관직에 나선 이래 17년 동안 별 탈 없이 많은 요직을 역임하였다.

3. 수원유수 시절의 행적

서유구가 남긴 기록 가운데 조선 후기 지방행정의 구체적인 모습을 살펴볼 수 있는 일기자료가 전해지고 있다. 서유구는 수원유수로 재직하였을 때와 전라도 관찰사로 재직하였을 때 각각 사환일기仕宦日記를 작성하였다. 그가 호남순찰사로 재적하던 당시의 사환일기가 『완영일록完營日錄』이다.[2] 『완영일록』의 작성시기는 1833년 4월 10일부터 1834년 12월 30일까지이다. 그리고 서유구가 수원유수로 지낼 당시의 사환일기인 『화영일록華營日錄』도 남아 있다.[3] 『화영일록』의 작성시기는 1836년 1월 1일에서 1837년 12월 12일까지 약 2년 정도이다. 여기에서는 수원유수 시절의 사환일기인 『화영일록』을 중심으로 서유구의 행적을 살펴본다.

수원유수 시절 서유구는 규장각 제학을 겸하고 있었다. 『화영일록』을 중심으로 서유구의 활동을 정리할 수 있는데, 서울과 수원을 왕래하는 바쁜 시절이었다. 서유구는 1836년 1월 11일 수원유수로 낙점받았다. 약 2년 정도 지난 1837년 12월 12일 후임자와 교대하였다. 서유구는 규장각 제학으로 『순조대왕어제純祖大王御製』·『익종대왕어제翼宗大王御製』 편찬에 참여하였다. 또한 『순조실록』 편찬 작업에도 참여하여 서울에 있을 때 실록청에 출근하여 근무하였다. 이와 더불어 서유구는 순조가 종묘에 부묘祔廟될 때까지 거행된 의례에 참여하였고, 또한 1837년 헌종 가례嘉禮에도 참여하였다.

수원유수로서 서유구가 해야할 주요한 임무 가운데 하나는 화령전華寧殿과 현륭원顯隆園의 관리였다. 화령전은 정조의 어진御眞을 모셔놓은 운한각, 풍화당 등으로 구성된 건물이다. 서유구는 화령

---

2 徐有榘, 『完營日錄』, 성균관대학교 동아시아학술원, 대동문화연구원, 『完營日錄』 1·2·3, 2002.
3 徐有榘, 『華營日錄』, 이우성 편, 『栖碧外史海外蒐佚本』 23, 아세아문화사, 1987.

전에서 정조의 탄신일인 6월 22일 등에 제례를 올릴 때 참여하였다. 그리고 현륭원은 정조의 아버지 사도세자를 모신 묘역이다. 정조가 즉위한 이후 배봉산 기슭에 있던 사도세자의 무덤 영우원을 수원 화산으로 옮겨 현륭원이라는 새로운 이름을 붙인 것이었다. 서유구는 현륭원을 직접 방문하여 살펴보기도 하고, 참봉의 보고를 받기도 하였다. 또한 정조正朝・한식寒食・단오端午・추석秋夕・기신忌辰(즉 忌日) 등의 날에 올리는 제향에 참여하였다.

수원부 소속 관리에 대한 인사도 서유구가 한 일이었다. 서유구는 춘하추동에 걸쳐 1년에 4차례 행하는 포폄襃貶을 주관하였다. 그리고 문사文士와 무사武士를 선발하는 시험을 주관하였다. 나아가 수원유수로서 봄・가을의 군사훈련을 주관하였다. 군사훈련은 실제 훈련을 시행하는 것이 아니라 마병馬兵과 보병步兵, 그리고 병마兵馬의 숫자를 확인하는 일이었다. 당시의 군병은 제언堤堰 축조, 소착疏鑿 등에 동원되고 있었다.

서유구가 수원유수로 수행한 활동 가운데 그의 농업개혁론 정리, 임원경제학 집대성 작업과 밀접하게 연관된 것이 바로 권농勸農과 감농監農이었다. 서유구는 벼・보리・콩・팥 등 주요작물의 재배단계, 성장상태 등을 파악하여 중앙에 보고하였다. 이를 '농형農形'의 파악과 보고라고 할 수 있는데, 대개의 경우 각면各面과 판관判官의 보고를 정리하는 것이었지만, 경우에 따라서는 직접 자신이 견문한 바를 바탕으로 보충하기도 하였다.

농형보고의 경우 작물별로 일정한 생육단계마다 특정한 용어를 사용하여 보고하였다. 예를 들어 올벼의 경우 부종付種(종자 파종함) → 입묘立苗(발아함) → 향청向靑(줄기 성장) → 초제초初除草(첫 번째 제

초) → 재제초再除草 → 삼제초三除草 → 배태胚胎 → 발수發穗(이삭이 팸)
→ 향황向黃(이삭이 누렇게 익음) → 예취刈取(벼 수확) 등의 순서로 보고가
이루어졌다. 부종 즉 직파가 아닌 이앙移秧을 하는 경우에는 각 성
장단계에 대한 표현이 조금 달라졌다. 또한 밭작물의 경우에도 재
배방식에 따라 농형보고의 표현법에 차이가 있었다. 서유구가 수행
한 농형보고는 다른 지역의 모든 지방관들이 동일하게 수행하던 일
반적인 과업이었다.

서유구는 작물의 성장상태를 보고하는 것과 더불어 우택雨澤
즉 강우량에 대한 보고도 충실하게 수행하였다. 우택의 상황을 비
가 내리기 시작한 시간과 마친 시간, 그리고 강우량의 정도 등으로
보고하였다. 강우량의 실제 크기는 측우기를 이용한 수심의 척촌尺
寸으로 표현하였지만, 읍진浥塵(티끌 적실 정도), 서鋤(호미날 깊이), 려犁
(쟁기날 깊이) 등으로 표현하기도 하였다.

서유구는 권농勸農을 구체적으로 실행에 옮기기 위한 방법으로
수시로 각면各面에 권농을 당부하는 감결甘結이나 전령傳令과 같은
지시문을 내려보냈다. 1836년 2월 1일에 각면各面에 권농을 강조하
는 내용으로 내려 보낸 전령을 보면 다음과 같은 내용이 보인다.

금일의 폐단을 없앨 방책은 오직 먹을 것을 넉넉하게 하는 데에 있고
먹을 것을 넉넉하게 하는 길은 오로지 농사일을 근실하게 하는 것에 있
다. 지금 춘분이 되어 농사를 시작할 때이니, 제언과 천방에 물을 모으는
것과 농기구를 미리 유의하여 때를 잃지 않도록 할 것이다. …(중략)…
봄에 기경起耕할 때와 이앙移秧할 시기에는 반드시 동리洞里에서 서로 (소
를) 빌려주어서 시기를 늦추어 실농失農하는 탄식이 없도록 해야 할 것이

다. 그리고 혹시 병으로 인하여 경작할 수 없는 경우는 이웃 사람과 친척들이 힘을 합하여 서로 도와주어 조그마한 토지라고 내버려지는 폐단이 없도록 해야 할 것이다.

「권농전령勸農傳令」

서유구는 동리洞里 즉 마을에서 서로서로 도와주어 농사일을 수행하고, 내버려지는 토지들이 없게 할 것을 당부하였다. 서유구는 또한 우금牛禁 즉 소의 도살을 금지하는 것에도 깊이 관심을 기울였다. 그리하여 위의 권농전령을 보내면서 동시에 '우주금삼금전령牛酒松三禁傳令'을 같이 내려보냈다. 소를 도살하는 것, 술을 만들어 먹는 것, 소나무를 함부로 베어내는 것 등 세 가지 금지하는 것을 모두 마음을 다하여 지키라는 요청이었다.

서유구는 농사장려를 위해 제방을 관리하는 것을 독려하였다. 수원에는 정조의 관심 속에 만석거萬石渠(현재 만석공원), 축만제祝萬堤(농촌진흥청 내, 일명 西湖) 등의 제언이 축조되었다. 그리고 화성華城 성역城役과 더불어 성내를 남북으로 가로지르는 개천開川이 조성되었다. 따라서 수원 관내의 제언과 개천을 수시로 점검하고 준설하는 과업을 수원유수가 담당하지 않을 수 없었다. 서유구는 때때로 수리 시설의 보수, 정비작업을 지시하였다.

4. 『종저보種藷譜』 편찬

중앙정계에 복귀한 이후 서유구의 관직생활은 중앙과 외방을

『종저보』,
농민의 기근을 해결하기 위해 고구마
재배를 실시(서울대 중앙도서관)

오가면서 민생民生의 여러 문제를 해결하는 데 주력하는 것이었다. 1834년(순조 34) 호남순찰사湖南巡察使로 노령蘆嶺 남북南北을 돌아보면서 구황救荒의 시급함을 몸소 절감하였다. 이때 감저甘藷 즉 고구마 재배를 통한 구황의 달성을 목표로 그 때까지 알려진 감저재배법甘藷栽培法을 종합 정리하여 『종저보種藷譜』를 저술하였다.

　　『종저보』 편찬의 구체적인 계기가 된 것은 노령 일대의 버려진 평지를 살핀 일이었다. 1834년에 전라감사 서유구는 호남 일대를 돌아다니며 살피다가 노령의 남쪽과 북쪽에 곳곳마다 평탄하고 넓은 평지가 버려진 채 묵정밭이 되어 있는 것을 발견하였다. 그리고 지역 주민들에게 그 이유를 물어보고 앞서 1809년과 1814년에 기근이 닥쳤을 때 농민들이 흩어져 떠나버린 후에 농사를 짓지 않은 지 오래된 곳이라는 것을 알게 되었다. 이와 같이 자연재해로 인해 발생한 기근으로 농민들이 본래 살던 곳에서 떠나버리는 상황을 타파할 방책의 하나로 서유구는 고구마재배를 제시하였다. 사람이 제 할 일을 제대로 해야 한다고 강조하는 것이었다.

　　하늘이 내려주는 때와 땅이 키워주는 산물은 모두 사람을 키우는 데 소용되는 것이다. 그르므로 사람들이 교묘하게 일처리를 하지 못하는 것 때문에 하늘이 내려준 때와 땅이 키워준 산물을 내팽개치는 지경에 이르게 된다. 대략 토지에서 잃는 바를 계산하여도 아마 기천만억에 달할지도 모른다. 이렇게 몇 년 동안을 같이 따진다면 교묘하게 계산한다고 해도 그 얼마나 되는지 숫자를 얻을 수 없을 것이다.

『종저보』「서」

　　서유구는 여덟 식구로 이루어진 농가農家로 하여금 이렇게 버려진 땅을 차지하게 하여 곧바로 감저甘藷 즉 고구마 수백구數百區를 구종區種한다면 죽을 때까지 기근에 시달리는 일은 없을 것이라고 강조하였다. 이러한 목표의식을 뚜렷하게 한 서유구는 중국, 일본, 조선의 감저 재배법을 종합하여 『종저보』를 편찬하였다.

　　호남순찰사로 호남지역을 돌아다니면서 감저 종자를 구해 보급시키려는 노력을 기울였던 서유구가 1835년에 지은 『종저보』는 당시까지 정리된 고구마 재배법을 종합한 책이다. 총 28장 분량으로, 한 작물의 재배법을 정리한 책으로는 상당히 분량이 많은 편이다. 서유구는 1834년(순조 34) 호남순찰사로 노령蘆嶺 남북을 돌아보면서 감저 즉 고구마 재배를 통한 구황의 달성을 목표로 그 때까지 알려진 감저재배법을 종합 정리하여 『종저보』를 저술하였다. 『종저보』는 서원敍源 제일부터 시작하여 전종傳種·종후種候·토의土宜·경치耕治[부어음(附淤蔭)]·종재種栽·옹절壅節·이삽移揷·전등剪藤·수채收採·제조製造·공용功用·구황救荒·여조麗藻 등에 이르기까지 14항목으로 구성되어 있다. 서유구는 중국 명나라 서광계徐光啓[본문에 기록된 현호玄扈는 서광계의 호號]가 지은 『감저소甘藷疏』, 조선 영조대 인물인 강필리의 『감저보』, 김장순金長淳의 『감저보』[본래 책이름은 『감저신보甘藷新譜』] 등을 참고하여 『종저보』를 편찬하였다. 『종저보』에 인용된 강필리의 『감저보』, 김장순의 『감저신보』 등의 책이 바로 조선후기 고구마 재배법이 정리되는 과정·경과를 보여주는 것이라고 할 수 있다.

서유구가 『종저보』를 편찬하여 고구마 재배법을 종합 정리하기 이전에 가장 먼저 고구마 재배법을 소개한 것은 조엄趙曮의 『해사일기海槎日記』라고 할 수 있다. 조엄은 통신사행에서 귀국하는 길에 대마도에서 일어난 사건, 보고들은 견문 등을 『해사일기』에 기록하면서 '감저甘藷 종법種法'을 소개하였다.[4] 간단하게 대마도에서 얻어 들은 정도에 불과한 것이었다.

감저가 조선에 전파된 이후 감저재배법을 정리한 최초의 인물은 강필리였다. 강필리는 뒤에 나오는 바와 같이 감저의 전파에도

---

4 趙曮, 『海槎日記』 권5, 甲申年(1764) 6월 18일 무술(『國譯 海行摠載』 Ⅶ, 민족문화추진회, 311~312쪽).

중요한 역할을 수행한 사람이었다. 그는 감저를 수차례 시험 재배하고 그 결과를 토대로 감저재배법을 정리하여 이른바 '감저보甘藷譜'로는 최초로 편찬된 『감저보』을 지었다.[5] 강필리의 『감저보』는 1765년에서 1766년 사이에 편찬된 것으로 추정된다.[6]

강필리의 동생인 강필교가 형이 지은 『감저보』을 근간으로 몇 곳에 보충을 더하여 새로운 『감저보』를 편찬하였다. 이외에도 1798년 서호수徐浩修의 『해동농서海東農書』에 실려 있는 감저조甘藷條, 1813년 김장순金長淳 · 선종한宣宗漢의 『감저신보甘藷新譜』, 1813년 서경창徐慶昌의 종저방種藷方 등이 편찬되었다.[7]

19세기 초반 서유구는 『종저보』를 편찬하면서 본격적으로 고구마 재배법을 정리하고 이를 당대의 목민관牧民官에게 보급하려고 하였다.[8] 호남순찰사로 재임하던 그에게 고구마는 여러 과실이나 채소 가운데 가장 늦게 조선에 출현한 것이지만 기근을 모면하게 해주고, 수명을 이어주게 해준다는 점에서 기이한 효능을 지닌 것이었다. 다만 당시 연해의 몇몇 읍에서만 겨우 고구마를 심어서 전승하고 있다는 점이 안타까운 상황이었다. 서유구는 고구마를 산골과 들판의 농민이 제대로 알지 못하는 이유를 고구마 재배법이 제대로

---

5 규장각에 강필리(姜必履)의 『감저종식법(甘藷種植法)』이라는 책명으로 소장되어 있는 필사본(청구기호 가람古633.491-G155g)는 『증보산림경제(增補山林經濟)』 권2, 감저종식법(甘藷種植法)을 그대로 필사한 것이다. 소장도서를 정리하면서 미상인 저자를 강필리로 잘못 비정하였을 것으로 추정된다.

6 '감저보(甘藷譜)'로 편찬된 책에 대한 소개는 오수경의 논문 「朝鮮後期 利用厚生學의 展開와 甘藷譜의 編纂」(『安東文化』 16집, 안동대학교 안동문화연구소, 1995), 16~22쪽을 참고하였다.

7 吳壽京, 「朝鮮後期 利用厚生學의 展開와 甘藷譜의 編纂」, 『安東文化』 16집, 안동대학교 안동문화연구소.

8 徐有榘, 『種藷譜』 「種藷譜序」.

정리되지 못한 데서 찾았다. 그리하여 서광계徐光啓의 『농정전서農政全書』, 강씨와 김씨 '감저보甘藷譜' 등을 참고하여 『종저보種藷譜』를 지은 것이었다.

『종저보』에서 서유구는 고구마를 파종하는 적당한 시기로 영호남 연해지방의 경우 청명淸明 이후, 한남漢南·한북漢北·근협주군近峽州郡의 경우 곡우穀雨 이후로 나누어 정리하였다. 이러한 시기는 대략 서리 내리기가 그치고, 토맥土脈이 융화되는 시기를 맞추어 설정한 것이었다.[9] 이와 같이 고구마 재배법에서 지역적인 농업환경의 특색을 고려하고 있다는 것은 다른 한편에서 당대의 고구마 보급실정을 보여주는 측면이 있다고 생각된다. 왜냐하면 고구마 재배의 보급과정에서 각지의 농업환경에 걸맞는 재배법의 정립, 즉 전래된 재배법의 적용·보충·보완·수정의 단계를 거쳐나갔을 것으로 추정되기 때문이다.

서유구가 지은 『종저보』에 각지에서 고구마 재배법이 정립되는 과정을 일부 찾아볼 수 있다. 고구마를 보관하는 방법을 설명하면서 김씨감저보金氏甘藷譜에 '마르면 고사枯死한다'라는 지적에 대해 의문을 제기하고, "남인南人이 반드시 건조시켜서 보관하는 것은 습해서 부패하는 것을 두려워하기 때문이다"라고 설명하였다.[10] 이와 같은 고구마 저장법의 진전된 모습 한편으로는 고구마의 성질과 특성을 파악하는 과정이었고, 다른 한편으로 지역적인 특색을 고구마

---

9 徐有榘, 『種藷譜』 種候第三.

10 『種藷譜』 傳種第二. 고구마를 물로 씻는 문제에 대해서 『金氏甘藷譜』는 불가하다고 하였는데, 徐有榘는 깨끗이 씻은 다음에 다시 말려두면 해로움이 없을 것이라고 한 것도 고구마 보관법의 진전과 같은 맥락에서 이해할 수 있다.

재배법에 반영하는 과정이었다. 또한 이는 고구마의 보급과정을 보여주는 것으로 추정할 수 있을 것이다.

　서유구의 『종저보』에 「일본종저방日本種藷方」, 서광계의 『농정전서』 등이 인용되어 있다. 특히 『강씨감저보姜氏甘藷譜』에서 인용한 부분에는 서광계의 『농정전서』에서 언급한 파종 시기가 춘분春分이후에 파종하는 것이 좋고, 또는 반드시 청명淸明 이후에 파종해야 한다고 지적한 것이 모두 남방의 파종 적기여서 조선에 적합하지 않다고 지적하였다. 그리하여 조선에서는 청명 절후에도 아직 서리가 차갑고 단단하므로, 반드시 곡우가 되기를 기다려 하종下種해야 한다고 설명하였다. 그러자 서유구는 호남 연해주군의 극고極高는 중국 강남江南의 극고와 단지 1~2도度를 다툴 뿐이라고 하면서 마땅히 강절江浙의 파종 적기를 채택해야 하고, 한양漢陽의 절후에 맞추어서는 안 될 것이라는 주장을 덧붙였다.[11] 파종 적기를 둘러싸고 『농정전서』·『강씨감저보』·『종저보』의 주장이 서로 상충하는 듯하면서 제 모습을 찾아가는 양상을 잘 보여준다.

　이와 같이 고구마 재배법이 정리되는 과정에서 조선의 특유한 기후조건과 또한 각 지역의 국지적인 기후여건을 감안하는 재배법으로 귀결되는 양상이 나타나고 있었다. 이러한 경작법 정리양상은 달리 파악하면 고구마의 보급이 진전되는 양상과 동일한 것이었다고 생각된다. 고구마가 남해안 연안이라는 특정지역에서 벗어나 삼남三南 각지로 전파되면서, 또한 삼남지역을 넘어 한남漢南이나 한북漢北 지역으로 보급되면서 각 지역의 기후 여건에 걸맞는 파종시기

11　徐有榘, 『種藷譜』, 種候第三.

등의 정리가 필요했을 것으로 보이기 때문이다.

5. 번계에서 보낸 몇 년

서유구가 다시 관직생활을 시작하면서 머물렀던 거처는 서울 주변 도봉산 아래 번계樊溪와 남한강 유역의 두릉斗陵이었다. 번계에서는 1837년 이래 1840년까지 지냈고, 두릉에서는 1845년 세상을 떠날 때까지 머물렀다. 이 가운데 번계는 서울의 동쪽 교외 지역에 해당되는데 지금의 도봉구 번동 일대의 어느 곳으로 추정된다. 『화영일록』에 서유구가 1837년 3월 번리의 신사新舍 즉 새집에 당도하였다는 기록이 있는 것으로 보아 1837년 3월 전후에 새로 장만하여 터전으로 삼은 곳이 번계였을 것으로 보인다. 번계에 새 집을 마련하면서 고향인 금릉金陵에 있던 살림들을 이곳으로 옮겼다.

당시 서유구는 수원유수로 있었는데, 서울에 거처를 마련해두고 있었지만, 살림집을 새로 번계에 장만한 것이었다. 수원유수로 재직하는 도중에 번계의 새집에서 며칠씩 머무르기도 하였다. 한편 번계에 머물면서 지은 서유구의 시집인 『번계시고』가 전해지고 있는데 수록된 시 가운데 경자년 즉 1840년 12월말에 작성된 것도 포함되어 있다. 이렇게 볼 때 서유구가 나이 75세에서 77세 사이 3년가량 번계에서 머무른 것이었다.

서유구는 번계에 살면서 몇 채의 건물을 짓고 각각 이름을 붙였다. 서유구가 각 건물에 붙인 이름은 곧 그의 정신적인 지향, 심정적인 소망을 표현한 것이었다. 먼저 서유구는 자신의 서재書齋에 자연경실自然經室이라는 독특한 이름을 붙였다. 자연경실은 번계樊溪에서 볼 때 좌측에 자리한 담장 너머의 집이었다. 창문에 창살이 엇갈려 있고 벽이 이중으로 되어 있어, 마치 감실龕室에 들어온 것처럼 고요한 곳이었다. 바로 서유구가 거처하면서 책을 읽는 곳이었다.

서유구는 자연경의 뜻을 설명하고 있는데, "경經은 말을 통해서 이루어진 곳이고, 말은 뜻에 의거하며, 뜻은 마음에 의거하고 마음은 도道에 의거한다. 그러므로 도가 소재한 곳이 즉 경이 있는 곳이다. 그런데 도라는 것은 행동하는 일에 어지럽게 섞여 있지 않음이 없고, 깃들여 있기를 빽빽하게 붙어 있지 않음이 없다"라고 표현하였다. 이를 쉽게 풀이하면 도道라는 것은 온갖 만물과 만사에 다 연결되는 것이므로 말로 인하여 겉으로 드러난 경서經書만이 아니라 자연물自然物 자체도 경으로 간주할 수 있다는 설명이다. 즉 서유구의 서재에 들어 있는 병풍·벼루·제기 등이 다 자연물로써 도가 갖추어진 자연경自然經으로 보아야 한다는 주장이라고 할 수 있다. 이러한 이유로 서재의 이름을 자연경실이라고 지은 것이었다.

다음으로 서유구가 침실寢室로 사용하던 건물은 자이열재自怡悅齋였다. 잠을 자는 공간이고 또한 밥을 먹고 손님을 접대하던 사랑채에 해당하는 건물이었다. 자이열재는 언덕 위에 있었는데, 기거起居하고 음식飮食하면서 마치 고개 위의 구름 기운과 서로 이어진 곳이었다. 서유구는 중국 남조南朝 양梁나라의 도홍경陶弘景이 지은 시에서 한 구절을 따서 자이열재라는 이름을 만들었다. 도홍경이 오랫동안 깊은 구곡산九曲山에 들어가 세상에 나오지 않자 무제武帝가 "산 속에 무엇을 가지고 있는가山中何所有"라고 물었다. 도홍경은 이 구절을 옮겨 첫 구로 삼아 시를 지었다.

산 속에 무엇을 가지고 있는가	山中何所有
고개 위에 많은 흰 구름이 있습니다	嶺上多白雲
단지 나 혼자 즐길 수 있을 뿐이고	只可自怡悅
당신께 가져다 주는 것은 감당할 수 없습니다	不堪持贈君

서유구는 구름을 즐기는 삶을 가져다준 거처에 '자이열재'라는 이름을 붙이고, 그 이름에 걸맞는 삶을 꾸려나갔다.

번계에 지어놓은 건물 가운데 서유구가 직접 농사를 감독하고 권려하던 누각으로 추정되는 곳이 있었다. 광여루曠如樓와 오여루奧如樓가 그곳들이다. 광여루는 동쪽으로 전야田野를 바라볼 수 있는 장소이고, 오여루는 서쪽으로 원포園圃를 쳐다볼 수 있는 곳이었다. 전야와 원포라는 농업의 구체적인 작업이 이루어지는 누각을 자신이 머물던 번계산장에 마련한 것은 그의 글에 보이는 섬포루贍蒲樓를 현실 속에 재현한 것으로 볼 수 있다.[12] 서유구는 섬포루라는 곳에서 한편으로는 농사짓는 모습을 직접 눈으로 확인하고, 다른 한편으로 농사짓는 방법에 대한 새로운 모색을 수행하려고 하였다. 이를 위해 농사農事에 관한 책, 그리고 농사 상황을 기록하기 위한 일록日錄 등을 다른 문방구와 더불어 구비해놓고 있었다. 농사짓는 것이 경험에만 의지하여 그냥저냥 지어야 제대로 이루어지는 것이 아니라 적극적인 연구와 검증을 통해서 한층 앞으로 나아가게 해야 한다는 서유구의 관심이 잘 드러나 있다고 할 수 있다.

---

12 서유구의 楓溪詩會와 『楓溪詩稿』에 관한 부분은 조창록의 아래 논문에 의거하였다. 조창록, 「楓石 徐有榘에 대한 한 硏究 ─'林園經濟'와 『楓溪詩稿』와의 관련을 中心으로」, 성균관대학교 대학원 한문학과 문학박사학위논문, 2004, 104쪽~138쪽.

서유구가 치사致仕 이후에 번계樊溪에서 생활하며 한 일 가운데 하나가 시회詩會를 조직하고 정기적으로 모임을 가진 일이었다. 시회에서 작성한 시들은 『번계시고樊溪詩稿』라는 책으로 엮여져 현재 전해지고 있다. 시회는 서유구가 두릉으로 이사할 때까지 계속 이어졌다. 『번계시고』를 보면 시회에 참여한 인물이 약 30명 정도 되는 것으로 파악된다고 한다. 서유구는 나이가 든 이후에 시詩를 좋아하여 문장에 비해서 조금 떨어졌지만 시회를 열어 다른 사람들과 더불어 수작하는 것을 좋아하였다. 서유구는 번계에서 시회를 조직하고 시작詩作에 애쓴 일을 살펴본다. 서유구는 번계에 터전을 마련하여 생활하면서 집안의 자제들과 당대 명사들을 불러들여 시회를 열었다.

서유구는 번계에 거주하면서 당시 농민들이 직면하고 있던 농촌현실을 보다 구체적으로 파악하여 「전가월령가田家月令歌」를 지었다. 노년에 다다른 서유구는 직접 농사를 지을 수 없지만 월령에 맞추어 노래를 지어 농사를 감독하고 장려할 생각을 하게 되었다. 그리하여 중국의 절후節侯가 아닌 한양의 절기節氣를 기준으로 「전가월령가」를 지은 것이었다.

또한 서유구는 이임里任와 향리鄕吏들이 전세 수취를 둘러싸고 펼치는 온갖 농간에 시달리는 농민들의 처지를 깊이 이해하고 있었다.

서유구는 농민들이 농사짓는 것을 권장하는 것과 우금牛禁을 근실하게 실행하는 것이 깊이 결부되어 있음을 잘 지적하였다. 우금은 소의 도살을 금지시키는 것으로 우경牛耕에 활용하는 소의 번식을 도모하는 것이었다. 우금은 조정에서 설정한 금령이었지만 실제 저자거리에서는 제대로 준수되지 못하였다. 도살屠殺한 소를 부위별로 잘라 내다파는 일이 낭자하게 이루어지고 있었다. 게다가 농가에서 소를 도둑질하는 일 또한 소 도살과 더불어 곳곳에서 벌어지고 있었다. 서유구는 우금을 독려하여 농사짓는데 소를 적극 활용하는 것이 중요하다는 점을 강조하였다. 또한 그는 전라도관찰사로 재직할 때 우역牛疫을 치료하는 방문方文을 정리하여 지역에 배포하기도 하였다.

6. 두릉에서의 보낸 말년

서유구는 3년 정도 번계에서 지냈지만 결국 다시 다른 살만한 곳을 물색하러 나섰다. 서유구가 평가하기에 번계의 계곡과 암석의 경치를 약간 즐길만한 부분이 있었다. 하지만 서울과 가까워 풍속이 질박하지 않았고, 또한 땅이 척박하여 농업생산의 커다란 혜택을 볼 수 없었다. 이러한 이유로 영원토록 자손들이 길이 머물만한 곳이 아니었을 것으로 보았다.

서유구는 번계에서 지내던 1839년 여름에 홍수가 크게 일어나면서 흉년을 겪게 되었다. 그리고 1840년에는 창궐한 도둑떼의 위협에 시달렸다. 그리하여 다시 집을 지어서 살만한 곳을 물색하였다. 배를 타고 살만한 곳을 찾아 나서는 과정을 거쳐 두릉斗陵으로 이사하게 되었다.[13]

---

13 조창록, 위의 논문, 91~92쪽.

「두강승유도」, 서유구가 살았던 19세기 두릉 지역의 풍경(이건필, 실학박물관)

번계에서 지내던 서유구는 1840년 한강을 배를 타고 유람하면서 새로운 복거지를 찾아나섰다. 두호豆湖에서 배를 타고 한강을 거슬러 올라가 검단산 아래 석림촌에 이르는 여정이었다.[14] 두호는 동호東湖라고도 불리던 곳인데, 지금의 서울 성동구 옥수동일대와 붙어 있는 한강 유역을 말한다. 서유구는 앞서 번계에서 지내면서 커다란 어려움을 겪었다. 즉 홍수가 일어나면서 이로 말미암아 흉년이 들고 이어서 기근, 도적떼 등이 발생하였던 것이다.

두호를 출발하여 새로운 살 곳을 찾아나선 서유구는 미호渼湖·평구역平邱驛·두현斗峴 등을 거쳐 검단산 아래에 도착한다. 검단산 아래에 바로 이 여행의 목적지였던 석림촌石林村이 있었다. 서유구는 석림촌에 머물면서 살만한 곳을 물색하고, 마을의 주민들에게 농사짓는 여건에 대해서도 문의하였던 것으로 보인다.

석림촌에 머물면서 지은 서유구의 「석림에 머물며留石林」이라는 장시長詩를 보면 임원에서 농사지으며 생을 마무리하려는 그의 의지가 잘 드러나 있다. 특히 장차 "범승지와 가사협의 기술로 자손들과 더불어 밭을 갈리라"라는 구절은 농법 정리 작업의 결과물을 실제 농사짓는 데 활용하려는 소망을 피력한 것이다. 그런데 서유구는 자신이 80살이 넘은 노구라는 점을 스스로 의식하면서도 나이가 무슨 상관이냐는 듯 다음과 같은 구절을 곧바로 이어놓고 있었다. 앞 구절 바로 다음에 "손님이 소리 내어 웃으며 나를 비웃고 '대단하구나 그대 나이 얼마나 남았나'라고 하였다"라는 구절이 나오는데 이 시의 마지막 부분이다.

---

14 위의 논문, 117쪽.

서유구는 손님이 지적하는 것처럼 스스로 이제 죽을 날이 얼마 남지 않았다는 것을 알고 있었다. 하지만 농사짓는 논밭은 지금까지 그랬던 것처럼 앞으로도 계속 그 자리에 남아 있을 것이며 농사짓는 방법 또한 범승지·가사협에서 계속 그 뒤로 이어질 것이라는 서유구의 지적이었다. 이 시의 내용 속에서 서유구가 가지고 있는 농서 편찬자로서의 자부심이 느껴진다. 범승지·가사협에서 이어져 내려오는 농서편찬자의 계보를 조선에서는 바로 서유구 자신이 계승하고 있다는 자부심이 그것이다.

두릉으로 이사하긴 하였지만 두릉에 대한 서유구의 평가는 그리 높지 않았다. 두릉이 갖고 있는 미흡한 점을 몇 가지 지적하였다. 강산江山이 시원하게 넓어서 즐길 만하지만 미흡한 것은 앞뜰의 농사지을 수전水田이 부족하는 점이라고 하였다. 하지만 기슭에 있는 집지을 곳 주변에 벼를 심을 만한 땅이 있어 힘써 성실하게 일한다면 두 집의 여러 입들에 풀칠은 할 수 있을 것이라고 보았다. 하지만 두릉이 임원林園의 경제經濟를 실행하는 데 충분한 지역은 아니라고 보고 있었다. 서유구는 두릉에서 세상을 떠나게 된다.

서유구는 번계, 두릉 등을 거치면서 계속 자신의 임원경제를 실현할 적당한 자리를 찾아 나섰지만 성공을 거두지 못하고 있었다. 서유구는 두릉 지역을 비롯하여 자신이 복거지로 선택한 지역마다 미흡한 점이 있다는 것을 지적하고 있었다.

서유구는 1842년에 「오비거사생광자표五費居士生壙自表」에서 자신이 80년을 살아가면서 크게 허비한 것이 다섯 가지나 된다고 토로하였다. 이와 더불어 자신이 그동안 허비하고 허비해온 그러한 모습을 돌에 새겨 치장을 한다는 것을 있을 수 없는 일이라고 지적하였다.

이는 자신의 생애를 정리하여 묘지墓誌를 만들지 말도록 당부하는 것이었다. 서유구는 손자 태순太淳에게 "내가 죽은 뒤에 절대로 많은 글을 새긴 비석을 세우지 말고 다만 '오비거사五費居士 달성達城 서徐 아무개의 묘墓'라고 쓴 묘갈墓碣만 세울 것"을 특별히 당부하였다. 서유구가 80여 평생을 돌이켜보면서 이렇듯 짧게 '다섯 가지를 허비한 서 아무개'라고 자기자신을 겸손하게 가리킨 것은 무엇 때문일까? 이러한 궁금증을 풀어가면서 서유구가 세상을 떠나는 짧은 여정을 따라가 본다.

먼저 서유구가 스스로 허비한 것이라고 지목한 다섯 가지가 무엇인지 살펴보자. '오비五費'에 대해서 이를 서유구의 생애 가운데 다섯 시기로 나누어 배분하여 설명하는 견해도 있지만 그에 따르면 첫 번째로 허비한 것은 1764년부터 1790년까지 동안 학문적인 수련을 쌓았던 것이 제대로 결실을 이루지 못한 것이다. 서유구는 중부 서형수에게 「단궁檀弓」, 「고공기考工記」와 당송팔가문唐宋八家文을 배워 문장에 뜻을 두었고, 또한 우산愚山 이의준李義駿(1738~1798)에게 정현鄭玄의 명물名物과 주자朱子의 성리性理를 배웠다. 하지만 서유구는 후에 이러한 학문 공부를 제대로 계승하여 발전시키지 못하였다고 스스로 단정하였다.

서유구가 허비한 두 번째 것은 서적 편찬, 교정 작업을 제대로 완수하지 못한 것이다. 서유구는 1790년부터 1806년 정계에서 멀어질 때까지 관료생활의 대부분을 규장각에서 지내면서 정조의 지우를 받아 서적 편찬, 교정 작업에 전력을 다하였다. 하지만 정조의 급작스러운 죽음을 그가 목표로 하였던 서적 편찬 작업의 지속적인 추진을 중단시키고 말았다. 결국 10여년에 걸친 그의 서적 편찬 작업을 멈추고 말았다. 이러한 좌절을 서유구는 자신이 또하나를 허비하였다고 지목하게 만든 것이다.

세 번째 허비는 서유구가 서적 편찬 작업의 중단에 즈음하여 농업기술 정리, 농서 편찬에 연구하면서 나름대로 범승지와 가사협의 뒤를 계승하려는 뜻을 세웠지만 이를 제대로 수행하지 못한 것을 가리키는 것으로 보인다. 서유구의 세 번째 허비에 대해 유봉학은 1806년부터 1823년 정계복귀까지의 방폐기放廢期로 지목하고 신폐身廢 가복家覆하여 수예樹藝하는 방법 등에 관해 연구하던 시기로 설명하였다. 하지만 서유락에게 편지를 보낸 1806년에 이미 세 번째 허비에 대해서 언급하고 있다는 점, 그리고 1806년 이후 심혈을 기울인 역작인『임원경제지』에 대한 언급은 다섯 번째 허비에서 지적하고 있다는 점에서 유봉학의 설명을 실상과 다른 것으로 보인다. 1806년에 서유구가 절망감을 느끼고, 자신이 그동안 해왔지만 결실을 보지 못한 것에 대해서 낭비했구나 또는 허비했구나 이렇게 자탄한 것이다.

서유구는 네 번째로 허비한 것으로 1823년 이후 관직에 다시 나와서 주요 관직을 역임하고 품계도 올랐지만 재주가 낮아서 제대로 이루어낸 것이 없다는 것을 지목하였다. 즉 나이만 먹었을 뿐 뭐 하나 특출나게 내세울 만한 것이 없는 자신의 관직생활을 아쉬워하는 것이었다.

마지막 다섯 번째로 허비한 것으로 지목한 것은『임원경제지』를 완성하였지만, 이를 간행할 만한 여력이 없고, 항아리 뚜껑으로 떨어지게 될 것이라는 점을 아쉬워하는 것이었다.『임원경제지』를 편찬할 때 들어간 노력을 허비한 것으로 간주하는 것이 아니라『임원경제지』를 간행하지 못하게 된 현재 자신이 처해있는 상황을 안타까워하는 것이었다.

1842년에 서유구는 많은 어려움 속에 자신의 지난 삶을 돌아보았다. 그런데 서유구의 생애가 그 자신의 지적대로 많은 것을 허비한 그러한 삶이었을까? 우리가 서유구의 삶과 생각을 살펴보는 과제를 제대로 수행하기 위해서는 서유구의 개인적인 자기반성적인 글에만 의지해서는 안 될 것이다. 서유구가 80여 평생 동안 이룩한 것을 여러 시기로 나누어 살펴보고, 그에 대한 객관적인 역사적 평가를 내리는 작업을 힘들게 해야 할 것이다. 손쉽게 서유구의 언급을 인용하는 것에 그치는 것이 아니라 새로운 평가기준에 따라 서유구의 삶을 재평가해야 할 것이다.

먼저 서유구가 1842년에 지은 「오비거사생광자표五費居士生壙自表」에서 그토록 자신의 삶을 저평가하고 가치 없는 것처럼 매도한 이유를 살펴보자. 당시 서유구는 자신에게 남은 여생이 많지 않다는 것을 알고 있었다. 그런데 그는 자신의 필생을 바친 학문적인 업적이라고 할 수 있는 『임원경제지』를 제대로 건사할 수 있을지에 대해서 굉장한 걱정을 알고 있었다. 십여 년 전에 죽은 아들 서우보가 죽으면서 『임원경제지』의 편찬 작업, 수정보완작업을 계속해 나갈 조력자도 사라진 상황이었다. 이러한 상황은 『임원경제지』를 세상에 내놓지 못하고 사라질지도 모르는 것이었다. 서유구가 이를 심각하게 걱정하는 것은 너무나 당연한 것이었다. 이렇게 살펴볼 때 서유구가 그토록 애절하게 자신의 삶의 어려움을 토로한 것이 당연한 것이라는 점과 그러한 어려움은 특히 『임원경제지』로 말미암은 것이라는 점도 분명히 알 수 있다.

서유구는 1845년(헌종 11) 82세의 나이로 서유구는 광주廣州 두릉斗陵의 별서別墅에서 세상을 떠났다. 홍경모가 지은 시장諡狀에 묘사되어 있는 서유구의 임종臨終은 일반 사람과 다른 굉장히 독특한 것이었다. 82세의 나이에 병이 깊어지자 서유구는 시중드는 사람에게 옆에서 거문고를 타게 하였는데, 거문고 탄주가 끝나자 곧 숨을 거두었다. 서유구는 젊은 시절부터 거문고를 좋아하였다. 서유구가 평소에 좋아하던 거문고 소리를 들으면서 세상을 떠났다는 점만 주목한다면 그의 생의 마지막 순간은 평안함과 기쁨으로 가득차 있었을 것이다.

서유구의 임종에 대해서 이유원은 도교道敎에서 말하는 도덕道德이 극치에 이른 진인眞人이 자신의 몸을 잊어버리고, 형체만 남기고 혼백이 빠져나가 신선이 되는 일의 하나와 같은 것이라고 평가하였다. 이어서 이유원이 서유구가 평소에 모아서 쌓아놓은 것을 돌아가실 때에 다른 사람에게 나누어주고, 거문고 소리를 들으면서 편안하게 두려워하는 기색이 없었으니 평범한 사람이 따라할 수 있는 일이 아니라고 설명하였다.

서유구가 세상을 떠난 지 1년 뒤에 장단長湍 금릉리金陵里 선영先塋에 장사지냈다. 현재 서유구의 묘소는 비무장지대에 위치하여 일반 사람이 찾아갈 수 없다.

서유구는 스스로 자신이 살아온 일생을 돌아보면서, '다섯 가지나' 허비한 사람五費居士이라고 규정하였다. 하지만 이유원이 보기에 그는 편안하게 자신이 가진 것을 다른 사람에게 나누어주고 두려움 없이 이 세상을 떠나 저 세상을 간 사람이었다. 게다가 마치 진인이 신선이 되는 것처럼 세상을 떠난 사람이었다. 임원경제를 일구어내려는 서유구의 꿈이 현실에서 많은 난관에 부딪히고 제대로 실현되지 못하였지만, 저세상에서는 가능할 것이라는 기대를 안고 세상을 떠난 인물이었다.

視篆兄候對時琉事祷辭源之去世

縣祝事亦希稍安而但似拾敢一事

重惱庶口性名煩追之了此一境界

貴堂突撥之差色精的竹趙腸怴中

飲一椀情悰散如錦珠兩俸作之此

挽當一日每作浣判餞會呀北別去失

詳中誠後物情停經私仏實才多一遺

珠云云云但實才之多希正失復讀時

농법을 변통하고
농정을 개혁하는
방안

1. 농법 변통론과 농정 개혁론

서유구가 제시한 실학론은 조선의 농업을 개혁시키는 것을 기반으로 삼고 있었다. 그는 국가적인 차원에서 조정과 군현을 중심으로 농업을 개혁하는 것이 필수불가결하다고 생각하였다. 서유구가 농업 개혁론을 구상하고 이를 구체화시킨 것은 기본적으로 농본農本, 중농重農에 입각한 것이었다. 하지만 그의 농업개혁론은 농법農法 즉 농업기술의 변통론, 농정農政 즉 농업관련 시책의 개혁 등으로 구체화된 것이어서 현실적인 것이었다.

서유구는 자신이 농법 변통·농정 개혁을 주요한 내용으로 삼는 농업개혁론을 마련하게 된 것에 대해 몇 개의 글에서 언급하였다. 서유구는 스스로 자신이 경학經學이나 경세학經世學과 같은 분야에 집중하지 않고, 농학農學·농업農業에 전력을 다하게 되었다고 설명한다. 자신의 학문적인 지향이 농업에 설정된 이유가 무엇인지

6장
농법을 변통하고
농정을 개혁하는 방안

스스로 해명하고 있는 것이다. 우리는 서유구가 직접 지은 글에서 그가 스스로 농학·농업의 전문가로 자임할 수 있는 무엇인가를 마련하기 위해 분투하였던 연유를 찾아볼 수 있다. 『행포지』의 서문 [杏蒲志序]에 보이는 자문自問하고 자답自答하는 대목을 살펴보자. 서유구는 스스로 "내가 유독 농가農家의 부류에 속하는 것에 전력을 다하고 늙어서 기운이 다하면서도 (공부하기를) 그치지 않는 것은 진실로 무엇때문인가"라고 질문한 다음 이에 대한 대답을 다음과 같이 하고 있다.

내가 일찍이 경예經藝의 학문(유가 경서의 연구)을 공부하였는데, 말할 만한 것들을 옛사람이 모두 말하였으니 내가 두번 세번 말하는 것이 어떤 이득이 있을 것인가. 그리고 내가 일찍이 경세經世의 학문(나라를 경영하고 세상을 다스리는 학문)을 공부하였는데, 처사處士로서 헤아리고 다듬어온 말들이 흙으로 끓인 국이나 종이로 만든 떡일 따름이어서 아무리 잘한들 어떤 이득이 있을 것인가.

「행포지서」

　　서유구는 자신이 경전을 연구하는 경학經學, 나라를 다스리는 경세학經世學을 모두 공부하였지만, 제대로 된 성과를 거두지 못하였다고 담백하게 고백한다. 그는 스스로 자신의 능력이 부족하여 경학이나 경세학에서 어떤 성취를 거둘 수 없었다고 말하고 있지만, 겸양하는 표현으로 보인다. 자신이 경학과 경세학에서 뜻을 이루지 못하였다고 언급한 다음 서유구는 자신이 할 수 있고, 앞으로 하려는 일을 다음과 같이 언급한다.

　　그리하여 다른 일을 모두 내버려두고 범승지氾勝之와 가사협賈思勰이 정리한 농사짓는 법에 몰두하게 되었다. 망녕되게 말하자면 오늘날에 있어서 앉아서 말할 만하고 일어서서 실행에 옮길 수 있는 실용實用에 해당하는 것은 오직 이것이 그러할 뿐이고, 조금이라도 하늘과 땅이 내려주고 길러준 은혜에 보답하는 것도 또한 여기에 있는 것이지 저기에 있는 것이 아니라고 할 것이다.

「행포지서」

　　서유구는 경학이나 경세학 대신에 농사짓는 법에 몰두하게 된 이유를 실용實用이라는 한 단어로 남김없이 드러내고 있다. 자신이 무엇인가 성취를 거둘 수 있는 분야일 뿐만 아니라 다른 사람에게도 이로움을 전해줄 수 있는 부분이 바로 농업이라는 것을 유감 없이 보여주고 있다.

서유구는 조선의 농업현실에 의거하여 조정·군현을 중심으로 실행에 옮겨야 할 몇 가지 농업 개혁방안을 제시하였다. 즉 조선사회의 농업분야를 변혁시키기 위한 방안을 만들어내는 것이었다. 서유구의 삼종제인 서유영徐有英(1801~?)은 『임원경제지』 편찬과 농업개혁론과 관련해서 "선생이 『임원십육지』를 지었고, '경계책' 1권이 있다"라고 제목을 붙인 시詩에서 짧게 정리하였다.

> 본성을 키우는 것은 향촌의 골짜기가 걸맞거늘,
> 돌아보아 정신을 쏟는 곳은 옛 서적에 있네.
> 평생토록 '경계책'을 만들었으니
> 조정에 나가거나 물러나도 임금을 잊지 않네.
>
> 「번계시고」

서유영은 서유구가 옛 서적에 정신을 쏟고 평생토록 경계책經界策을 만들었다고 알려주고 있다. 두 가지를 지적하고 있는데 옛서적이란 『제민요술』을 비롯한 농서農書를 가리키는 것이고 '경계책'이란 토지에 관련된 문제를 해결하기 위한 책이라고 할 수 있다. 서유영의 짧은 지적에서 서유구가 오랜 은거생활과 긴 세월 동안의 관리생활을 통해서 조선사회의 변혁을 바로 농서農書 편찬을 통한 농법農法의 변동, 그리고 토지관련 문제를 해결하는 농정개혁안의 실행에서 이룩하려는 의지를 갖고 있음을 잘 찾아볼 수 있다. 또한 구체적으로 농서의 집대성의 성격을 갖고 있는 『임원경제지』 편찬, 그리고 농정개혁안을 체계적으로 제시한 「의상경계책」에서 그의 생각을 찾아볼 수 있다.

먼저 서유구는 조선의 농업을 혁신할 방안의 하나로 농법 즉 농업기술의 변통을 주장하였다. 서유구는 수예지술樹藝之術 즉 농사짓는 법이 오늘날 고심하고 실행에 옮겨야 할 실용의 실질이고, 천지天地의 은혜에 보답하는 길이라고 설명하고 있다. 그는 이것과 저것으로 나누어 대비시키고 있다. 이렇게 볼 때 서유구가 경학과 경세학을 멀리한 것은 농사짓는 법이 가장 근본이고, 또한 가장 현실을 변화시킬 수 있는 실용이라고 확신하고 있었기 때문이라고 생각된다.

　다음으로 서유구는 조선 사회가 안고 있는 토지문제를 해결하기 위하여 국가적 차원에서 농정의 혁신으로 이룩하자는 방책을 서유구가 만들어놓았음을 알려주고 있다. 사실 뒤에 자세히 살펴볼 것이 바로 서유구가 품고 있던 개혁론인데, 그 가장 굵은 동앗줄이 바로 전제田制와 양전量田, 농정農政에 관한 것이었다. 즉 조선의 농업개혁론이 바로 서유구가 제시하는 실학론의 핵심이라는 점을 짐작할 수 있다.

　요약하자면 서유구의 농업개혁론은 국가가 주도하는 것으로 설정되어 있었는데, 하나는 농업기술의 변통이고 다른 하나는 농정의 개혁이었다. 물론 농업기술 변통과 농정의 개혁은 서로 떨어져 있는 것이 아니라 상호 긴밀하게 결부되어 있는 것이었다. 서유구의 농법 변통론은 농정을 개혁하자는 제안에서 현실화·구체화되고 있으며, 농정을 개혁하는 방안은 농법 변통을 선행조건이 전제하고 있었다. 서유구의 농법변통론과 농정개혁론을 특히 『행포지杏蒲志』와 「의상경계책擬上經界策」·『임원경제지』 등에서 찾아볼 수 있다.

2. 농업기술 변통론

서유구는 농업개혁론을 가장 구체적이고 실천적인 부분으로 농업기술의 변통을 주장하였다. 그는 당대에 자신이 실천해야 할 분야로 농사짓는 법의 개발과 보급을 설정하였다. 『행포지』에 붙인 「행포지서」에서 서유구는 범승지氾勝之와 가사협賈思勰이 정리한 농사짓는 법에 몰두하였다고 설명하였다. 범승지와 가사협은 각각 『범승지서氾勝之書』와 『제민요술齊民要術』이라는 농서農書를 지은 중국 고대의 인물이다. 서유구는 자신이 범승지·가사협 그리고 명나라 서광계徐光啓 등과 어깨를 나란히 할 수 있는 농서 편찬자로 자부하고 있었다. 바로 농업기술에 관한 조선의 최고 권위자로 자신을 드러낸 것이었다.

서유구는 농업기술에 대한 정보를 획득하는 방법으로 중국과 조선의 농서를 검토하는 것 이외에 직접 농사를 지어 여기에서 축적한 영농경험도 활용하였다. 서유구는 자신이 직접 농사를 지어본 체험담을 『임원경제지』·『행포지』 등에 소개하고 있다. 서유구는 은거하던 시기에 쌓은 많은 농사 경험을 자신이 제안하는 농업기술에 대한 충실한 근거로 활용하였다. 나아가 그는 자신이 직접 농사를 지었던 경험을 여러 가지 농업기술을 설명할 때 주요한 자랑거리고 제시하는 것도 마다하지 않았다. 농사일을 직접 몸으로 체험하였다는 것은 농서로만 전해듣거나 보았던 농업기술을 실제의 농업현장에서 몸으로 체험했다는 것을 가리킨다. 또는 농사짓는 현장에서 직접 농사일을 목격하고 농민들과 이런저런 이야기를 나눈 것도 포함시킬 수 있을 것이다.

서유구는 농법農法을 체계적으로 정리하여 농서를 편찬하는 작업을 수행하는 편찬방침, 기본인식의 측면에서 독특한 풍토론風土論을 기반으로 삼고 있었다. 그는 "풍토風土에 맞지 않는다不宜"라는 것을 배격하는 서광계徐光啓의 주장에 전적으로 동의하고 있었다.[1] 즉 풍토에 맞지 않는다는 것을 이유로 선진 기술이나 우량 품종을 거부하는 것이 옳지 않다는 입장이었다. 물론 서유구는 조선의 풍토에 적합하게 만드는 개량 작업을 염두에 두고 있었다.

서광계는 여러 가지 재해가 어떻게 발생할지 알 수 없기 때문에 제곡諸穀을 겸종兼種 즉 잡종雜種하는 것이 좋을 것이라는 구준邱濬의 주장에 대하여, 이는 게으른 사람의 주장이라고 간주하면서 좋은 품종 즉 미종美種을 널리 퍼뜨려야 한다고 언급하였다. 서유구는 이러한 서광계의 주장에 동조하면서 풍토론風土論을 깊이 배격하고, 나아가 (좋은 성질을 지닌) 제종諸種을 널리 구매하여 재배해야 한다고 설명하였다. 서유구가 풍토론에 의지하여 조선농법의 고유한 특성만 강조하는 입장에서 크게 벗어나 있음을 알 수 있다.

서유구는 풍토만능론을 벗어나 있었지만, 그렇다고 풍토의 적의適宜함이 존재하는 것을 무시하는 것은 아니었다. 메뚜기의 피해와 제거법을 설명하는 부분을 보면 서유구는 중국의 사정을 충실하게 소개하면서 또한 조선의 특수성을 잘 파악하고 있었다. 그는 중국에서 농작물에 가장 피해를 주는 곤충이 메뚜기[蝗]이지만 우리나라는 이런 재난이 있다는 말을 들어본 적이 없다고 서술하였다. 그러한 차이가 나타나는 이유로 풍토가 다르다는 점을 지적하고 있었

1 徐有榘, 『林園經濟志』 「本利志」 卷8, 五害攷, 雜種備災害.

다.[2] 결론적으로 살펴보면 풍토론에 대한 서유구의 입장은 '풍토만
능론'이 아니라 풍토적의론風土適宜論이라고 할 수 있다. 그리고 서
유구는 중국 농법의 선진적인 부분을 적극적으로 수용하면서, 조선
농법의 독특한 부분을 지속적으로 발전시키고, 또한 조선 팔도 지
역농법의 독자성을 인정하고 활발한 개발을 주창하는 것이었다.

서유구는 수전水田과 한전旱田의 경종법耕種法에 대해서 당시 농
업기술의 특징에 대해서 평가하고, 이에 의거하여 자신의 변통론을
제시하였다. 특히 경상좌도 지역의 벼농사 짓는 법을 바탕으로 삼
고 여기에 제초, 관배수灌排水 기술 등을 보완하는 방식을 가장 적절
한 것으로 파악하고 있었다. 또한 기본적으로 수전에서 이앙법의
실행에 적극 동의하고 있었다. 서유구는 영남 지역에서 실행하는
가을 논에서 실행할 수 있는 일종의 기경 방식을 소개하였다. 그에
따르면, 가을 수확이 끝난 다음에 삽과 괭이로 2척 깊이로 땅을 팠
다가 파낸 흙덩이를 다시 살짝 제자리에 덮어둔 채로 겨울을 보내
게 하고, 다음해 봄에 논을 갈고 곱게 써레질한 다음에 파종하면 벼
뿌리가 깊이 들어가고 분얼이 무성하다는 설명이었다. 이러한 영남
지역의 특유한 가을 기경법은 다른 농서에 보이지 않는 것으로 벼
농사기술의 지역적 특색을 찾아보는 데 도움을 주고 있다.

서유구가 각 작물의 재배법을 정리하는 데 가장 강조하는 것
이 바로 분전糞田, 즉 시비施肥였다. 그 가운데 벼농사의 경우 볏모
[稻秧]가 자라서 2, 3촌 되었을 때 위에 더해주는 시비를 중요분中腰糞
이라고 부르고, 이때 참깨 깻묵[油麻査]이 가장 좋고, 구들 밑에 오래

---

2 徐有榘, 『林園經濟志』「本利志」卷8, 五害攷, 除蝗法.

도록 쌓인 재가 그 다음이며, 혹은 닭똥을 갈아서 재와 섞어 뿌리거나, 혹은 인뇨人尿와 우마뇨牛馬尿를 뿌려 주는 방식을 제시하고 있다. 이와 같이 시비하는 방법은 추비追肥에 해당하는 것으로, 볏모를 튼튼하게 만들기 위한 시비작업이었다.

서유구는 수전水田에서 벼를 수확한 이후 다시 기경하고 보리 등을 재배하는 방법을 서술하였다. 그런 다음 서유구는 우리나라 남쪽 지방에서도 이러한 방법을 수행하는 사람이 많다는 점을 충실하게 소개하고 있었다. 높은 곳에 위치하더라도 방수防水하기에 편하면 이 방법을 쓸 수 있지만, 저습지로 물이 고여 있는 곳에서는 쓸 수 없다고 하였다.[3] 서유구가 소개하는 방법은 도맥이모작稻麥二毛作 기술에 해당되는 것이었다.

조선농법을 기록한 농서에서 도맥이모작을 처음으로 수록한 농서는 18세기 초반에 편찬된 『산림경제』였다.[4] 사실 도맥이모작은 영농기술의 차원에서 이앙법을 수전농법으로 채택해야 한다는 전제 조건이 깔려 있었다.[5] 이와 같이 수전에 보리를 심는 방식은 조선의 농법에서 이미 알려져 있는 것이었다. 그렇기 때문에 서유구는 수전에서 벼를 수확한 다음에 채소를 심는 방식을 새로운 대안으로 소개하는 데 중점을 두고 있었다. 또한 7월에 밭가는 것에 대한 문제제기에 대해서도 물대기와 물빼기를 자유롭게 할 수 있다면 아무런 문제가 없을 것이라고 강조하였다.[6] 도맥이모작의 기경법에 대

3 徐有榘, 『林園經濟志』「本利志」卷4, 營治, 耕法.
4 洪萬選, 『山林經濟』治農 種大麥小麥 畓中種牟法.
5 金容燮, 『增補版朝鮮後期農業史研究』Ⅱ, 一潮閣, 1990.
6 徐有榘, 『林園經濟志』「本利志」卷4, 營治, 耕法.

한 서유구의 설명은 조선의 농법현실에 기초하여 중국 농서에서 찾을 수 있는 새로운 기술, 즉 벼를 수확한 다음 채소를 심는 기술의 도입을 주장하는 것이었다.

조선농법의 고유한 측면을 지속적으로 유지, 강화해나가려는 서유구의 생각을 도종稻種을 정리한 부분에 구체적으로 찾아볼 수 있다. 「본리지」 권7, 곡명고穀名攷는 여러 작물의 품종에 대한 설명 부분인데 『행포지』에서 인용한 것이다. 도종을 설명한 부분에 서유구의 농업기술에 대한 정리방식과 농법 체계화의 방향에 대한 그의 생각을 찾아볼 수 있다.

서유구는 당대까지 이어진 농서편찬의 흐름을 종합적으로 정리하는 작업을 수행하면서 당시까지 농업생산에 채택하고 있던 도종을 정리하였다.[7] 서유구가 『행포지』에서 정리한 도종은 총 69(70)종에 달하여 양적으로 방대한 것이었다.[8] 서유구가 벼 품종을 정리하는 작업을 수행한 것은 전래되는 수십여 가지 품종의 이름이 당대에 이르기까지 여러 가지 명칭으로 불리고, 또한 지역에 따라 달리 일컬어지는 상황을 해소하기 위한 것이었다.[9] 또한 그는 조선의 도종 품종이 수십, 수백 가지에 달한다는 점과 이러한 품종이 방언方言으로 전해져서 지역에 따라 시대에 따라 다른 이름으로 불리고 있다고 지적하였다. 그리하여 강희맹姜希孟의 『금양잡록衿陽雜錄』에

---

[7] 徐有榘, 『杏蒲志』 卷4, 穀名攷(『農書』 36, 아세아문화사, 218~235쪽).

[8] 『杏蒲志』에 소개된 품종은 그대로 『林園經濟志』 本利志 第七 穀名攷에도 수록되어 있다 (徐有榘, 『林園經濟志』 本利志 第七 穀名攷(『林園經濟志』 一, 보경문화사, 155~159쪽). 표제어로 올라 있는 것은 69종이지만 晚稻·雀稻의 서술 내용 속에 또하나의 품종이 있음을 명시하고 있어 총 70종이다.

[9] 徐有榘, 『杏蒲志』 卷4, 穀名攷(『農書』 36, 아세아문화사, 219쪽).

실린 품종과 유중림柳重臨의 『증보산림경제增補山林經濟』에 나열한 품 종을 묶어서 기록하고, 여기에 자신이 노농老農으로부터 획득한 품 종을 덧붙여 기록한 것이었다.

　서유구는 중국에서 새로 도입한 벼 품종을 직접 시험재배하였 다. 서유구는 1838년 여름에 대사헌大司憲일 때, 구황救荒에 관한 대 책을 상소하면서 새로운 벼 품종을 중국에서 도입할 것을 주장하였 다. 서유구의 진언進言에 따라 중국 절강浙江 지역의 볍씨를 구하여 시험재배를 시행하라는 왕명이 내렸다. 1년 반 정도 지난 1840년 초에 역자관曆咨官이 돌아오는 길에 강남지역의 볍씨 열두 가지를 가지고 돌아왔다. 당시 묘당廟堂에서 서유구에게 볍씨를 맡겨 법에 따라 재배하는 일을 맡겼다. 이에 따라 번계를 떠났던 서유구는 다 시 번계로 들어와 중국 강남지역 볍씨 시험재배에 나서게 되었다.[10]

　본래 서유구는 농사에서 종자를 선택하는 일이 중요하다는 점 을 강조하였다. 그런데 서유구가 종자 선택을 지적한 것은 두 가지 의미를 갖고 있었다. 하나는 미리 장만해둔 종자 가운데 병들지 않 고 건강한 씨앗을 선택해야 한다는 것이고, 다른 하나는 조만早晚을 비롯한 종자의 성질에 따른 품종 선택을 지적한 것이었다. 그는 같 은 때와 같은 장소에 심고, 옮겨 심고 감내는 공력을 똑같이 들이더 라도 이것은 이삭이 잘 영글어 제대로 수확하고 저것은 이삭이 영 글지 않아 말라붙는 것은 바로 종자를 제대로 선택하지 않았기 때 문이라고 단언한다.[11]

---

10 조창록, 「楓石 徐有榘에 대한 한 硏究-'林園經濟'와 『樊溪詩稿』와의 관련을 中心으로」, 성균관대학교 대학원 한문학과 문학박사학위논문, 2004, 133쪽.

서유구는 농법의 변통방법의 하나로 새로운 곡물 종자의 도입과 새로운 품종의 개발에 주목하였다. 그는 오구烏桕나무의 종자를 중국 강남 지역에서 도입할 것을 제안하였다. 오구나무는 중국이 원산지인데, 종자에서 밀랍과 기름을 짜낼 수 있었다. 서유구는 오구나무가 중국 강남지역과 기후조건이 비슷한 영호남의 해안 주변 주군州郡에서 자랄 수 있을 것이라고 생각하였다. 그는 「만학지」에 오구나무를 심고 가꾸는 방법을 상세하게 실어 놓았다. 서유구는 이용후생에 커다란 도움이 되는 오구나무와 같은 나무의 종자를 구득하여 옮겨 심으면 이득이 있을 것이라고 파악하였다.

3. '풍석대전법楓石代田法'의 보급 주장

서유구가 농법의 변통론 가운데 가장 요긴하게 강조한 것은 바로 한전에서 적용하는 농법이었다. 서유구는 한전농법의 변통론으로 구전법區田法과 대전법代田法을 제시하였다.[12] 구전법은 중국에서 오래전부터 전해지는 경종법이었다. 구전區田을 만들어 경작하는 방식이었다. 구전법은 『제민요술』을 비롯한 여러 중국 농서·『증보산림경제增補山林經濟』·『북학의』를 비롯한 여러 조선 농서에도 소개되어 있는 농법이었다.

서유구는 구전이 가뭄이 들었을 때에도 쉽게 물을 댈 수 있다

---

11 서유구, 『임원경제지』「본리지」, '곡명고'.
12 徐有榘, 『楓石全集』「金華知非集」 卷11, 策, 擬上經界策.

는 점, 거름성분을 뿌리에 온전히 전해줄 수 있다는 점 등을 강조하였다. 서유구는 가뭄을 극복하는 방법, 작은 토지에서 많은 수확을 올릴 수 있는 방법으로 구전법을 제시하고 있었다.

서유구는 한전에서 두 번 수확하는 경작법인 근경법과 간종법이 잘못된 방식이라고 강조하였다. 그는 조나 콩을 거둔 이후에 보리를 파종하는 것이 너무 급하게 이루어지고 있다는 점을 지적한다. 즉 조와 콩을 거두고 곧바로 보리를 파종하기 때문에 제대로 땅을 갈고, 부드럽게 만든 여러 가지 작업을 사용할 수 없고, 그리하여 보리싹이 거친 땅 위에 놓이게 된다는 것, 그리하여 10에 7, 8이 말라죽게 된다고 보았다.[13] 이와 같이 근경根耕을 수행하는 것이 도리어 종자를 허비하고 밭을 상하게 하는 것이라고 정리하였다. 또한 서유구는 간종間種도 법을 제정하여 금지해야 할 것이라고 주장하였다.

서유구는 대전법의 보급을 크게 강조하였다. 그런데 그는 중국 한나라 조과趙過가 창안한 대전법代田法의 보급을 주장하고 있지만, 실제 서유구가 주장하는 것은 조과의 대전법의 원형과 크게 달라진 것이었다. 따라서 서유구가 정형화시킨 대전법을 '풍석대전법楓石代田法'이라고 명명하는 것이 좋을 것이다. 서유구는 자신의 대전법을 '견전畎田'·'견종畎種' 등의 용어로 표현하고 있다. 그는 경영규모를 줄이면서 많은 수확을 거둘 수 있는 방법인 '풍석대전법'을 널리 보급해야 한다고 강조하고 있다.[14]

---

13 위의 책.
14 『杏蒲志』卷2, 種植, 種粟(『農書』36, 136쪽).

'풍석대전법'의 구체적인 내용은 조과의 대전법과 비교하면서 찾아볼 수 있다. 서유구가 보급시키기 위해 여러 이점을 다방면으로 제시한 '풍석대전법'은 몇 가지 점에서 '조과대전법'과 차이가 있었다.

'조과대전법'은 『제민요술』등에 따르면 중국 한의 관리인 조과가 고안한 농법이다. 조과는 후직后稷이 만들었다는 견전법畎田法을 다듬어 대전법을 만들어냈다. 대전법은 1묘畝(이랑)에 3견畎(고랑)을 만드는 방식인데, 고랑과 고랑 사이에 벌伐이라는 두둑이 자연히 조성되게 되었다. 대전법은 두둑이 아닌 고랑을 파종처로 삼는데, 해마다 1이랑 위에서 고랑과 두둑을 바꾸어 만들어 작물을 경작하는 방식이다. 그리고 쟁기에 소 두 마리를 매어 세 사람이 기경작업에 동원되었다. 이러한 기경작업은 너비와 깊이를 1척으로 만들어 나가는 것이었다. 이와 같이 고랑을 바꾸어 가면서 매년 경작하는 것이기 때문에 경작지 자체를 놀리는 세역歲易과 다른 방식이었다. 대전법에서는 작물의 싹이 나게 되면 두둑에 발생한 잡초를 제거하는데, 이때 두둑을 무너뜨려 작물의 싹을 북돋아주었다. 이렇게 하면 싹이 튼튼해지고 뿌리가 깊어져서 바람과 가뭄을 모두 이겨낼 수 있다고 한다.[15]

서유구는 대전이 만전縵田보다 훨씬 뛰어나다고 지적하면서, 조선 한전의 경종방식을 만전이라고 간주하였다. 서유구가 언급한 만전에서 만縵은 무늬 없는 비단을 뜻하는 글자이다. 그리고 만전은 조과의 대전과 대비되는데, 대전에서의 수확이 만전보다 월등 많았

---

15 徐有榘,『楓石全集』「金華知非集」卷11, 策, 擬上經界策.

『임원경제지』속의 논가는 모습

다. 그리고 만전은 견畎(고랑)을 만들지 않은 것으로 풀이되는데, 이로 보아 만전은 두둑과 고랑이 제대로 만들어지지 않은 상태를 가리킨다고 할 수 있다.

그런데 서유구의 지적과 달리 조선 후기 조선의 한전은 두둑과 고랑을 분명하게 나누어 조성되어 있었다. 그럼에도 불구하고 서유구가 만전에 가까운 것으로 조선의 한전을 파악한 이유는 자신이 제안하고 있는 '풍석대전법'에 비해서 상대적으로 두둑과 고랑의 경계가 뚜렷하게 보이지 않는다는 점을 강조한 것으로 생각된다.

서유구를 포함하여 조선후기에 대전법을 살핀 유형원柳馨遠·박세당朴世堂·박제가朴齊家·박지원朴趾源 등은 파종처인 견畎을 만들기 전에 쟁기에 의한 '일경삼파—耕三耙(쟁기질 1회와 써레질 3회)'를 전제하고 있었다.[16] 대전법에서도 당시의 기경방식과 마찬가지로 쟁기질과 써레질 작업을 수행하였을 것으로 간주하였다. 그러나 쟁기질과 써레질을 하는 것은 바로 밭을 전면적으로 기경작업하는 것이기 때문에 대전법의 특징인 파종처를 '매년 바꾸는 곳[歲代處]'으로 설정하는 것과 양립 불가능하다. 전면 쟁기질하는 단계에서는 대전법의 파종처만 매년 바꾸는 방식을 적용한다는 것이 불가능한 것이다. 이러한 점을 앞서 들어놓은 실학자들을 제대로 파악하지 못하고 있었다.

서유구는 대전법과 '일경삼파(쟁기질 1회와 써레질 3회)'가 서로 명백하게 모순된다는 점을 명확하게 파악하고 있었다. 하지만 서유구는 옛사람들의 기경법이 쟁기질 1회에 써레질 3회 등으로 이루어지고 있었다고 파악하는 방식으로 위 문제에 대한 나름대로의 해답을 찾으려고 하였다.

서유구가 제시하는 '풍석대전법'은 『행포지』에 분명하게 제시되어 있다. 서유구는 조과대전법에서 당연히 실행되었을 것으로 간주하던 기경起耕 숙치熟治 방법을 '풍석대전법'의 내용으로 파악하는 것이 마땅할 것이다. 서유구가 제시한 '풍석대전법'의 요체는 다음과 같다.

대전代田을 만들려면 반드시 먼저 커다란 쟁기로 심경深耕한다. 일경삼파一耕三耙하여 지극히 (토양)입자가 자잘하게 만들고 윤기가 흐르게 해야 한다. 쇠날이 달린 가래로 6척尺마다 1구溝를 만들고 다시 작은 쟁기를

---

16 민성기, 『朝鮮農業史硏究』, 一潮閣, 1988, 72쪽.

두 마리 소나 혹은 당나귀에 매어 묘상畝床[두둑위]을 천경淺耕하여 3견畎과 3벌伐을 만든다 … 만약 커다란 쟁기를 써서 심경하지 않으면 고랑 바닥은 생토生土와 다름 없을 것이니 어찌 뿌리가 나올 것인가. 그리고 만약 6척을 띄워 1구溝를 만들지 않으면 얕은 고랑만 만들어져 있어서 어찌 물을 빼낼 수 있을 것인가.

『행포지』

　　위 번역문에 보이는 바와 같이 서유구는 일경삼파의 기경 숙치방식, 두둑위에 3견과 3벌 만들기, 6척마다 1구의 배수구 수축 등을 대전법의 필수불가결한 조건으로 파악하고 있었다. 서유구가 제시하는 '대전법'은 중국 조과의 그것이 아니라 서유구가 개정한 대전법으로 보아야 할 것이다. 따라서 여기에서는 '풍석대전법'으로 명명하는 것이 보다 정확하게 서유구의 농법 변통 방안을 표현할 수 있을 것으로 생각된다. 그리고 서유구는 '풍석대전법'이 효율적인 방식이라는 점을 설파하면서 보급을 주장하였다. 서유구는 자신이 고친 대전법을 직접 농사에 적용해본 경험을 『행포지』에 소개하기도 하였다. 자신이 난호蘭湖에 있을 때 조를 매년 심었는데, 대전법을 사용하여 수확을 많이 거두었던 경험을 전해주고 있다.[17] 서유구는 자신이 정리한 '풍석대전법'을 조선 전역에 보급하기 위해 둔전을 활용하여 제대로 그 기술을 알려주고, 엄하게 시상하거나 벌을 주는 방식을 채택해야 한다고 강조하였다.[18]

---

17 『杏蒲志』 卷1, 田制(『農書』 36, 47쪽).
18 徐有榘, 『楓石全集』 「金華知非集」 卷11, 策, 擬上經界策.

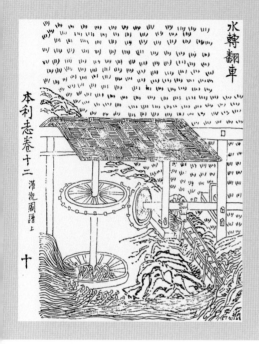

4. 수리水利 시설 파악과 개선론

서유구는 수리水利를 통해서 농사짓는 데 필요한 물을 확보하는 방법을 제시하였다. 서유구는 조선의 수리현실을 구체적으로 파악하고 이를 바탕으로 나름대로의 개선론을 만들어냈다. 서유구는 저수지를 만들어 저수貯水하는 방법, 보洑를 축조하여 농토에 인수引水하는 방법, 해언海堰을 쌓아서 바닷물을 방수防水하는 방법 등을 소개하였다. 그리고 치수治水의 일반론이라고 할 수 있는 내용을 중

『풍석전집』,
서유구가 제시한 수리 시설 개선 방안(서울대 중앙도서관)

국 『왕정농서王禎農書』, 서광계의 『농정전서農政全書』 등을 인용하여
제시하고 있다.[19] 또한 서유구는 농초에 물을 대는 데 활용하는 여
러 가지 도구·시설 등을 그림과 더불어 설명하고 있다. 서유구는
중국과 서양의 수리기술을 인용하면서, 몇 가지 수리시설에 대해서
조선의 현실을 지적하고 그에 대한 평가와 대안 제시 방식으로 자
신의 수리시설 개선론을 피력하고 있었다.

　서유구는 1799년 순창군수 시절 정조에게 올린 「순창군수응
지소」에 수리시설 변통론의 골자를 제기하였다. 서유구는 "땅이 척

---

19 문중양, 『朝鮮後期의 水利學과 水利담론』, 集文堂, 2000.

박한 것은 비옥하게 만들고, 사람이 편안하게 일하면서도 수고하는 자와 대등하게 만드는 것은 오직 수리水利가 그러하다"라고 수리의 중요성을 강조하였다. 그리고 "토지 개간하면서 수리를 강구하지 않으면 개간하지 않은 것과 마찬가지이다"[20]라고 토지개간과 수리를 긴밀하게 결부시켰다.

　서유구는 진휼을 시행하는 군현에서 굶주린 백성들을 동원하여 제언堤堰을 수축하는 방안을 보다 발전시켜 새로운 방안을 제안하고 있었다. 제언을 축조할 적합한 지역이 있더라도 공사비용을 마련하는 것과 제언의 물을 잠기는 곳에서 세금을 덜어주어야 하는 것이 해결해야 할 과제였다. 서유구는 이 문제를 해결하기 위해 경내의 부호富戶를 적극적으로 동원하여 제언을 수축할 것을 제안하였다. 먼저 수리시설을 만들기에 적합한 곳을 선정하고, 경내의 부호를 동원하여 수리시설을 축조하게 하며, 그 대가로 부호들에게 관계官階를 내려주는 것이었다.

　서유구는 1820년 무렵에 작성한 「의상경계책」에서도 수리시설에 대한 실태 파악과 개선론을 제시하고 있었다. 서유구는 그동안 자신이 축적한 수리지식 가운데 조선의 수리현실에 비추어볼 때 가장 요긴한 것을 정리하여 제시하고 있다.[21] 먼저 그는 땅에 대한 물의 관계가 사람에서 혈기血氣와 진액津液이 있는 것과 같다고 비유하면서, 막히거나 넘치거나 말라붙는 것 모두 병을 일으킨다고 설

20　徐有榘, 『楓石全集』 3冊, 『金華知非集』 卷1, 淳昌郡守應旨疏.
21　徐有榘의 興水利以虞旱澇에 대한 상세한 분석은 문중양의 책에 들어 있다. 문중양, 앞의 책(2000), 215~226쪽.

『임원경제지』 속의 저수지에 물을 모으는 수갑

명한다.[22]

　　그리고 치수하는 법에는 네 가지가 있다고 제시한다. 첫 번째는 물도랑이나 하천을 준설浚渫하여 물길을 통하게 하고 이끌어주는 것[濬洫開河 所以疏導也], 두 번째는 작고 큰 제방을 쌓아 물이 넘쳐흐르는 것을 막아주는 것[小圩大堤 所以防衛也], 세 번째는 저수지·못을 크게 만들어 물을 모아두는 것[陂池湖蕩 所以瀦蓄也], 마지막 네 번째는 수문水門과 수차水車를 활용하여 물을 제어하는 것[壩牐車戽 所以節宣也]

22　徐有榘, 『楓石全集』 「金華知非集」 卷11, 策, 擬上經界策.

이었다. 치수하는 데에 관련된 모든 것들이 이 네 가지에서 벗어나는 것이 없을 것이라는 자신감을 내비치고 있었다.

서유구는 네 가지 가운데 조선에 제대로 없는 것 세 가지를 먼저 설명하고, 조선에 있는 것 한 가지를 뒤에 설명하고 있다. 세 번째의 크고 작은 저수지를 만들어 물을 모아두는 것의 경우 조선의 수리현실에서도 잘 찾아볼 수 있다고 설명하고 있다. 그리하여 조선의 수리현실에서 찾아볼 수 없는 것들을 만들어야 한다고 주장한다. 서유구는 「의상경계책」에서 현실에서 실행에 옮겨야 할 방향을 제시한 것이었다. 그에 반해 『임원경제지』「본리지」에서는 수리에 관한 전반적인 지식체계를 집대성하여 보여주고 있다.

서유구는 「본리지」에서 조선의 수리현실에 적합한 것으로 제언堤堰을 꼽고 있었다. 조선의 수리를 논하면서 '도랑은 못보다 못하다'라고 평가하였다渠不如塘也.[23] 도랑은 유수流水 상태의 물을 활용하는 것이고, 못은 정수停水 상태의 물을 사용하는 것이어서, 관개하는 데 들어가는 비용이나 노동력에 차이가 있고, 또한 물이 크게 불어났을 때 생기는 만약의 피해가 초래한 손해에도 차이가 있었다. 이런 점에서 못을 활용하는 것이 도랑을 활용하는 것보다 조선의 수리현실에 적당하다는 지적이었다. 서유구는 대하천의 강수江水를 논밭으로 끌어들여 관개하는 데까지 이르지는 못하였다고 보고 있었다.

제언 축조에서 주의할 개선사항을 지적하고 있는데, 바로 수문水門에 관한 것이었다. 서유구는 저수지의 물을 모으고 흘려 내려보내는 구조물을 두문斗門이라 이름붙이고 있었다. 물을 모으고, 흘

---

23 『林園經濟志』「本利志」 권2, 水利, 論灌田江不如湖.

『임원경제지』 속의 물속에 수류水流나 오물을 막기 위해 세운 수책

려보내는 요긴한 장치라고 하였다. 두문은 개폐開閉가 가능한 수문
으로 수갑水閘이라 부를 수 있었다.[24] 크고 작은 저수지가 제 기능을
발휘하려면 두문이 반드시 필요하다는 것이 서유구의 주장이었다.

다음으로 서유구는 하천수를 관개에 이용하는 보洑에 대해서
세밀한 기술적인 개선을 지적하였다. 서유구는 보전洑田에 물을 대
는 방식을 설명하고 있었다. 그에 따르면 전田이 높고 천川이 낮은
경우 상류를 막아 물을 옆으로 돌아 흐르게 하고서 도랑을 파서 끌

---

24 『林園經濟志』「本利志」권12, 灌漑圖譜上, 水閘.

어 들인다. 그리고 전이 낮고 천이 높은 경우 시냇가를 따라 둑을 쌓아서 농지를 보호하고 둑에 구멍을 내어 농지에 물을 댄다는 것이었다. 보전에서 물을 끌어들이는 것과 물을 내보내는 것이 자유로워야 가뭄과 홍수가 모두 걱정거리가 되지 않는 1등 수전이라고 평가하였다.[25]

서유구는 보전을 잘 유지하기 위해 필요한 것으로 보를 견고하게 지탱해주는 장치들을 제시하였다. 서유구는 보전에 필요한 것으로 중국의 수책水柵(보뚝)에 갖추어 놓고 있던 수장竪椿(세로로 박은 말뚝), 복우伏牛(수책을 지지하는 돌무더기), 석둔石囤(대나무 소쿠리에 돌을 담은 것) 등을 지목하였다. 이러한 수책을 지지해주는 구조물이 있어야 보가 쉽게 무너지지 않을 것이라는 설명이었다.[26]

서유구는 수리시설에 대해서 조선의 현실을 지적하고 그에 대한 평가와 대안 제시 방식으로 자신의 수리시설 개선론을 피력하고 있었다. 서유구는 수리시설의 축조 문제 뿐만 아니라 수리시설의 관리 방식에 대해서도 관심을 기울였다. 그리하여 그는 경내의 부호를 동원하여 수리시설을 축조하고 관리하는 방안을 제시하였다. 그리고 서유구는 당시 조선의 수리현실에서 활용되던 제언·보 등을 충실하게 수리시설로 활용하는 방안을 제시하였다.

---

25 『林園經濟志』「本利志」권1, 田制, 㳉田.
26 『林園經濟志』「本利志」권2, 水利, 論障川.

'번전', 『풍석전집』「의상경계책」 중에서,
(서울대학교 중앙도서관)

5. 번전[反田] 금지론

서유구는 밭을 논으로 바꾸는 번전[反田]에 대해서 자신의 입장을 시기에 따라 적절하게 변화시켰다. 조선 후기에 한전旱田을 수전水田으로 만드는 번전 또는 번답[反畓]이 크게 확대된 것은 수전 이앙법移秧法의 보급과 관련된 것이었다. 수전 이앙법이 확산되면서 봉천답 가운데 상당 부분이 이앙법을 채택하여 벼농사를 짓게 되었다. 결국 번전의 확대는 수리조건이 열악한 수전水田이 늘어나고 있다는 것을 동시에 의미하였다. 따라서 번전이 확대되는 상황에 대한 대책, 또는 번전을 용인할 것인지 금지할 것인지에 대한 방안 마련이 필요하였다.

서유구는 1798년 무렵 정조에게 올린 응지농서인 「순창군수응지소」에서 조선의 토지실태에 대한 사실상의 인정을 바탕으로 현실적으로 시행 가능한 방안을 제시하였다. 서유구는 한전에서 수전으로 바꾼 것이 일도一道의 전결田結 가운데 거의 3분의 1을 차지할 것이라고 추정하고 있었다. 그런데 수전으로 바뀌었지만 아직도 한전이라는 명목으로 수세안에 묶여 있어서 아주 작은 부분도 재해 인정을 받지 못하고 있는 실정을 지적하였다. 조선 후기에 한전에서는 1년에 두 번 농사를 짓는 것으로 파악하여 재해를 인정해주지 않고 세금을 그대로 내야 했다. 반면에 수전에서는 가뭄·홍수 등의 재해가 발생하였을 때 재해를 인정받아 세금을 감면받을 수 있었다.

서유구는 한전에서 수전이 된 농토들을 면밀히 조사할 것을 주장하였다. 또한 예전부터 진전陳田이던 곳을 다시 기경전으로 만든 것이거나, 관개灌漑를 적당히 할 수 있는 그러한 곳 이외에는 번전을 허락해서는 안된다고 하였다. 하지만 서유구의 방안은 현재 수전으로 만들어져 있는 것을 원상대로 한전으로 환원시킬 수 없다는 인식, 그리고 농민의 수전 선호와 반전 확대를 어느 정도 용인하는 입장이 깔려 있다고 생각된다.

그런데 1820년 무렵에 작성한 「의상경계책」에서는 서유구는 순창군수일 때의 견해와 상당히 다른 입장을 피력하고 있다. 서유구는 번전을 "일체 한전으로 바꾸어야 한다"는 강력한 입장을 표명하고 있었다.[27] 이렇게 서유구는 1820년대 「의상경계책」에 이르면 현실보다는 이상적인 방안의 마련과 적극적인 실천이라는 방향을 띠고 있음을 알 수 있다.

6. 방전법方田法 시행과 양전量田 개혁

서유구의 양전론은 방전법方田法의 시행을 굵은 뼈대로 삼고 있다. 방전법의 시행을 강력하게 주장하는 부분은 「의상경계책」에 자세히 들어 있다. 「의상경계책」 자체가 1820년 양전量田 계획에 호응하여 서유구가 저술한 것이었다. 서유구는 당시 조정에서 양전을 둘러싸고 논의가 진행되자 양전을 개혁하는 방안으로 방전법 시행을 주장하는 내용을 「의상경계책」에 담은 것이었다.

먼저 순조대 양전추진과정과 김이재가 만들어 조정에 올린 양전사목量田事目의 내용을 간략하게 살펴본다.[28] 당시 추진하였던 양전에서 강조한 부분과 서유구가 제시한 방전법의 내용이 아주 대비되고 있다. 먼저 1820년 양전이 실시 명령이 내려졌지만 결국 철회되고 양전 추진이 무산된 경위를 살펴본다. 1819년 9월 이지연李止淵이 전정田政 문란하고 그로 인해 민이 받고 있는 폐단을 지적하면서 양전이 필요하다고 주장하였다. 이후 본격적인 양전 논의의 시작되어 양전 시행하는 것이 어렵다는 양전불가론量田不可論, 양전을

27 徐有榘, 『楓石全集』 3冊, 『金華知非集』 卷12, 擬上經界策.
28 순조대 양전 추진에 대해서 다음 논저를 참고할 수 있다. 김용섭, 『增補版韓國近代農業史研究』 上, 일조각, 1984.

반드시 해야 한다는 양전실행론 등이 대두하였다. 결국 조정의 논의는 양전을 실행하는 쪽으로 기울어졌다.

순조는 양전을 각도의 방백·수령으로 하여금 지휘감독해서 도 단위의 점진적 전국적 양전으로 수행하되 양남(호남·영남)에서 먼저 시험 양전을 실시하고, 그러기 위해서 각 지방에 지시해서 양전을 위한 방략을 강구하여 보고하도록 명령하였다. 이와 같이 양전을 실행하기 위한 작업이 본격적으로 진행되던 도중에 1820년 8월에 전라감사 이서구李書九가 양전시행의 중단 연기를 건의하면서 결국 양전 추진이 중단되었다.

불과 몇 개월에 걸친 양전 시행 논의와 준비과정이 실행으로 옮겨지지 못한 원인은 바로 양전에 얽힌 사회적 갈등, 즉 이해관계의 대립 문제였다. 이 부분은 당시 마련되었던 양전사목에 분명하게 드러나 있다. 1820년 양전 추진이 중단되었지만 당시에 만들어서 시행하려고 했던 양전사목은 전국적인 양전을 목표로 안출된 것이었다. 따라서 당시의 양전을 둘러싼 이해관계자들의 갈등관계가 양전사목에 반영되어 있다. 또한 이때 양전을 추진하면서 목표로 삼고 있었던 것이 무엇인지 구체적인 내용도 찾아볼 수 있다.

경상감사 김이재金履載가 마련한 양전사목[29]에서 이 시기 양전 사업에서 추구하고 있는 목표가 무엇이었는지 파악할 수 있다. 김이재가 제시한 양전사목에서 특별한 관심이 부여된 부분으로 몇 가지를 거론할 수 있다. 특히 전품田品 등급等級 승강乘降의 불공정함에 주의하고 있었다. 그리고 이외에 전단田段(논밭 필지)의 누락, 즉 은루

29　金履載, 『量田事目』(연세대 도서관 소장).

結隱漏結 발생, 그리고 척량尺量(측량)의 영축盈縮을 사사롭게 하여 실제면적과 결부수 사이 불공평함이 발생하는 것[地多卜少·地少卜多], 진전과 기경전을 뒤바꾸어 혼란시키는 것[白徵·隱結化 등의 요인] 등에도 주목하고 있었다.

김이재가 마련한 양전사목은 필지의 결부를 다시 측량하여 산정하고, 세정稅政을 불균등하게 만드는 요인을 제거함으로서 공평한 부세징수를 실현하려고 하였다. 결국 토호土豪·부민富民들이 그동안 부당하게 누린 부세 운영상의 비리를 척결함으로써 거기에서 얻어지는 이익이 국가와 농민층에게 돌아가게 하려는 것이었다. 하지만 1820년의 양전 추진은 실제 양전을 준비해나가는 과정에서 좌초하고 말았다.[30] 당시 표면적으로 볼 때 기민饑民 문제와 재원財源 부족 문제가 제기되면서 양전이 중지되었지만, 실제 양전을 둘러싼 사회적 갈등·경제적 이해관계의 대립이 작용하였을 것으로 보인다.[31] 부세징수를 공평하게 만들려는, 그리고 부세 운영상의 비리를 없애려는 양전이 중단되어 실행에 옮겨지지 못하였다는 것 자체가 바로 기존에 이득을 누리던 세력들이 계속 그러한 이익을 챙기게 되었다는 것을 보여준다. 즉 당시에 양전이 시행되지 못한 것은 양전 과정에서 자신의 이득이 사라질 것을 두려워한 세력이 득세한 것이나 다름없는 것이었다.

---

30 전라 감사 李書九의 건의를 받아 廟堂에서 양전 중단을 요청하였다. 『純祖實錄』 卷23, 純祖 20年 8月 2日 乙酉 (48-164).

31 김용섭은 量田 시행을 반대하고, 양전을 시행하더라도 공정하게 量案이 작성되는 것을 두려워하고 막으려는 세력으로 豪右·富戶·强戶 등을 제시하고 있다. 김용섭, 『增補版韓國近代農業史研究』上, 323쪽.

서유구는 양전과 관련해서 먼저 결부법을 경묘법으로 고쳐야한다고 강조하는데, 이는 결부를 산정하는 과정에서 서리胥吏들이갖은 농간을 부릴 여지가 너무 많기 때문이라고 지적한다. 실제 양전과정에서 사용하는 양전척이 가지런하지 않은 것이 문제인데, 게다가 양전척으로 측량한 전답의 가로 세로 길이를 가지고 가감승제加減乘除하면서 결부結負를 산정할 때 문제가 발생하지 않을 수 없다고 본다.

양전 과정에서 실제 측량으로 확보한 장광척수長廣尺數를 전답의 필지마다 1등에서 6등으로 사이로 매겨진 전품田品과 함께 계산하여 결부를 산정하는 과정을 해부解負라고 한다. '결부수를 풀어내는 과정'이 바로 해부인 것이다. 해부는 그렇게 어려운 계산과정이필요한 것은 아니었지만, 양전과정에서 해부해야 할 전답의 필지가수천에서 수만에 이르는 엄청난 것이라는 점, 그리고 일단 양안의초안 작성에 들어가면 전답의 필지가 지상地上에서 지상紙上으로 옮겨졌기 때문에 장광척수나 전품을 눈에 띄지 않게 변조하여도 다른사람이 알기 어렵다는 점, 마지막으로 장광척수와 전품을 같이 고려하여 계산하는 과정에 고의적인 실수를 하여도 찾아내기 어렵다는 점 때문에 해부解負는 정말로 성실하고 정직한 서리들이 맡아야하는 일이었다.

다시 말해서 조금이라도 이익에 눈이 돌아가는 서리들이라면자그마한 농간을 부려 커다란 재물을 얻을 수 있는 길을 쉽게 찾을수 있는 작업이었다. 그렇기 때문에 서유구는 장광척수에 전품을감안하여 결부를 환산하는 과정을 서리에게 맡겨놓는 것이 커다란폐단이 일어나는 이유라 본 것이다. 이러한 연유로 서유구는 전답의 필지에서 측량한 장광척수를 그대로 경묘頃畝로 파악하는 경묘법을 결부법의 대안으로 제시한 것이다.

또한 양전과정을 서리들이 도맡아 하게 되면서 뇌물이 횡행하고, 억울한 사연들이 넘쳐나게 되고, 결국 간전墾田 즉 경작지의 상당 부분이 국가의 조세수취 장부인 양안量案에 기록되지 않게 된다고 보았다. 양안에 기록되지 않은 간전에서 거둔 전세田稅는 결국 서리나 수령들의 손에 들어가거나 아니면 아예 전주들이 전세를 내지 않게 마련이었다. 이럴 경우 국가 재정에 커다란 손실을 주는 것이었다. 따라서 양전과 해부를 온전히 수행하는 것이 간전을 제대로 양안에 수록하게 되어 국가재정에 커다란 보탬을 줄 것이라고 정리하였다.

서유구는 양전 개혁론의 결론으로 방전법 시행을 주장하였다. 숙종대 황해도 관찰사 유집일兪集一이 몇 개 군현에서 시행한 방전법을 다시 실시하자는 것이었다. 당시 유집일이 시행한 방전법은 전답을 빠뜨리지 않고 모두 조사하는 좋은 방법으로 평가되었다. 하지만 방전법 실시로 손해를 보게 된 세력들이 훼방을 놓으면서 겨우 3, 4읍만 개량하는 것에 머무르고 말았다. 서유구는 이러한 점을 지적하면서 유집일이 제안하여 시행하고 신완도 보급을 주장한 방전법을 시행한다면 소민小民들에게 부세의 균평을 가져다줄 수 있는 방안이라고 평가하였다.

서유구는 비변사에 보관되어 있는 유집일이 당시에 올린 보고서를 찾아내고, 또한 황해도 지역에서 방전법을 실시할 때 만들었던 관련 장부·문서 가운데 참고할 만한 것도 찾을 것을 주장하였다. 비변사에서 방전법 관련 자료를 모아 엄밀하게 살피게 하면 실행 가능한 방안을 산출해 낼 것이라고 보았다. 그리하여 남쪽 지역의 양전을 실행하기 전에 방전법 실시 조례를 만들이 실시하면 균전均田으로 나아가는 길이 될 것이라고 자평하고, 또한 은루결을 남김없이 찾아내는 방도가 될 것이라고 하였다.

다음으로 서유구가 제시하는 구체적인 양전방법의 하나는 각종 전형田形에 따라 면적을 계산하는 방법을 미리 익히게 하자는 것이었다. 실제 조선의 양전과정에서도 장광척수長廣尺數와 전품田品으로 결부結負를 환산하는 과정을 담당할 산학算學에 능한 서원배書員輩들을 미리 갖추어야 한다는 주장이 있었다. 서유구는 이러한 주장에서 한 단계 앞으로 나아가 양전에 필요한 수법數法을 잘 익힌 이서吏胥 수십, 수백인을 미리 확보해야 한다고 주장하였다. 이들을 차례로 전습傳習시키는 데에는 3, 4개월 정도밖에 걸리지 않을 것이라고 보았다.

서유구는 스스로 양전 수법을 익히는 데 필요한 연습 문제를 만들어 제시하고 실제 그 문제를 풀이하는 방법도 보여주고 있었다. 서유구가 제시한 15개의 문제는 먼저 정사각형·직사각형을 비롯하여 부등변무직각사변전不等邊無直角四邊田·타원전橢圓田 등 가지각색이었다. 서유구는 이 열다섯 가지 논제만 제대로 풀이해낼 수 있으면 실제의 토지 면적 계산에 어려움이 없을 것이라는 설명도 덧붙이고 있었다. 또한 호조의 산원算員 8인, 관상감의 역관曆官 8인을 뽑아 팔도에 각 2인씩 내려 보내고 군현의 이서吏胥 가운데 곱하기 나누기 조금이라고 해독하는 사람을 감영監營에 오게 하여 익히게 하였다. 이들이 통달하기를 기다려 다시 각 읍邑으로 보내 차례대로 익히게 하는 방법을 제시하였다. 이리하면 일이 닥쳤을 때 시

일을 크게 단축할 수 있다고 보는 것이었다.

다음으로 양전을 담당하는 담당관청을 설치하고 여기에 소속된 관원의 근만勤慢을 잘 살펴야 한다는 주장이었다. 서유구는 국전國典에 양전할 때 균전사均田使 또는 경차관敬差官을 파견하게 되어 있는데, 이들이 많은 문제를 일으키고 있다고 보았다. 그는 지방에 내려간 경차관 등이 양전과정에서 여러 가지로 횡포를 부리고 크고 작은 뇌물을 받아서, 이들의 존재 자체가 커다란 민폐가 되는 상황이라고 주장하였다.

서유구는 비변사에 사무에 정통한 사람 8인을 뽑아 팔도八道의 양전을 나누어 관장하게 할 것을 제안하였다. 서유구는 이들을 제도구관당상諸道句管堂上의 예와 같이 일을 맡게 하고 대신 각도에 내보낼 필요는 없다고 보았다. 그리고 비변사에서 양전에 적용할 사목事目을 만들어 이를 팔도에 보내어 실행하게 하면 좋을 것이라고 하였다. 그리고 팔도 도신道臣에게 겸균전사兼均田使라는 직함을 붙여주면 될 것이라고 하였다.

서유구는 구체적인 양전과 관련해서 먼저 방전方田을 해야 한다고 주장하였다. 유집일이 해서에서 개량할 때 시행하였던 방전법을 실행하기 위해 남쪽 지역의 양전을 실행하기 전에 사목을 만들어야 한다고 하였다. 그리고 양전에 필요한 수법數法을 이서에게 미리 익히게 해야 한다는 것도 빼놓지 않았다. 또한 비변사에 양전을 전담하는 당상을 둘 것도 제안하였다.

7. 둔전屯田 설치와 북방北方지역 개발

서유구의 농정 개혁론에서 가장 중요한 의의를 부여할 것이 바로 둔전설치론이다. 「의상경계책」에 실려 있는 둔전설치론에 대해서 그동안 많은 연구가 이루어졌다. 김용섭은 서유구가 제시한 둔전론屯田論을 분석하여 국영농장적國營農場的인 농업경영론農業經營論으로 규정하였다. 그리고 서유구가 둔전론을 구상한 것이 국가의 재원을 넓혀 그 부력富力을 증대시키는 것과 농지 없는 농민들에게 농지를 줄 수 있는 방안을 모색한 것이었다고 설명하였다.[32] 그리고 유봉학도 서유구의 둔전론에 대해 온건한 농업정책론, 토지소유자들과 마찰 회피, 토지경영방식의 개선 축구, 한정된 지역에 대한 둔전설치론, 생산력 향상 추구, 병작반수 관행 유지 등으로 특징을 뽑아 설명하였다. 그리고 경화사족京華士族의 구상으로 평가하면서 박지원의 법전法田, 박제가의 둔전론, 족숙族叔 서미수의 둔전론과 연결시키고 있다.[33]

김문식은 「의상경계책」에 보이는 서유구의 지역인식에 주목하였는데, 서울을 중심으로 하는 수도권 지역을 자신이 구상한 농정개혁안을 실천해 나갈 중심지로 파악하였다고 정리하였다.[34] 그리고 조창록은 「의상경계책」에 보이는 문예론文藝論과 치재관治財觀을 검토하여, 시문詩文과 경학經學에 대한 비판, 농학農學과 수리數理

---

[32] 金容燮, 「18~19世紀의 農業實情과 새로운 農業經營論」, 『增補版 韓國近代農業史研究』, 上, 一潮閣, 1984, 147~148쪽.
[33] 유봉학, 「徐有榘의 學問과 農業政策論」, 『燕巖一派 北學思想 研究』, 一志社, 1995
[34] 김문식, 「「擬上經界策」에 나타난 서유구의 지역인식」, 『한국실학연구』 18, 2009.

와 같은 실용학의 추구, 치재에 대한 적극적인 태도로 요약 설명하였다.[35]

서유구가 제시한 둔전론에서 빼놓아서는 안되는 부분은 그가 둔전 개설 목적을 분명하게 밝힌 부분을 적절하게 해명하는 것으로 생각된다. 서유구가 저술한 「의상경계책」은 조선의 농정農政을 개혁하기 위해, 가장 정연하게 체계화시킨 내용구성을 갖고 있다. 따라서 '광둔전이부저축廣屯田以富儲蓄' 앞부분에 둔전설치에 대한 논의를 본격적으로 진행하기에 앞서 제시하고 있는 설명부분을 주목하지 않을 수 없다. 서유구는 이 부분에서 둔전론의 기본 목표가 바로 새로운 부세를 만들어내는 대신에 국가재원을 둔전을 통해서 확보하고, 나아가 나라를 부유하게 만들려는 것에 있음을 분명하게 표명하고 있었다.

서유구는 '광둔전이부저축'의 앞부분에서 "중국에서는 이재理財하기 위한 용법用法이 교묘하게 실행하는 것이 쉬운데, 조선에서는 재財와 이利를 말하는 것을 수단術으로 삼기가 어렵다"[36]고 설명한다. 다시 말해서 중국에서는 부를 축적하는 것에서 전답을 경영하는 것 이외에 여러 가지 다른 수단이 있어 경우에 따라서는 잠업이나 목축 등으로도 재산을 모을 수 있다고 설명한다. 그리하여 재산을 늘리는 이로움이 여러 가지 방법으로 이루어지고 있어 어려운 일이 닥칠 때에도 넉넉하게 해결할 수 있어 항상 여유롭다고

35 조창록, 「풍석 서유구의 「의상경계책」에 대한 일 고찰 – 그의 문예론과 치재관의 한 면모–」 『한국실학연구』 11, 2006.
36 徐有榘, 『楓石全集』 「金華知非集」 卷11, 策, 擬上經界策.

하였다.

그런데 조선의 경우는 조정에서 애초에 백성들에게 세금을 거두는 데 정당한 제도가 있어 '올바른 공부貢賦[正貢賦]' 외에는 가렴하거나 횡렴하는 것이 없어 자부심을 가질 만하다고 평가할 수 있다고 하였다.[37] 그런데 점차 수입으로 지출을 감당할 수 없는 지경에 빠져 버렸지만 세금을 더 거두워야 한다고 나서서 말하는 사람이 없는 상황이라고 보았다. 서유구는 이러한 상황을 문약文弱한 선비들이 삶을 도모하는 데에 졸렬하고 재화와 이득을 말하는 것을 부끄러워하여, 처음에는 조상 대대로 내려온 토지의 수입으로 그런대로 버티지만, 식구가 늘어나고 먹는 것이 번거로워지면 빈핍해져 아침에 저녁을 도모하지 못하는 것과 같이 되는 상황과 마찬가지로 평가하였다.[38]

그는 근래에 군포軍布를 거두는 것과 환곡還穀의 모곡耗穀을 취하는 것에 대해서 본래의 수취 이외에 점차 갖가지 명목이 생겨나는 것이고 각박함도 날로 심해지는 것으로 평가하였다. 그리고 군포는 군보에서 유래한 것이고 환곡은 조적에서 유래한 것이라고 파악하였다.[39] 여기에 구차한 정사가 나타나는 이유는 소금과 술에 세금을 매기지 않는 것 때문이 아니라 가렴주구가 횡행하기 때문이라는 소식蘇軾의 언급을 인용하고 있었다.[40] 게다가 호부豪富는 도면圖免하기를 백가지 계책을 내어 수행하고, 농호農戶는 홀로 그 괴로움

---

37 위의 책.
38 위의 책.
39 위의 책.
40 위의 책.

을 겪고 있어서 점차 나라의 가난함이 더욱 심해질 것이라고 보았다.[41] 그렇지만 이러한 상황에서 서유구는 자염煮鹽·주철鑄鐵·각주権酒·산다筭茶 등에 세를 매겨 상고지리商賈之利를 빼앗는 방식, 즉 새로운 부세를 창출하는 것이 불가능하다고 보았다.[42] 이와 같이 서유구의 관심은 국가의 저축儲蓄을 풍성하고 부유하게 하려는 것에 놓여 있었다. 하지만 부세를 새로 만들고 징세를 급박하게 하는 방법을 채택하는 것은 불가능하다고 보았다. 그렇다면 서유구는 나라가 가난해지는 것을 막고 저축을 풍성하게 하는 방책으로 무엇을 제시하고 있는가 살펴볼 시점이다.

국가의 저축을 풍성하게 하는 방법은 먼저 '지력을 다 활용하는 것盡地力'을 힘껏 채택하는 것이었다. 그런 다음 몇 단계를 차례대로 실행해나가는 것이었다. 구체적으로 보면 '지력을 다 활용하는 것'이란 이회李悝가 위문후魏文侯를 위해 작성한 '진지력지교盡地力之敎'라는 글에 들어 있는 방안을 채택하여 적용하자는 주장이었다. 이회는 사방 100리의 땅 900만경萬頃에서 산택山澤이나 읍치邑治로 3분의 1을 제외하고 나머지 600만경에서 논밭을 근실하게 다스리면 많은 수확이 있을 것이라고 지적하였다. 물론 성실하게 농사짓지 않으면 그만큼 손해를 입게 된다고 설명하였다. 그리하여 이회는 국가에서 농작물을 창고에 넣고 뺄 때 농산물의 가격을 잘 조절하고, 또한 5구口를 거느린 1부夫로 하여금 전田 100묘畝를 맡게 하여 그 수확한 것으로 세금이나 먹을거리 등의 용도로 사용하도록 계획

41 위의 책.
42 위의 책.

적인 농업생산을 꾀하였다.

서유구는 이회가 제기한 계획적인 농업생산을 수행하기 위한 방책을 단계적으로 제시하였다. 먼저 지력地力을 다 활용하기 위해서는 전야田野에 남겨지는 이익이 있으면 안되기 때문에 경종耕種을 제대로 된 방법에 따라 수행해야 한다고 하였다. 지력을 온전히 활용하기 위해서는 농법을 변통하지 않으면 안된다는 주장이다. 그리고 새롭게 변통한 농법農法을 보여주고 그 농법으로 실효實效를 거둘 수 있다는 것도 알려주어야, 농민들이 스스로 따라올 것이라는 주장이다.

이러한 논의를 거쳐 서유구는 둔전屯田을 설치해야 한다는 주장으로 나아간다. 서유구는 이 대목에서 둔전이란 무엇이어야 하는지 즉 둔전의 성격에 대해서 분명한 언급을 하고 있다. 서유구는 둔전은 곧 보여주는 것, 그리하여 다투어 일어나도록 권장하는 것을 목적으로 삼고 있으며, 이를 위해 농법을 개발하는 일도 담당해야 한다고 보았다. 농민에게 교묘함과 졸렬함의 차이가 수고로움과 편안함으로 판이하게 나뉜다는 것, 그리고 선부善否가 크게 차이가 나는 것에 따라 이해利害도 현저하게 달라진다는 것 이것을 보여주는 것, 그것이 바로 서유구가 바라본 둔전屯田의 성격이었다.[43]

서유구가 제시한 둔전은 보다 현대적인 표현방법으로 성격을 규정한다면 '조선적인 농사시험장(시범농장)'[44]에 해당하는 것으로 보

---

43 위의 책.
44 서유구의 둔전론을 설명하면서 시범농장에 연관시킨 것은 유봉학이 처음이다. 유봉학, 「徐有榘의 學問과 農業政策論」, 『燕巖一派 北學思想 硏究』, 一志社, 1995, 211쪽.

아야 할 것이다. 논밭을 다스리는 방법, 작물을 경작하는 방법의 기본 원리를 찾아내어, 농민들에게 교묘함과 졸렬함의 차이, 선부善否의 크게 차이나는 양상 등을 살펴볼 수 있게 해준다는 것은 바로 농사를 시험하여 그 결과를 널리 보급하고자 하는 농사시험장의 성격에 걸맞는 것으로 생각된다. 「의상경계책」을 지역인식의 측면에서 검토한 김문식도 "경사는 새로운 농업기술을 미리 시험하는 장소이기도 했다"고 파악하였다.[45] 결론적으로 경사둔전은 농법農法·수리법水利法 등을 시험하여 새로운 기술을 개발하고, 이를 팔도로 보급하는 곳으로 '조선농사시험장'으로 볼 수 있을 것이다.

서유구가 제시하는 둔전설치론은 가장 전형적인 '조선농사시험장'에 해당하는 경사둔전京師屯田 4곳으로부터 시작한다. 동서남북에 설치하는 경사사둔은 농법 뿐만 아니라 수리법도 같이 제시하여 시범을 보여주는 곳이었다. 경사둔전 4곳을 합하여 총 1,000경頃을 조성하는데, 10경마다 쟁기를 끌 소 4마리, 역거役車 2대, 그리고 농민 5인을 두어, 전체적으로 500명의 농민이 동원되는 규모였다.

그리고 소는 영남에서 동원하고, 논에서 농사짓는 농민은 경상 좌도의 백성으로, 조밭을 경작할 농민은 황해도나 평안도의 백성으로 모집하여 채우게 하였다. 또한 매 1둔전에 농무農務에 밝은 사람 1인을 전농관典農官으로 삼아 그 일을 관장하게 하였다. 그리고 여러 가지 수리기계와 농기를 제작하는 것도 경사둔전에서 담당하게 하였다.

---

45 김문식, 앞의 논문, 2009, 583쪽.

둔전의 논에서는 경상도의 벼농사 짓는 법을 채택하여 사용하고, 밭에서는 지금 사용하는 방법을 전면적으로 바꾸어 서유구가 강조한 '풍석대전법楓石代田法'을 활용하게 하였다. 이렇게 하여 경사둔전에서 수확을 거두게 되면 그것을 창고에 축적하고, 시행한지 몇 년이 지나 성과를 거두게 되면 비로소 사도四都 팔도八道로 확장하는 것이었다. 즉 경사둔전과 사도팔도에 설치되는 영하둔전營下屯田은 병렬적으로 설치되는 것이 아니라 순차적으로 설치되는 것이었다.[46] 그리고 사도팔도의 둔전에 뒤이어 수륙절도영水陸節度營 및 열읍도호부列邑都護府에도 편의에 따라 차례로 둔전을 설치할 수 있게 해주는 것이었다.

서유구가 제기한 농사시험장(시범농장)으로서의 둔전론은 경사둔전·영하둔전·열읍둔전으로 마무리되는 것이었다. 서유구가 뒤이어 설명하는 북방지역의 둔전은 경사둔전·영하둔전·열읍둔전과 성격이 다른 것이었다. 하지만 설명하는 방식이 세 가지 둔전에 연이어 설명하고 있기 때문에 대부분의 연구자들이 네 가지의 둔전으로 파악하여 설명하였다. 하지만 북방지역의 둔전은 경사둔전·영하둔전·열읍둔전과 전혀 성격이 다른 북방 지역 개발의 거점에 해당하는 것이었다.

북방둔전은 두만강·압록강의 경계로 삼아 두 강까지 사이의 북방지역을 개척·개발하기 위한 방책으로 제시된 것이었다. 즉 토지를 개간해서 강역을 넓히고, 곡식을 쌓아두어 변방을 근실하게 하는 것 두 가지 모두 우리 조선에서는 하지 않고 있는데 이를 실

46 徐有榘, 『楓石全集』 「金華知非集」 卷11, 策, 擬上經界策.

행에 옮겨야 한다는 주장이었다. 이러한 지역개발을 추진하는 과정에서 둔전을 방편으로 삼는 것이었다. 지역이 개발된 이후에는 군읍郡邑 또는 진보鎭堡를 설치하는 과정에 이르게 되었다.

서유구는 부민富民 가운데 관직官職을 얻고자 하는 자를 활용하여 백부장百夫長·천부장千夫長으로 삼는 방안을 제시하였다. 그리고 이들에게 주는 관작은 백성들 다스리거나 일을 관장하지 못하게 하는 공명空名이라는 설명이었다. 그리고 이들에게 무과출신으로 발탁될 기회도 부여하였다. 간전墾田을 확보하게 되면 강에서 10리 이내의 땅을 획정畫井하여 토지를 나누어주는 것을 내지內地의 둔전 제도와 같이 하고, 둔전을 경영한 지 3년 뒤에 토지의 등급을 살펴서 10분의 1세를 정하는 방식이었다. 그리고 세금으로 거둔 것의 절반은 본둔장本屯長의 봉급으로 주고, 나머지 절반을 저축하여 위급한 일이 있을 때 대비하게 하였다. 다시 10년 뒤까지 계속 개척을 계속하여 점차적으로 강江을 경계로 삼을 때까지 진행하고 중요한 곳을 선택하여 군읍郡邑을 건설하고 진보鎭堡를 설치한다는 것이었다. 이러한 방안은 결국 북방의 압록강·두만강에 이르는 농사짓지 않고 묵혀두고 있는 땅을 개척하는 거점으로 둔전을 설치하고, 둔전 설치를 통해서 농업경영이 활발하게 이루어지고 많은 사람들이 이주해서 거주하게 되면 이를 일반 군읍이나 군사적인 진보로 변환시키는 것이었다.

서유구가 제시한 북방둔전 설치는 위에서 살핀 바와 같이 그 최종의 목표가 군읍, 진보 설치로 이어지는 것이었다. 즉 새로운 행정상 군사상 요지를 만들어나가기 위해서 둔전을 활용하는 것이었다. 앞서 경사둔전이 농사시험장(시범농장)의 성격을 띠고 있던 것과 완연히 다른 것이었다. 따라서 북방둔전의 설치론은 점진적인 북방 개척의 방법론이라고 규정해야 할 것이다. 그리고 둔전은 지역개발의 거점에 해당하는 것이었다. 부민富民을 동원하여 이들을 백부장, 천부장으로 삼다가, 개척을 진전시킨 다음에 둔전을 개설하여 둔장屯長으로 삼고, 그런 다음에 다시 군읍, 진보를 설치하는 지역 개발의 점진적인 시스템을 제안한 것으로 볼 수 있을 것이다. 이상과 같이 서유구는 북방의 관둔, 민둔을 점진적으로 개척하고 개설하는 방안을 체계적으로 제시하였다.

　서유구는 북방 지역 둔전의 설치의 주요한 방법을 대략 제시한 다음 북방둔전의 경영하는 데 따르는 이점 등을 설명하였다. 북방개발을 둔전을 통해서 수행하는 것이 열 가지의 이로움이 있고, 하나의 해로움도 없다고 자세하게 설명하면서 스스로 자신의 방안을 '서북의 변방을 굳건하게 만드는 방책[此西北實邊之策]'이라고 규정하였다. 또한 해로海路의 요해처에도 진보를 설치하여 병사들이 농사짓게 하는 방책을 제시하였다. 해로의 둔전도 개발이 진척될 경우 서북의 진보처럼 운영될 것이라고 하였다. 그리하여 해로의 둔전에서 어염의 이득으로 내지의 미곡을 가져오게 하는 것은 동남東南 지역을 굳건하게 지키는 방책[東南固圉之策]이라고 규정하였다.

　이상에서 살펴본 서유구가 제안한 둔전설치론은 또한 조선사람들이 선비만 귀하게 여기고 농사짓는 것을 천하게 여기는 것을 뒤집어엎으려는 의지도 담고 있었다. 그는 예전에는 선비가 곧 농민이고 농민이 곧 선비여서 쟁기가 곧 시서詩書이고, 방책方冊이 곧 농기구였다고 설명하였다. 그런데 지금은 선비들이 농사일과 완전히 멀어져 성명性命을 고담준론하면서도 오곡五穀의 이름도 분별하지 못하고 있다고 지적하였다. 그리고 당시 조선에서 일국의 사람들 절반이 선비인데, 나머지 절반 가운데 많은 이들이 공상工商으로 옮겨가서 농민으로 남아 있는 사람의 비중이 10에 겨우 1, 2에 불과한 형편이라고 보았다. 이렇게 농사를 짓는 사람이 적고 밥먹는 사람이 많아 治田이 제대로 이루어지지 않는다고 평가한다. 그렇기 때문에 먼저 중농重農을 수행해야 한다고 주장한다.[47]

그는 중농을 실질적으로 수행하기 위해 농사에 따르는 해로움을 제거하고 이로움으로 이끌어야 한다고 보았다. 유식遊食하면서 농사를 해치는 자들을 파악하여 호포戶布를 부과하는 것이 농사에 따르는 해로움을 제거하는 것이라고 하였다. 그리고 농무農務에 밝은 자를 도신道臣이 추천하고 또한 경외京外 둔전의 전농관典農官 가운데 실적이 특별한 자를 목민관으로 삼으면 크게 권장하는 방법이 될 것이라고 하였다.[48]

결론적으로 서유구가 제시한 둔전론은 지력을 다 활용해야 한다는 전제에서 출발하는 농정개혁론이었다. 즉 농본農本의 강조, 중농의 실행, 그리고 농법農法의 변통을 바탕으로 국가재정의 보충을 겨냥한 개혁론이었다. 이를 위한 구체적인 방편이 한성부지역에 경사둔전京師屯田이라는 농사시험장(시범농장)을 설치하고 이를 모범으로 삼아 영하와 열읍에 둔전을 만드는 것이었다. 또한 북방 둔전 설치는 군읍郡邑, 진보鎭堡 설치로 이어지는 것으로 점진적인

---

47 위의 책.
48 위의 책.

북방 지역 개발의 방법론, 그리고 북방둔전은 지역개발의 거점(전초기지)였다.

視篆兄儷□□□□排解源□□□

懸祝事□希親安而但仍拾故一事

重慰庶□□□百煩退之了此一说畢

貴堂實接之善色精伯竹趣勝煩中

飲一椀情像散如錦珠两俸□作之此

挽留一日再作浣判餞會昭北别去矣

許仲試後物情□□私仏實才妄一遺

珠立去□□但實才之多□□□層後時

□□□□□畫□□方□□□□□□

'임원경제학'을
집대성한
『임원경제지』

1. 『임원경제지』 필사본의 전승

　서유구는 『임원경제지』를 단기간에 집중적인 저술활동을 통해서 편찬한 것이 아니라 오랜 기간에 걸쳐 차곡차곡 완성시켜 나갔다. 1806년 이후 30여 년간에 걸쳐 『임원경제지』를 편찬하였다. 『임원경제지』 내용 속에도 1830년대에 해당하는 기사들이 들어 있다. 서유구가 1839년에 벌어진 일을 『임원경제지』 서술 속에 반영한 예를 「본리지」에서 찾아볼 수 있다. 선충蟬蟲(매미충)을 제거하는 법을 소개하는 부분이 그것이다. 서유구는 선충의 피해 시기와 지역을 지적하고 있는데, 무자戊子(1828)년 여름에 경기도와 충청도에 피해가 발생하였다고 언급하였다. 이어서 기해己亥(1839)년 여름 가을 사이에 호서·호남 지방에서 시작하여 경기 지역에 이르렀고 결국은 영남·영동과 호남 지역까지 두루 피해지역이 퍼져 있었다고 지적하였다.[1]

7장
'임원경제학'을 집대성한
『임원경제지林園經濟志』

『임원경제지』는 앞서 살펴본 대로 활자화되지 못하고 필사본으로 전해지고 있다. 그런데 각 소장처마다 필사본 권책수에 차이가 있어 이 부분을 먼저 정리할 필요가 있다. 서울대학교 규장각한국학연구원 소장본(『林園十六志』, 奎6565)은 52책인데, 위선지魏鮮志의 1책(권1, 권2)이 결락되어 있다. 따라서 총 53책으로 구성되었다고 보아야 할 것이다. 한편 오사카 부립 나카노지마 도서관大阪府立中之島 圖書館 소장본은 54책으로 조사 보고되었다.[2] 그런데 나까노지마도서관 소장본이 54책이 된 것은 예언例言과 16지志의 인引을 묶어놓은 1책을 독립된 것으로 파악하였기 때문이다. 예언과 16지의 인을 모은 책은 독립된 1책으로 보기 어려울 것으로 생각된다. 왜냐하면

---

1 『林園經濟志』, 本利志 卷8, 五害攷, 除蟬蟲法.
2 정명현, 「임원경제지 번역에 나타나는 문제 : 서지학적 검토와 번역을 중심으로」, 『'임원경제지』 연구의 문명사적 의의』전북대 인문한국 쌀·삶·문명연구원 제2차포럼 자료집, 2008.

예언은 목록 앞에 들어 있어야 할 것이고, 각 지志의 인引은 각 지의 첫머리마다 들어가야 할 것이기 때문이다. 그렇다면 나까노지마 도서관 소장본도 실제로 53책일 것으로 추정된다. 서유구가 아들의 도움을 받아 편찬한 『임원경제지』는 전체 권책수卷冊數가 113권 53책에 달하는 것으로 추정된다.

1939년 『동아일보』 신문기사를 보면 보성전문학교에서 서유구의 자손집에 전해내려오던 『임원경제지』를 1년 6개월에 걸쳐서 등초謄抄할 때 확인한 권책수卷冊數도 53책 113권이었다.[3] 보성전문학교에서 필사한 『임원경제지』가 현재 고려대학교 도서관에 소장되어 있는 것으로 추정된다. 그리고 같은 신문 기사 내용을 통해 보성전문학교에서 필사하기 이전에 성대城大 즉 경성제대에서 등초謄抄해 놓았던 것을 알 수 있는데, 이 필사본이 현재 서울대학교 규장각한국학연구원 소장본으로 보인다.

『임원경제지』는 서유구 생존 당시에 완성되었지만 세상에 크게 유통되지 못하였다. 서유구는 자신과 아들이 수십 년에 걸쳐 편찬한 『임원경제지』를 맡길 만한 아들과 아내가 없다는 점을 무척 안타까워 하였다.

내가 수십 년에 걸쳐 고치고 또 고치는 수고를 들여 『임원십육지』 100여 권을 저술하였는데 근래에 겨우 일을 끝마쳤다. 그런데 아들이 없고 아내가 없어 맡아서 지키고 관리할 것을 부탁하고 의지할 수 없다는 점이 한탄스럽다. 우연히 이런 사실을 깨닫고, 알지 못하는 사이에 하염

---

3 「林下經綸의 不朽雄篇」, 『東亞日報』 1939年 4月 20日, 2면.

없이 눈물이 흐른다.

『금화경독기』

『임원경제지』가 현재까지 전해지게 된 것은 대단한 행운이라고 할 수 있다. 활자본活字本으로 간행된 것이 아니라 필사본으로 유통되었다. 하지만 113권에 달하는 거질이었기 때문에 필사하는 작업이 쉽게 이루어질 수 없었다. 그리고 서유구가 말년까지 계속 보충, 수정 작업을 해나갔기 때문에 서유구 생존 당시에는 필사본을 따로 만들었을 가능성은 작다고 생각된다. 그런데 오사카 부립 나카노시마 도서관 소장본에 자그마한 단서가 될 만한 글이 들어 있다.

서유구의 다른 저술인『금화경독기金華耕讀記』에 실려 있던 글이 필사되어 오사카 본에 들어 있는 부분으로 추정된다. 제목이 없어 그냥 '수필隨筆'로 부를 수밖에 없는 것인데, 서유구 본인이『임원경제지』가 우여곡절 끝에 현재까지 전해지게 되었음을 미리 알고 쓴 것같은 내용이다. 내용을 보면 "수십년 동안 썼다가 고치고 다시 쓰고 고치는 공력을 들여,『임원십육지』100여 권을 저술하였는데, 근래에 겨우 마무리하였다. 다만 한스러운 것은 자식과 아내가 모두 없어 이것을 맡아 지키고 관리하는 것을 부탁할 수 없는 것이다. 어쩌다 펼쳐보면 슬픔이 복받쳐 알지 못하는 사이에 하염없이 눈물이 흐른다"[4] 자신의 손때가 묻은 필사본으로 누군가에게 맡기는 것조차 별다른 희망이 보이지 않는 상황에 처해 있었다면, 서유구가

---

4 徐有榘,「隨筆」; 余適費數十年丹鉛之工 著林園十六志百餘卷 近纔卒業 但恨無子無妻 可以付托典守 偶尒覽此 不覺愴涕久之.

생전에 『임원경제지』를 새로 필사筆寫하는 작업이 이루어지지 않았을 것으로 보아야 할 것이다.

20세기 초반까지 『임원경제지』는 세상에 모습을 드러내지 않은 채 서유구의 자손집에 전해지고 있었다. 이 보다 앞선 시기에 『임원경제지』가 처해 있던 사정을 정확히 알기 어렵다. 다만 『임원경제지』가 완성된 뒤 얼마 시간이 지나지 않았을 시점의 사정을 『지수염필智水拈筆』이라는 책에서 살짝 엿볼 수 있다. 『지수염필』은 홍한주洪翰周(1798~1868)의 저작으로 여러 가지 견문見聞을 묶어놓은 수필隨筆에 해당되는 책인데, 19세기 중후반 조선 사상계의 다채로운 모습을 보여주고 있다.[5]

『지수염필』에서 홍한주는 『임원경제지』를 소개하고 있는데, "풍석楓石이 만년晩年에 『임원십육지林園十六志』를 편성編成하였는데, 근세近世에 세상에 전해지고 있는 『산림경제山林經濟』에 의거하여 더욱 수집하고 지극히 구비하여 산림에서 살 때 필요한 경제지서經濟之書가 되었다"라고 설명하였다.[6] 임형택의 『지수염필』 해제에 따르면 홍한주가 이 책을 지은 시기가 대략 1860년대인 것으로 추정되고 있다. 그리고 홍한주가 『임원십육지』를 소개한 글의 말미에 서유구가 아동我東 인물들의 만기漫記 등 수백 종을 모아 『소화총서小華叢書』라는 이름의 책을 만들고 있었는데, 아직 선사繕寫를 마치지 못한 상태에서 세상을 떠났다고 지적하고 있었다. 서유구의 몰년沒年이 1845년이라는 점에서 홍한주의 기록은 서유구가 죽은 뒤인

---

5 林熒澤, 「解題」, 『智水拈筆』 『栖碧外史海外蒐佚本』 13, 아세아문화사, 1981.

6 洪翰周, 『智水拈筆』, 『栖碧外史海外蒐佚本』 13, 아세아문화사, 1981, 31쪽.

1845년 이후의 기록이라고 할 수 있다. 홍한주가 『임원십육지』가 편성編成되었다는 점만 지적하고 있기 때문에 이후 1860년대까지도 『임원십육지』 즉 『임원경제지』는 아직 서유구의 편성編成 그대로 가장家藏되고 있었다고 추정된다.

『임원경제지』는 1840년대 중반에 완성된 이후 간행이 되지 못한 채 필사본 원고로 집안에서 보관되어 왔다. 이 원고가 일제강점기에 여러 기관에 의해 필사작업이 이루어졌다. 일제강점기에 다량의 필사가 이루어진 이유는 실학자들과 그들의 저서에 대한 관심이 증대되던 당시 시대 상황이 맞아떨어졌기 때문이었다. 특히 초략본이 아니고 낙질이 적은 거질에 속하는 규장각본·고려대본·연세대본·국립중앙도서관본·국사편찬위원회본 등은 개인이 아닌 기관에 의해 필사작업이 이루어졌을 것으로 여겨진다.[7] 그리고 한두권이나 초략본 형태의 필사본들도 여러 기관에 소장되어 있는데, 이것들은 개인적인 필사작업의 결과물로 추정된다.

『임원경제지』는 서유구 생전이나 사후에 활자본이나 목판본으로 간행되지 못하였고, 현재 여러 필사본이 몇몇 소장처에 소장되어 있다. 서울대학교 규장각한국학연구원과 고려대학교 도서관에 소장되어 있고, 일본 오사카 부립 나카노지마 도서관大阪府立中之島圖書館에도 소장되어 있다. 현재 필사본으로 남아 있는 『임원경제지』에 서문序文이나 발문跋文, 간기刊記 등이 보이지 않는데, 간행과정을 거치지 못한 것이 주요한 원인일 것으로 보인다. 또한 서유구

---

7 옥영정, 「『임원경제지』의 현존본과 서지적 특성」 『풍석 서유구와 임원경제지』, 소와당, 2011.

가 말년에 이르러서야 『임원경제지』를 완성하였기 때문에, 주변에 책 내용에 대한 전문傳聞은 널리 퍼졌을 터이지만, 실제로 『임원경제지』의 내용을 검토할 수 있었던 사람은 극히 제한되어 있었던 것도 서문·발문·간기 등이 없는 하나의 원인으로 생각된다.

『임원경제지』의 필사본에 대하여 서지적 검토를 수행한 정명현은 오사카본·규장각본·고려대본·국립중앙도서관본을 중심으로 『임원경제지』의 통행본과 기타 다른 필사본을 검토함으로써, 그동안 영인되어 널리 알려졌던 규장각본에 오류가 있음을 지적하였고, 아울러 1939년 필사가 완료된 고려대본이 보다 선본에 가깝다고 주장하였다. 그리고 고려대본이 초고인 오사카본과는 다른 계통의 사본이라고 보았다.[8]

한편 옥영정은 오사카본의 원고상태가 교정과정 중의 원고임이 확실하고, 교정지침이 고려대본과 규장각본에 반영되었다는 점에 주목하였다. 그리하여 오사카본을 초고본과 정고본 사이에 교정단계의 원고로 파악하였다. 그리고 『동아일보』 기사에서 확인할 수 있듯이 고려대본과 규장각본은 가장家藏 원본原本을 필사한 것으로 계통을 정리할 수 있다고 하였다.[9] 현재 남아 있는 『임원경제지』 필사본 현황을 볼 때 가장家藏 원본原本의 소재를 찾아내는 것이 중요한 과제로 남아 있다고 할 수 있다.

8 정명현, 「『임원경제지』사본들에 대한 서지학적 검토」, 『奎章閣』 34, 서울대학교 규장각 한국학연구원, 2009.
9 옥영정, 앞의 논문, 2011, 154~156쪽.

2. 임원생활과 『임원경제지』 편찬

서유구의 실학론實學論은 임원경제를 체계적으로 제시하는 '임원경제학'을 집대성하는 것으로 발현되었다. 그가 제시한 '임원경제학'은 개인적인 차원에서 향촌에서 생활해나가는 사족들이 마땅히 꾸려나가야 할 임원경제를 궁구하고 탐색하는 과정에서 만들어진 것이었다. 또한 그는 스스로 임원경제의 이상적인 모습을 제시하는 것뿐만 아니라 몸으로 직접 실천에 옮기기까지 하였다.

서유구의 학문과 사상 그리고 삶의 지향점을 『임원경제지』를 중심으로 자리매김한다면 '임원경제학林園經濟學'이라 개념화시킬 수 있다.[10] '임원경제학'이란 김대중이 제안한 것인데, 『임원경제지』를 사대부의 자립적 삶에 대한 총체적인 시각을 보여주는 자료로 파악하고 있다. 김대중은 서유구 산문의 전체상을 조망하는 포괄적인 시야의 확보를 위해서 『임원경제지』에 주목하고 '임원경제학'을 제안하고 있다.

은거기 이후 서유구는 향촌에 머물면서 본격적으로 임원생활을 치열하게 경험하게 되었다. 서유구는 향촌에서 거주하는 생활에 익숙해지면서 그 이전 경화사족京華士族의 일원으로서 당연히 향유하였던 도회지의 화려한 생활을 되돌아보게 되었다. 서유구는 경화사족으로 지낸 지난 시절을 반성하면서 실용과 실질, 그리고 노동과 검약의 가치를 되새기게 되었다. 그리고 임원생활의 기반을 다

---

10 김대중, 「풍석 서유구 산문 연구」, 서울대학교 대학원 국어국문학과 문학박사학위논문, 2011, 195쪽.

른 것이 아니라 농업생산·농업기술에 두는 것이었다.

서유구는 경화사족으로서의 자기반성의 주요한 방향을 사족의 임원생활로 설정하였다. 도시적인 화려한 삶에서 이를 돌아보면서 반성적인 삶을 추구하는 것은 도시생활과 다른 향촌·임원에서의 생활에서 찾을 수밖에 없었다. 서유구는 노년에 손자에게 보낸 편지에서 임원생활이 사대부들에게 너무나 당연한 것임을 밝힌다.

> 백년 이전에 조정에서 벼슬살이하는 사대부들은 향촌에 집을 따로 마련해놓지 않은 사람이 없었다. 관직에 있으면 나아가고, 관직이 없으면 돌아와서 서울에 있는 집을 여관처럼 보았다. 이것은 농사지어 먹는 것과 관직의 녹봉을 받는 것 두 가지를 모두 잃지 않으려는 것이었다. 그리하여 물러나 향촌에 머무는 것과 나아가서 관직자리에 있는 것이 저절로 넉넉하게 여유가 있었다.
>
> 「태손에게 보낸 편지[示太孫]」

서유구는 근래 서울의 잘 나가는 집안 사람들이 겪게 되는 문제를 지적한다. 도시생활에 너무나 익숙하여 향촌생활에 전혀 적응하지 못하는 모습이 그것이다. 지금 서울 주변의 사족들이 향촌에 근거지가 없음을 제대로 지적하고 있다.

> 내가 괴이하게 여기는 것이 하나 있는데, 근래의 벼슬아이 하는 집안들은 도성 바깥 10리 땅을 마치 거친 변방이나 비루하고 더러운 땅으로 여겨서 하루도 거처할 수 없을 곳으로 여기는 것이다. 그리하여 녹봉을 받는 관직에 나아가는 길이 비록 끊어진 이후에도 자손된 자들이 서울에

「시태손」, 서유구가 손자 태손에게 보낸
편지(서울대 중앙도서관)

서 한 발자국이라도 벗어나서 떨어지려고 하지 않는다. 남자들은 쟁기질
할 줄 모르고, 여자들은 길쌈질하는 법을 모른다.

「태손에게 보낸 편지[示太孫]」

서유구는 임원생활을 즐기면서 임원경제를 꾸려나가는 것에 대
해서 오래전부터 생각하고 있었다. 그러면서 임원생활을 말로만 언
급하면서 실제로 실행하지 않는 것에 대해 괴이하게 여기고 있었다.

내가 일찍이 산림山林에서 원지園池의 즐거움을 사람들마다 말하지만

끝내 한 사람도 그 즐거움을 제대로 즐거워하지 않는 이유가 무엇인지 이상하게 생각하고 있었다. 대개 벼슬살이를 하는 선생은 세상에 묶여있는 바가 있어서 스스로 말미암아 나오지 못하는 것이다. 과거를 준비하는 선비는 끌리는 바가 있지만 달갑게 여기며 하려고는 하지 않는다. 세상에 버림 받아 불우한 환경에 빠진 무리들은 또한 재물이 없는 것에 곤궁한 지경에 빠져 있다. 오직 공경公卿 자제子弟들만 세상에 얽매이는 바가 없고, 물러났을 때에도 재물이 없는 것을 걱정하지 않는다.

「동원정사 기문[桐原精舍記]」

서유구는 공경자제들이 임원생활의 즐거움을 말이 아닌 실행에 옮길 수 있는 조건을 갖추고 있지만 실제로는 그렇게 하지 않고 있다고 진단한다. 그 이유는 바로 그들이 관직과 녹봉을 조상 대대로 전승한 가업家業으로 여기고 있기 때문이었다. 이것을 얻지 못하면 가문의 명성이 추락하는 것으로 여기기 때문이었다. 그리하여 서로서로 연결되어 붙잡아 오를 수 있게 해주고, 힘써 밀어주고, 길을 뚫어주고, 잘 닦아주는데 그칠 줄을 모를 지경이었다. 그 가운데 용렬한 자는 또한 의복衣服을 아름답게 꾸미고, 차마車馬를 성대하게 만들며, 사람들과 사귀고 놀러가는 모임을 만들어 매일 흠뻑 헐뜯고 아첨하며 웃는 짓만 일삼고 있었다. 그리고 죽는 날까지 도성 밖으로 한 발자국도 나가려 하지 않았다. 이런 실정이니 비록 향촌에 머물 곳이 있어도 한결같이 노비들에게 내맡겨두고 돌아보지 않았다. 서유구가 보기에 이렇게 향락에 빠져 있는 서울의 공경자제들이 임원생활을 즐기거나 임원생활에 직접 나설 것으로 생각하지 않았다. 그는 서울의 공경자제들이 즐길 수 있는 기반을 가지고 있으면서도 오히려 스스로 고해苦海에 빠져드는 것을 슬퍼하였다.

서유구는 경화사족으로서의 화려한 생활을 이미 경험하였지만, 다른 사람과 달리 임원생활을 머릿속으로만 꿈꾸는 것이 아니라 실제로 실행에 옮겼다. 공경자제들은 머릿속으로만 꿈꾸는 것조차 제대로 하지 못했던 것이다. 마음으로 연결되지 않는 머릿속은 그냥 공허한 지식일 뿐이고, 임원생활의 표면만 살짝 아는 것에 불과하기 때문이다. 진정으로 꿈꾸는 것이라면 이를 실행에 옮길 수 있는 기회가 있을 때 몸을 던져 실천해 나가지 않으면 안되는 것이었다. 그것이 이른바 지행일치知行一致의 경지인 것이다.

서유구는 임원생활에 대한 동경을 성해응에게 토로한 적이 있었다. 규장각에서 편찬사업에 종사할 무렵으로 생각된다. 서유구는 농사지으며 책을 쓰는 일에 대한 의지를 분명하게 드러내고 있었다.

가색稼穡 즉 농사짓는 일은 사람이 살아가게 하는 근본이고 국가國家에서 취하여 쓰는 바입니다. 내가 장차 실질에 힘쓰고 업業으로 삼을 것입니다. 서광계徐光啓의 책(『농정전서』를 말함)를 구입하고 제민齊民의 기술技術(『제민요술』을 빗대어 말한 것)을 강독하여 단산湍山(세거지인 장단)의 병사丙舍(신하들이 거처하는 집)에서 농사를 지을 것입니다. 전주田疇를 다스려서 작물을 심고 닭과 돼지를 키우면서, 부세를 갖추어 내는데 향리鄕里에서 으뜸이 될 것입니다. 그 나머지로 전포田圃에서의 즐거움을 다 누린다면, 득실得失의 나뉨이나 영욕榮辱의 기회를 모두 아득히 잊어버릴 수 있을 것이고 편안하게 세상을 마무리할 수 있을 것이니 또한 즐길만 하지 않을 것입니까? 라고 하였다. 내가 그의 말을 듣고 훌륭하다고 여겼는데, 얼마 지나지 않아 공公이 또한 세상과 어그러져서 드디어 밭을 가는 일을 하고 글을 쓰게 되어 예전에 기약하던 것과 같이 되었다.

성해응, 「풍석 서학사를 회양부사로 떠나보내는 서문

[送楓石徐學士之淮陽府使序]」[11]

3. 삼대로 이어진 농서農書 편찬

서유구 가문이 지닌 여러 가지 특별한 점 가운데 학문적인 성
취가 서유구에게 계승되어 『임원경제지』로 결집되었다고 할 수 있
다. 서유구의 조부인 서명응이 편찬한 『본사本史』는 특이한 형식의
농서農書인데 1785년에 완성되었다. 『본사』 내용 일부는 서명응의
지시를 받아 서유구가 지은 것이었다. 이렇게 보면 조손祖孫이 공동
으로 편찬한 농서라 할 수 있다. 서명응은 농정農政이 천하의 대본大
本인 동시에 천지인天地人의 근간이라는 점을 내세워 책 이름을 '본
사本史'라 지었다.

서유구는 서명응의 지시를 받아 『본사』의 일부를 찬술하였고,
그와 더불어 「본사 발문」을 지었다. 서유구는 「본사발문」에서 『본
사』를 지은 목적을 설명하였다.

본사本史를 지은 목적을 천하의 우부愚夫 우부愚婦로 하여금 한번 책을
펼쳤을 때 비가 억수같이 내리는 것처럼 걸리는 것 없이 환하게 깨닫게 하

---

11 조창록, 「楓石 徐有榘에 대한 한 研究 - '林園經濟'와 『樊溪詩稿』와의 관련을 中心으로」,
성균관대학교 대학원 한문학과 문학박사학위논문, 2004, 71쪽에서 재인용. 번역은 조창
록의 번역문을 참고하여 필자가 수정한 것이다.

여, 이 책에 실려 있는 씨뿌리고 심어서 재배하는 법을 실행하여 실제로 쓰일 수 있게 하려는 것이다. 그런데 지금 어렵고 난삽할 말로 짓는다면 독자들로 하여금 입에 재갈을 물린 것처럼 만드는 것이니 후세에 글자를 모르는 사람이 장차 이 책을 항아리 뚜껑으로 쓰지 않을까 걱정된다.

「본사 발문[跋本史]」

본사가 언문으로 지어진 것은 아니기 때문에 우부愚夫 우부愚婦를 일반 백성으로 간주할 수는 없다. 그렇기 때문에 『본사』를 조선의 일반민들이 활용할 수 있을 것으로 기대한 것은 당연히 서유구의 염두에서 벗어나 있을 것이다. 하지만 독자층으로서 우부우부는 관리가 아닌 사람 모두를 가리키는 것으로 보아도 무방할 것이다. 이럴 경우 서유구는 농사에 관심을 가진 『본사』를 읽어낼 수 있는 독자층에게 이 책이 틀림없이 종식種植·수예樹藝를 실제로 수행할 때 커다란 도움이 될 것이라는 자신감·자부심을 갖고 있었던 것으로 볼 수 있다. 따라서 『본사』의 주된 독자층은 서유구가 후일 『임원경제지』를 지을 때 염두에 두었던 임원林園 생활生活을 영위하는 처사處士들이라고 추정된다.

서유구의 생부인 서호수가 지은 농서인 『해동농서』는 특히 「범례凡例」에서 자신의 색깔을 온전하고 분명하게 드러내고 있었다.

우리나라 북쪽으로 갑산甲山에 이르면 북극고도北極高度가 이미 40여 도를 넘고, 남쪽으로 탐라耽羅에 이르면 북극고도가 겨우 30여 도일 뿐이다. 남북으로 수천 리 사이에 천기天氣의 차고 따뜻한 구분과 지력地力의 비옥하고 척박한 구별이 있으니, 중국과 다른 것이 없다. 하지만 토의土宜

에 적당한 것이 있고, 속상俗尚에 구애받는 것이 있어, 오곡五穀의 명색名色과 농사에 활용하는 기계器械, 그리고 전제田制와 수리水利에 또한 우리나라에 쓰이는 것이 있으니, 중국의 농정農政과 한가지로 논해서는 안된다. 이 책은 동국東國의 농서를 근본으로 삼고, 중국의 고방古方을 참고하였고, 이름하기를 해동농서海東農書라 붙였다.

서호수, 『해동농서』「서문」

서호수는 자신이 편찬한 농서의 주요한 내용을 조선의 농서에서 채워 넣으려는 심산임을 밝혔다. 이는 조선의 토질, 기후조건에 의거하여 형성된 조선의 농법農法이기 때문이었다. 그리고 조선 농민들이 실제 적용하는 조선의 농법은 작물의 품종·농기구·전제·수리시설 등에까지 각인되어 있었다. 서유구가 『임원경제지』에서 농업의 일반적인 원리를 수용하면서 여기에 조선의 농업기술의 특수성을 감안하는 방향을 설정한 것은 바로 생부인 서호수가 제기한 위와 같은 점을 고려하였기 때문이다.

생부인 서호수徐浩修가 지은 『해동농서海東農書』의 「범례凡例」와 서유구가 쓴 「임원경제지예언林園經濟志例言」 사이에서도 밀접한 연관 관계를 찾아볼 수 있다. 서호수는 「해동농서범례海東農書凡例」에서 여러 가지 편찬 원칙을 제시하였지만 그 중에서 가장 중요한 것으로 "토의土宜가 따로 있고 속상俗尚이 구애받고 있어 오곡五穀의 명색名色과 전작田作의 기계器械에서 전제田制 수리水利에 이르기까지 또한 본래 동국東國의 소용所用이 있다. 중국中國의 농정農政으로 한결같이 개론槪論할 수 없다. 이 편編은 동국농서東國農書를 근본으로 삼고 중국中國 고방古方을 참고하여 이름하기를 「해동농서海東農書」

라고 붙였다"[12] 라고 언급한 부분을 지목할 수 있다. 서호수는 동국 東國 즉 조선의 특유한 농업기술의 존재를 지목하고 있었다. 조선의 특유한 농업기술의 내용으로 오곡五穀의 명색名色 즉 특유한 곡종穀 種의 존재, 그리고 전작田作의 기계器械 즉 농기구의 특색 있는 발전, 전제田制와 수리水利에서의 특징 등을 지적하였다. 따라서 그는 동국 농서農書를 기본으로 하고 중국 고방을 참고하는 방식으로 『해동농 서』를 편찬하였다. 서호수의 입장은 조선 농학을 기본으로 삼고 중 국의 농서에서 우리 실정에 적합하다고 생각되는 것만 선별적으로 수용하여 『해동농서』의 체계를 세우는 것이었다.

서유구는 생부 서호수의 농서 편찬 방침을 계승하여, 농서를 편찬할 때 풍토가 갖고 있는 독자성에 주목한다.

> 우리가 살아가는데 각자 살고 있는 땅이 다르고 관습과 풍속이 같지 않다. 그러므로 그때마다 필요에 따라 사용할 것을 조달하는 데에도 고 금古今의 격차가 있고 내외內外의 나뉨이 있게 된다. 그러하니 중국에서 필요한 것을 우리나라에서 시행하게 되면 어찌 지장이 없을 것인가.
> 「임원경제지예언林園經濟志例言」

그는 중국과 조선의 농업현실을 분명하게 구별하고, 그에 따라 필요한 것을 참작해야 한다는 태도를 보이고 있었다. 생부인 서호수가 중국 농서와 조선의 농서를 구별하여 조선 농학으로 줄기를 세운 것과 마찬가지의 방침을 아들 서유구가 제시하고 있었다. 서

---

12 徐浩修, 『海東農書』, 「海東農書凡例」.

林園十六志例言

凡人之處世有出處二道出則濟世澤民其務也
處則食力養志亦其務也顧濟世之術一應政教
無非所需固多備述之書至於鄉居養志之書尠
有焉蒐輯者在我邦僅有山林經濟一書然中多兌舛所
採又狹人多病之故於此書採鄉居事宜分部立
目蒐摩群書而實之以林園標之者所以明非仕宦
濟世之術也

一凡耕織種植之術飲食喜膳之法省鄉居之需也占
候以勤農相基以卜築及夫班貨營生凡器利用
之類亦所宜有也今所蒐採也食力固備矣居鄉
清修之士豈但為口腹之養故藝苑辭賢文房雅
課以及頤養之方所不能已者至如醫藥為窮鄉
備急之用吉凶等禮正宜另加講行者故亦並篤
採焉

一吾人之生也壤地各殊習俗不同故一應施為需
用有古今之隔有內外之分則豈可以中國所需
措作我國而無礙哉此書專為我國而發故所採
但取目下適用之方其不合宜者在所不取亦有
良例今可按行而我人未及講究者並詳著焉欲

『임원경제지』 속의 범례

호수와 서유구 두 부자父子가 각각 농서 편찬, 농서 집필의 원칙으로 제시하는 것이 다름 아니라 현실 즉 조선농법朝鮮農法에서 출발하여 이를 보충할 중국농법中國農法을 고려하는 방향이었다. 그리고 중국의 농업기술을 도입하는 경우에도 그 기준은 오직 조선의 농업현실에 적용 가능한가 아닌가에 놓여 있었다. 서유구는 조선의 농업현실이라는 판단기준을 보다 분명하게 제시하고 있었다.[13] 또한 농서農書의 본문 구성의 측면에서도 『임원경제지』는 『해동농서』의 그것을 분명하게 계승하고 있었다. 이상에서 살핀 바와 같이 서명응

---

13 徐有榘, 『林園經濟志』「林園經濟志例言」.

－서호수－서유구 삼대의 가학家學은 농서 편찬에 접근하는 인식태도, 농서 편찬의 기본 방침의 측면에서도 계승되는 것이었다. 따라서 여기에서 가학家學의 전통을 『임원경제지』 편찬 배경으로 파악하는 것이 마땅할 것이다.

4. 『임원경제지』 편찬 배경

서유구가 『임원경제지』를 편찬하게 된 것은 뚜렷한 그의 학문적인 지향점에 바탕을 둔 것이었다. 그리고 서유구의 학문적인 지향은 서호수의 죽음, 정조의 죽음 그리고 뒤이은 1806년의 전환점 등을 거치면서 보다 분명하게 정립되었다. 또한 서유구는 약 18년에 이르는 은거기를 보내면서 자신의 학문적 지향, 실천적 방향을 뚜렷하게 보여주었다. 이러한 서유구 자신의 학문세계, 의지와 실천 등이 바로 『임원경제지』 편찬의 가장 주요한 바탕이라고 할 수 있다. 그렇지만 서유구를 둘러싸고 있던 역사적인 흐름, 개인적인 처지, 시대적 상황 등을 통해서 『임원경제지』 편찬의 배경을 찾아볼 수 있다.

먼저 『임원경제지』 편찬에 영향을 준 배경이 될 만한 것으로 『산림경제』를 꼽을 수 있다. 서유구 자신도 『임원경제지』 편찬을 시작하게 된 책으로 『산림경제』를 지목하였다. 서유구는 향촌생활을 꾸려나가는 데 『산림경제』가 도움을 주고 있다고 지목하였다. 그런데 그는 『산림경제』에서 아쉬운 점을 많이 찾아내고 있었다. 그는 "『산림경제』 속에 쓸데없고 자잘한 내용이 많으며, 채록한 것도 또한 좁아서, 사람들이 대부분 병통으로 여기고 있다. 그래서 향촌의 삶에 적당한 일들을 대략 채록하여, 부部를 나누고 목目을 세워, 서적으로부터 자료를 수집해서 채웠다"라고 지적하였다.[14] 이와 같이 『산림경제』를 능가하는 향거鄕居 생활에 필수적인 서책을 만들어내려는 목표를 세우고 수십년에 걸쳐 『임원경제지』 편찬 작업을 수행한 것이다.

홍만선洪萬選(1643~1715)이 지은 『산림경제』는 '실용·백과전서 겸잡고 체제의 대형 저술' 성격의 유서類書[15]이기도 하고, 농업생산에 관련된 각종 기술을 담은 종합농서이기도 하다. 홍만선은 『산림경제』 4권 4책을 편찬하였는데, 공교롭게도 16조條로 분류하고 있었다. 홍만선이 16조로 나눈 것은 결국 16지志, 16류類로 나눈 것이나 마찬가지였다.[16] 그리고 그는 산림山林이라는 거주 공간을 강조하면서 본래 산림과 경제經濟를 길이 다르지만, 산림처사들만 알아두어야 할 경제가 있다고 강조하였다. 이렇게 볼 때 『산림경제』는 산림처사處士를 자처하는 사족士族들이 익히 알아두어야 할 사항을 정리한 생활지침서生活指針書라고 할 수 있다.

다음으로 정조대 농서農書 편찬 추진을 『임원경제지』 편찬 배경으로 지적할 수 있다. 18세기말 농서 편찬 흐름에서 가장 중요한 것은 정조正祖의 '농서대전農書大全' 편찬 추진인데, 서유구는 이러한 움직임을 너무나 잘 파악하고 있었다. 서유구는 27살 때인 1790년

---

14 서유구, 『임원경제지』「例言」.
15 심경호, 「『임원경제지』의 문명사적 가치」, 『'임원경제지' 연구의 문명사적 의의』 전북대 인문한국 쌀·삶·문명연구원 제2차포럼 자료집, 2008, 22쪽.
16 洪萬宗, 「山林經濟序」『山林經濟』.

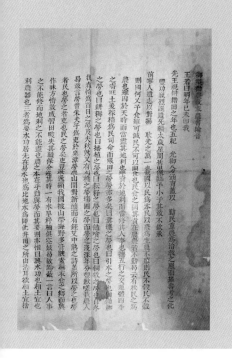

(정조 14) 증광增廣 문과文科에 병과丙科로 급제하면서 관직 생활을 시
작하였다. 이후 규장각奎章閣·홍문관弘文館 등을 거쳐, 1797년 전라
도 순창군淳昌郡 군수로 부임하였다. 1898년 정조正祖의 「권농정구
농서윤음勸農政求農書綸音」에 호응하여 응지농서應旨農書를 올렸다. 서
유구가 응지농서를 올린 것은 18세기말 정조의 '농서대전農書大全'
편찬 추진과 직결된 것이었다.

　　정조는 1798년(정조 22) 11월 30일 「권농정구농서윤음勸農政求農
書綸音」을 반포하였다.[17] 정조는 이 윤음을 반포한 목적이 무엇인지,
추진하려는 사업이 무엇인지 윤음의 내용 중에 분명하게 밝히고 있

었다. 그것은바로 팔도八道의 농법農法을 모아 '농서대전農書大全'이라는 제목을 붙였을 것으로 추정되는 농서農書 편찬을 추진하는 것이었다.[18] 정조의 '농서대전' 편찬 추진은 결국 완성된 편찬물을 세상에 남겨놓지 못하고 무산되고 말았다.

1798년 정조의 윤음에 호응하여 서유구가 올린 응지농서인 「순창군수응지소淳昌郡守應旨疏」에서 두 사람의 공통적인 현실인식을 찾아볼 수 있다. 여기에서 서유구는 한전旱田에서 수전水田으로 바뀐 번답[反畓]에도 급재給災할 것을 요청하면서 현실의 수전 중심의 농업을 수용하고 있었다. 그리고 제언을 만들기에 적당한 지형에 대해서 소개하면서 제언堤堰 수축을 강조하였다. 또한 제도諸道에서 각각 농서農書를 만드는 절차를 마련하여 시행할 것을 제안하기도 하였다. 이때 문식文識이 뛰어난 선비로 하여금 그 지역의 농법을 정리하는 책임을 맡기는 것이었다.[19] 이와 같이 서유구는 정조의 농서편찬 추진에 대한 분명한 이해를 바탕으로 응지농서를 올리고 있다는 점에서 당시 농서 편찬이 요구되는 사정을 깊이 파악하고 있었다고 할 수 있다. 따라서 정조의 '농서대전' 편찬 추진이 『임원경제지』 편찬의 또 다른 배경이라고 볼 수 있다. 또한 서유구가 정조 재위 시기에 규장각에서 다양한 종류의 서적 편찬 작업에 중추적인 역할을 담당한 것도 『임원경제지』 편찬 배경으로 지목할 수 있다.[20]

---

17 『日省錄』 正祖 22년 11월 30일 己丑 (27-99-101) 下勸農政求農書綸音.
18 金容燮, 『증보판 한국근대농업사연구』, 일진각, 1984, 82쪽; 廉定燮, 「18세기말 正祖의 '農書大全' 편찬 추진과 의의」, 『韓國史研究』 112, 韓國史研究會, 2001.
19 徐有榘, 「淳昌郡守應旨疏」, 『楓石全集』 3冊, 『金華知非集』 卷1.
20 김문식, 「楓石 徐有榘의 학문적 배경」 『震檀學報』 108, 진단학회, 2009.

『임원경제지』 편찬 배경의 마지막 요소로 지목할 수 있는 것은 서유구의 자신의 농사 체험이다. 농사일을 직접 체험하는 것은 농서農書로만 전해 듣거나 보았던 농업기술을 실제의 농업현장에서 몸으로 체험했다는 것을 가리킨다. 또는 농사짓는 현장에서 직접 농사일을 목격하고 농민들과 이런저런 이야기를 나눈 것도 포함시킬 수 있을 것이다. 앞서 서유구가 은거시기에 오랫동안 많은 농사 경험을 쌓았던 것들이 『행포지』를 편찬하고, 『임원경제지』를 편찬하는 과정에 녹아들어갔다고 정리할 수 있다.

　한편 심경호는 『임원경제지』의 출현이 조선 후기 학문방법 및 지적풍토에서 배경적 원인을 찾을 수 있다고 설명하였다. 그리하여 『임원경제지』는 조선 후기에 박학의 지향 속에서 출현한 다양한 종류의 유서들 가운데, 중국 유서와 전적의 내용을 재편집한 유서, 변증을 겸한 유서 겸 잡고류 저술, 실용백과전서겸 잡고 체제의 대형 편저의 성격을 갖춘 것으로 정리하였다.[21] 심경호의 설명은 『임원경제지』가 조선 후기의 학문 경향 특히 박학적인 학풍에 기인한 것임을 제시하고 있다.

5. 『임원경제지』의 구성체제

　『임원경제지』의 구성체제을 살피기 위해서는 서유구 본인의

21　심경호, 「『임원경제지』의 박물고증방식과 문명사적 의의」, 『풍석서유구와 임원경제지』, 소와당, 2011, 190~210쪽.

언급을 살펴보는 것이 우선 필요하다. 그가 자신의 글로『임원경제지』체제에 대해서 설명하는 자료를 살펴볼 수 있다. 이러한 자료가 2건 전해지고 있는데, 하나는 서유구가『임원경제지』전체의 내용을 간략하게 설명한 예언例言이라는 글이고, 다른 하나는 16개의 지志마다 붙인 '인引'이라는 짤막한 글이다.

서유구의 예언例言과 인引 자료는 앞서 1981년에 이성우가 일본 오사카 부립 나카노지마 도서관大阪府立中之島圖書館에 소장되어 있는『임원경제지』사본에서 인과 예언을 확인하고 이를 번역하여『한국식경대전韓國食經大典』에 실었다.[22] 그런데 번역문인 관계로 인의 정확한 원문을 알기 어려웠다. 최근에『임원경제지』번역사업이 진행되면서『임원경제지』여러 사본寫本에 대한 정밀한 교감 작업이 이루어졌고, 이와 더불어 서유구徐有榘로 박사학위논문을 작성한 조창록이 인과 예언을 번역한 자료소개 논문을 발표하였다.[23] 이 글은 인과 예언의 원문을 수록하고 있어 연구자에게 많은 도움을 주고 있다. 「예언」은 현재 만드는 책에 들어가는 여러 가지 성격의 글이 한데 뭉쳐있는 글이다. 책을 만들어 낸 경위를 정리한 간행사이기도 하고, 책을 만드는 원리를 정리한 범례凡例이기도 하다. 또한 본문 및 주석을 작성하는 구체적인 집필요령을 정리한 글이기도 하다.

---

22 李盛雨,『韓國食經大典』, 鄕文社, 1981, 94~133쪽. 다만 몇 개 志의 引의 번역문이 빠져 있다.
23 조창록,「자료 소개 : 日本 大阪 中之島圖書館本『林園經濟志』의 引과 例言」,『한국실학연구』 10, 한국실학학회, 2005. 이하 본문에서 인용한 引의 번역문이나 원문은 이 논문을 참고하였다.

「예언」에서 『임원경제지』 체제 구성에 대한 서유구의 구상, 특색 등을 찾아볼 수 있다. 먼저 서유구는 사람이 따라야 할 처세處世의 두 가지 길을 출처出處로 분간하였다. 출出과 처處로 처세의 길을 나누는 것은 조선의 사족들이 늘 머릿속에 그리고 있던 삶의 양식이었다. 출이란 관인으로 나아가는 것이고, 처는 향촌의 전원에 은퇴하는 것을 말한다. 이러한 두 가지 삶의 방식에 대해서 출하게 되면 임금을 도와 백성들에게 은택을 베풀고 왕명에 응해 일을 처리해야 하고, 처하게 되면 넉넉히 여유롭게 스스로의 길을 가면서 바람을 읊고 세월과 노는 것으로 정리되기도 한다.[24]

> 대개 사람이 세상을 살아가는 데에 벼슬하여 조정에 나가거나出과 벼
> 슬하지 않고 향촌에 머물거나處 이렇게 두가지 길이 있다. 벼슬하여 조정
> 에 나가게 되면 세상을 구제하고 백성에게 은택을 베푸는 것이 그 임무
> 이다. 벼슬하지 않고 향촌에 머물게 되면 힘써 먹을 것을 해결하고食力
> 뜻을 기르는 것養志를 그 임무로 삼는다.
>
> 『임원경제지』「예언」

서유구는 이미 관직생활의 전반적인 형편을 남김없이 경험한 관리출신이었다. 그리고 1806년 이후 낙향하여 은거생활을 해나가면서 향거鄕居의 단맛과 쓴맛을 모두 맛본 처지였다. 그렇기 때문에 그의 출처出處 구분을 더욱 단호한 것처럼 보인다. 그는 특히 "임원林園으로 표제를 삼은 것은 사관仕官 즉 관리의 제세濟世하는 방책과

---

24 임형택, 「이조전기의 사대부문학」 『한국문학사의 시각』, 창작과비평사, 1984.

다른 것을 명확히 하기 위함"25이라는 단서를 달아놓고 있었다. 이러한 논리는 관리생활과 멀어져 향촌에서 생활하는 자신의 처지에서 나온 것이었다. 출처관, 처세관이라고 할 수 있고, 또한 거향관居鄕觀이라고 할 수도 있는 언급이다. 뒤에 자세히 설명할 식력食力과 양지養志에 힘쓰는 생활이라고 할 수 있다.

서유구는 「예언」에서 『임원경제지』의 내용 가운데 식력과 관련된 부분을 다음과 같이 간략하게 소개하고 있다.

1 무릇 밭 갈고 베 짜고 작물을 재배하고 나무를 기르는 방법과 음식을 만들고 가축을 기르고 사냥하는 방법은 모두 향촌에 거주하는 사람이 필수로 알아야 할 것들이다.

『임원경제지』「예언」

2 날씨의 변화를 점쳐서 이에 따라 농사짓기를 근실하게 하고, 터를 잘 살펴보고 이에 따라 집을 짓는다. 그리고 재산을 불려 생계를 꾸려나가고 도구를 갖추어 사용에 편리하게 하는 일도 또한 마땅히 있어야 할 것들이다.

『임원경제지』「예언」

위 인용문 가운데 1은 각각 『본리지本利志』·『전공지展功志』·『관휴지灌畦志』·「만학지晩學志」·『정조지鼎俎志』·『전어지佃漁志』 등 6개 지志에 해당한다. 그리고 2는 각각 『위선지魏鮮志』·『상택

25 『林園十六志』「例言」; 以林園標之者, 所以明非仕宦濟世之術也.

지相宅志』・『예규지倪圭志』・『섬용지贍用志』 총 4개지에 해당한다.
서유구는 위와 같이 총 10개지에 대한 간략한 소개를 마무리 하면
서 "그러므로 지금 수집하고 채록한 것들은 힘써 일하여 먹고사는
것에 대하여 참으로 잘 갖춰놓았다"라고 결론을 내렸다. 서유구의
생각에 향촌에서 거주하면서 식력食力하려면 이런 정도는 잘 알고
있어야 한다고 본 것이다.

서유구는 식력 이외에 양지養志도 향촌에서 살면서 추구해야
할 방향으로 설정하여 아래와 같이 설명하고 있다.

시골에 살면서 맑게 자신을 닦는 선비가 어찌 다만 입으로 먹어 배를
채우는 것만 할 것인가. 화훼 가꾸는 법을 능숙하게 익히고, 글과 그림을
바르게 공부하며, 이어서 자신을 길러내는 방법도 그쳐서는 안되는 일이
다. 그리고 의약醫藥과 같은 것은 궁벽한 곳에서 위급할 때에 대비하기 위
한 쓸모가 있고, 길흉吉凶에 관한 의례는 마땅히 덜거나 더해서 강구하여
행해야 할 것이다. 그러므로 또한 아울러 같이 수집하여 채록하였다.

위의 내용은 서유구가 제시한 양지養志에 관련된 6지志를 간략
하게 소개한 것인데, 차례대로 『예원지藝畹志』・『유예지游藝志』・『이
운지怡雲志』・『보양지葆養志』・『인제지仁濟志』・『향례지鄕禮志』에 해
당한다. 『임원경제지』 16지를 서유구의 지적에 따라 식력, 양지 두
부분으로 나누면 다음과 같다.

식력食力(10志) : 『본리지本利志』・『관휴지灌畦志』・『만학지晩學志』・『전
공지展功志』・『위선지魏鮮志』・『전어지佃漁志』・『정조

지鼎俎志』·『섬용지贍用志』·『상택지相宅志』·『예규지倪

圭志』

양지養志(6志) : 『예원지藝畹志』·『보양지葆養志』·『인제지仁濟志』·『향

례지鄕禮志』·『유예지游藝志』·『이운지怡雲志』

　　한편 『임원경제지』는 전체적으로 서유구가 파악하는 본말本末
구조를 갖추고 있다. 맨 앞에 들어 있는 것인 본本에 해당하는 「본리
지」이고, 가장 뒤에 배치된 것이 말末에 해당하는 「예규지」이다. 서
유구는 '예규지인'에서 다음과 같이 말의 필요성을 설파하고 있다.

　　그러므로 먹을 것을 마련하는 방법을 강구하지 않을 수 없다. 그 방법
에는 또한 나뉨이 있는데, 농사가 본이 되고, 상업이 말이 된다. 이 책(『임
원경제지』)이 본리本利에서 시작한 것은 중농重農의 도道를 세운 것이고 예
규倪圭로 마무리한 것은 그 말단으로 삼아 가볍게 여긴 것이다. '예규'라
고 이름 붙인 것은 백규白圭의 방법을 살펴서 취하려는 것이다. 팔도 장
시 및 떨어진 거리 길이를 덧붙인 것은 재화를 불리기 위해서 시기에 맞
춰 물건을 사고팔며, 통행하는 거리를 계산하기 위함이다.

『임원경제지』「예규지인」

　　여기에 나오는 백규는 사마천의 『사기』「화식열전」에 나오는
인명이다. 백규는 주周나라 사람으로 시변時變을 잘 관찰하여 통상通
商하는 것에 능통하였다고 한다. '예규'라는 이름은 백규가 능통하
였던 통상하는 방법을 잘 살펴보자는 뜻을 담고 있다.

　　다음으로 서유구는 『임원경제지』에 조선朝鮮의 당시 현실을

개선·개혁하기 위한 방안을 제시하는 데 중점을 두고 있었다. 이를 위해 중국中國의 제도·사례·기술 등을 상세하게 끌어 모은 것이었다.

> 인간이 살아가는 데 사는 땅이 각기 다르고 관습과 풍속이 같지 않다. 그러므로 시행하는 일이나 필요한 물건은 모두 과거와 현재의 격차가 있고 나라 안과 나라 밖의 구분이 있게 된다. 그러니 중국에서 필요한 것을 우리나라에서 시행하더라도 어찌 장애가 없겠는가? 이 책은 오로지 우리나라를 위해 나온 것이다. 그래서 자료를 모을 때 당장 적용 가능한 방법만을 가려 뽑았으며 그러하지 않은 것은 취하지 않았다. 또 좋은 제도가 있어서 지금 살펴보고 행할 만한 것인데도 우리가 미처 준비하지 못한 것도 모두 상세히 적어 놓았으니 뒤에 오는 사람들이 이들을 본받아 행하기 바란다.
>
> 『임원경제지』「예언」

위 인용문에 보이는 서유구의 입장은 중국과 조선의 농업현실을 분명하게 구별하고, 그에 따라 필요한 것을 참작하려는 것이었다. 조선의 구체적인 현실에서 출발하여 이를 보충할 중국의 사정을 고려하는 태도였다. 보다 구체적으로 보자면 중국의 농업기술을 도입하는 경우에도 그 기준은 오직 조선의 농업현실에 적용 가능 여부를 따지는 것이었다.

다음으로 『임원경제지』 서술방식에 대한 것을 살펴본다. 대체로 『임원경제지』는 서책의 내용을 구성하는 방식으로 유서類書의 형식을 취하고 있었다. 유서는 주제를 부로 나누어서 다양한 서적으로부터 관련 기사를 모아 편집한 책이다.[26] 서유구는 「예언例言」에서 『임원경제지』의 서술 방식에 대해 다음과 같이 분명하게 밝혀놓았다.

내용을 분별하고 종류별로 모아 '지志'로 만든 것이 모두 16이다. 이것이 '강綱(줄기)'가 된다. 각 지의 안에는 '대목大目(큰 제목)'을 두어 그 아래 내용을 거느리게 하였다. 대목大目 아래에는 '세조細條(작은 조목)'을 두어 대목을 따르도록 했다. 그리고 이 세조 아래에다 여러 서적을 찾은 것으로 내용을 채웠다. 이것이 '지'를 만든 방식이다. 여러 책을 살펴 정리하다 보니 내용이 많고 복잡하여 섞이기 쉽기 때문에, 인용한 부분의 취지를 뽑아 '표제標題'로 세웠다. 표제는 서너 자 또는 여러 자로 첫 머리에 두고 테두리를 둘렀다. 그리고 여러 책에서 찾은 내용을 그 아래에 채워 넣었으며 글의 끝부분에 서책의 이름을 기록하였다.

『임원경제지』「예언」

지志의 기본적인 구성방식이 강綱 - 대목大目 - 세조細條 - 표제標題라는 점을 분명하게 설명하였다. 이러한 내용 구성방식은 강목체綱目體 사서史書의 서술형식과 유사한 방식이라는 점을 알 수 있다.

서유구는 『임원경제지』를 편찬하면서 인용문헌을 표기하는 방식에 대해서도 주의를 기울이고 있었다. 「예언例言」에 이와 관련된 조목이 있다. 여기에서 두 가지를 분별하여 설명하고 있는데, 먼

26 심경호, 「『임원경제지』의 문명사적 가치」, 『『임원경제지』 연구의 문명사적 의의』 전북대 인문한국 쌀·삶·문명연구원 제2차포럼 자료집, 2008, 10쪽.

저 뒤쪽에 설명하고 있는 소주小注인 경우를 보면, 인용문을 쓰기에 앞서 먼저 서명書名을 표시하는데 서명 주변에 네모를 두르는 방식이었다. 앞쪽에서 설명하는 것은 『임원경제지』 본문에서 일상적으로 등장하는 방식인데, 인용문을 적은 뒤편에 인용문헌의 서명을 붙이는 것이었다. 그런데 현재 전해지고 있는 「예언」의 원문을 보면 "큰 제목인 경우 먼저 발췌한 내용을 채워 넣고 끝부분에 인용한 서명書名을 적는다—大目則先實以書 而尾墳書名"라고 되어 있다. 원문에 등장하는 대목大目은 앞서 강목체와 연관성을 살필 때 나오는 대목과 성격이 다른 것으로 보아야 할 것이다. 대목 아래에 들어 있는 세조細條와 표제標題를 모두 묶어서 가리키는 말이거나 또는 표제를 다른 말로 표현한 것으로 생각된다. "발췌한 내용을 채워넣는다[實以書]"라는 표현은 강綱—대목大目—세조細條—표제標題를 설명하는 조목에서 "세조 아래에다 여러 서적에서 찾은 것으로 내용을 채웠다 … 여러 책에서 찾은 내용을 그(표제) 아래에 채워 넣었다"라고 언급한 것과 동일한 구절이기 때문이다.

서유구는 『임원경제지』를 편찬하면서 많은 참고문헌을 활용하여 방대한 내용을 집성集成하였고, 또한 자신의 논평을 군데군데 '안案'·'안按' 등으로 서두를 삼아 붙여놓았다. 인용문 가운데 이해하기 어려운 글자가 있으면 그 글자의 음과 뜻을 풀이하면서 '안案'이란 글자를 덧붙여 따로 밝혀 놓았다.[27] 그리고 이미 인용한 구절에 대해서 따져볼 만한 것이 있으면 '안案'이란 글자를 덧붙여 주석을 달았다. 이때 안案자를 네모로 둘러싸서 자신의 의견임을 따로

---

27 『林園經濟志』, 「例言」; 一 所引書中 或有字義難解者 注其音義 加案字以別之.

밝혀놓았다.[28] 이와 같은 「예언」의 2조목은 다른 사람의 문장을 인용하면서 그 안에 담긴 그의 의견을 서유구 본인의 입장에 따라 평가를 내리는 경우의 서술방식을 가리킨다. 엄밀한 자료이용방식과 사료 비판 태도를 보여주고 있다.

본격적으로 각지의 구체적인 내용 구성을 간략하게 살펴보기에 앞서 『임원경제지』 각 지志의 서술방식에 보이는 독특한 부분을 지적하고자 한다. 그것은 각 지마다 지志의 체제구성과 대략의 내용을 소개하는 독립된 글 즉 '인引'을 작성하고 있다는 점이다. 「본리지인本利志引」 등의 이름을 붙여 자신의 편찬 의도를 밝히고 있는데 이때 '인'이라는 문체를 따르고 있다. 인은 한문 문체의 하나로 자기 뜻을 부연하여 서술하는 형식의 글이다. 그런데 인이라는 문체를 서序와 병칭되는 의미로 사용한 당대의 저명한 저술을 찾아볼 수 있다. 바로 정조의 문집인 『홍재전서弘齋全書』이다. 정조의 저술을 모은 『홍재전서』 가운데 권11에서 권13까지는 『어정홍익정공주고御定洪翼靖公奏藁』에 실린 총서總敍, 각류各類의 서敍, 각목各目의 인이 실려 있다.[29] 정조가 어제御製한 서敍와 인은 대체로 각종 책의 서序에 해당되는 글이었다. 서유구가 『임원경제지』 각 지志의 인을 서문과 같은 내용으로 작성한 것과 같은 맥락이라고 할 수 있다.

28 『林園經濟志』「例言」; 一 旣引書以實之 就其中 或有論辨者 加案字而註之 又加匡以別之.
29 정조, 『홍재전서』 권11~권13 『(影印標點)韓國文集叢刊』, 民族文化推進會, 2001, 262~267쪽.

6. 『임원경제지』 16지志의 주요 내용

『임원경제지』 16지志의 구체적인 구성내용을 살펴보면서 주요한 점을 간략하게 소개할 차례이다. 대개 각 지志의 명칭 유래, 주요 서술 내용, 특기할 만한 점 등을 제시할 것이다. 『임원경제지』의 구체적인 구성내용의 분석을 통해서 서유구가 『임원경제지』를 통해서 표출하려고 했던 지향점, 그리고 『임원경제지』 서술에 나타나는 실제적인 특징을 정리한다.

1) 「본리지本利志」

「본리지」는 『임원경제지』의 16지志 가운데 가장 앞에 들어 있다. 「본리지」는 전제田制·수리水利·토양土壤·시비施肥·심시審時·경법耕法·개간開墾·작물별 경작법耕作法·수장收藏·곡명穀名·자연재해·농기구農器具 등 농사 전반에 걸친 내용을 담고 있다. 총 13권으로 구성되어 있다. 「본리지」는 실제 농작물의 경작耕作 기술을 정리한 종예種藝를 비롯하여, 농기구·곡물 품종 등 농업생산기술의 가장 구체적인 부분을 다루고 있었다.

「본리지」라는 명칭에서 서유구가 「본리지」에 부여한 중요성을 살필 수 있다. 그는 「본리지인本利志引」에서 '본리本利'라는 단어의 뜻을 설명하였다. 그는 봄에 밭 가는 것을 '본本'이라 하고, 가을에 수확하는 것이 '리利'라고 전제하면서 경색耕穡이라는 말 대신 본리를 사용한 것을 하나의 사례를 들어 설명하였다. 행상行商 두 사람이 서로 어느 쪽이 이익이 많이 나는지 다투면서 걷고 있었다. 이

때 조밭에서 이삭을 베던 한 아주머지가 이삭 하나를 들어 보여주었는데, 그 뜻은 씨앗 하나를 심어 천백배의 이득을 올릴 수 있다는 것을 알려주는 것이었다고 서유구는 풀이하였다. 그리하여 경색이라는 말 대신 본리를 지명志名으로 삼았다는 것이다.[30] 서유구는 자신이 「본리지」에서 다루는 내용을 앞서 옛 사람들이 정리해 놓은 것을 정리한 것이라고 설명하였다. 중국과 조선의 농서 내용을 발췌 정리하는 것을 기본 줄기를 삼고 여기에 군데군데 자신의 생각, 제안, 대안 등을 제시하고 있었다.[31]

「본리지」는 농업생산 가운데 가장 중요한 곡물 생산 기술체계를 다루는 부분이다. 총 13권으로 구성되어 있는데, 권1 전제田制에서는 중국과 조선의 토지 면적을 계산하는 방법의 차이를 먼저 소개하고 있다. 경묘법과 결부법의 산정방식을 설명하면서 결부법의 문제점을 지적하였다. 그리고 기자의 정전[箕子井田, 구전區田], 대전代田을 비롯한 각종 지목地目에 대한 설명이 들어 있다. 권2는 수리水利 즉 치수治水하여 농사짓는 데 필요한 물을 확보하는 방법을 다루고 있다. 권3 변양辨壤(토지분별)에서는 흙을 살펴서 분류하는 원리 등을 제시하고 있는데, 우리나라 토질의 특색을 정리하고 있다. 권4 심시審時(때 살피기)는 농시農時를 다룬 부분이다. 농사를 지을 때 천시天時의 마땅함을 얻어야 하고, 이를 위해 절후節侯(24氣, 72侯)를 제대로 파악하여야 한다는 점을 강조하였다.

권4 영치營治는 농사의 기본 설명·개간 기술·쟁기질·써레

---

30 徐有榘, 『林園經濟志』「本利志」本利志引.
31 위의 책.

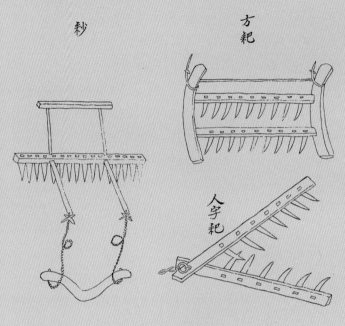

『임원경제지』 속의 농기구

질·거름주기 등을 설명한 부분이다. 그리고 권5 종예상種藝上과 권 6 종예하種藝下, 수장收藏에서 본격적인 곡물 재배기술을 상세하게 정리해 놓고 있다. 종자선택·종자관리·파종·복종 등과 더불어 각 작물의 경작기술을 정리하였다. 권7은 곡명고穀名攷인데 개종류 漑種類·육종류陸種類로 나누어 곡물 품종을 설명하는 부분이다. 개 종류에는 도稻만 들어 있고, 육종류에는 밭에 심는 여러 곡물을 소 개하였다. 이어지는 권8은 오해고五害攷로 농사짓는 데 닥치는 다섯 가지 재해를 자세하게 설명한 부분이다. 다섯 가지 재해는 수한해水

旱害(홍수 가뭄)·풍무해風霧害(바람 안개)·상박해霜雹害(서리 우박)·충해
蟲害(벌레)·잡해雜害 등이다. 권9는 2개의 큰 항목으로 구성되어 있
는데 「전가역표田家曆表」와 조선의 절기에 맞추어 개정한 「신정전가
역표新定田家曆表」라는 항목이 그것이다. 두 개의 '전가역표田家曆表'
는 곧 즉 농가에서 달력에 따라 해야 할 일을 정리한 부분으로 '월
령식 농서'에 해당되는 내용이었다. 권10과 권11은 각각 농기도보
上農器圖譜上과 농기도보하農器圖譜下이다. 기경起耕에서 수확에 이르
는 여러 가지 농사일에 사용하는 농기구를 그림과 함께 설명하고
있다.

2) 「관휴지灌畦志」

「관휴지」는 식용식물과 약용식물을 다루고 있다. 각종 산나물
과 해초·소채·약초 등에 대한 명칭의 고증, 파종시기와 종류 및
재배법 등을 설명하고 있다. 관휴지라는 이름을 붙인 사정은 「관휴
지인灌畦志引」에서 알 수 있다. 서유구는 하늘이 내려준 것 가운데
풀草을 후생厚生의 근원으로 삼는 것은 구곡九穀과 동일하다고 설명
한다. 그리고 꽃이나 잎, 뿌리 줄기 등을 먹는 것을 하늘에 잘 순응
順應하는 것이라고 주장한다. 초목임원에서 넉넉한 생활을 해나가려
면 "밭두둑畦을 나누어 파종하고, 항아리를 껴안고 모에 물을 대는
灌 일을 소홀히 해서는 안된다"라고 강조하였다. 그리하여 여러 채
소를 기르고 가꾸는 방법을 정리하여, 노포老圃의 학문을 갖춘다고
설명하고 있다. 뒤에 나오는 「예원지」가 먹을 수 없지만 꽃과 잎이
아름다워 보고 즐길만한 것을 다룬 것과 달리 「관휴지」는 입으로

먹을 수 있는 식물의 경작법을 정리하고 있다.

　권1은 총서總敍인데, 식물을 키우기 위한 여러 가지 기본을 설명한 영치營治, 심고 가꾸는 방법을 정리한 종시種蒔, 거름 주는 방법을 제시한 요옹澆壅, 거두고 저장하는 방법을 설명한 수장收藏 등으로 구성되어 있다. 권2는 소류蔬類인데, 아욱·파 등 서른세 가지의 경작법을 설명하고 있다. 여기에 같이 살필만한 것들互考蔬品, 산과 들의 푸성귀山野蔌品, 바닷가와 바다의 나물浦海菜品 등도 덧붙이고 있다. 권3은 나류蓏類 즉 열매를 먹을 수 있는 식물을 정리한 부분인데, 오이·호박 등 여덟 가지의 경작법을 정리하고 있다. 권4는 약을 다룬 약류藥類인데, 인삼人蔘·황정黃精 등 스무 가지의 재배기술을 설명하고 있다.

3) 「예원지藝畹志」

　「예원지」는 화훼류의 일반적 재배법과 50여 종의 화훼 명칭의 고증, 토양·재배시기·재배법 등에 대하여 풀이하고 있다. 식물 가운데 앞서 「관휴지」에서 다루지 않은 것을 대상으로 삼고 있다. 이목구비耳目口鼻 가운데 입을 제외한 이목비耳目鼻를 즐겁게 하기 위한 내용으로 채워져 있다. 먹을 수 없지만 꽃과 잎이 아름다워 보고 즐길만한 것을 정리한 지志이다. 입만 기르고, 눈 코 귀를 무시하면 너무 치우친 것이라고 설명한다. 그리고 예원이라는 명칭은 굴원이 구원九畹에 난초를 심었던 뜻을 따라서 지었다고 한다.[32]

---

32 조창록, 앞의 논문, 2005, 360쪽.

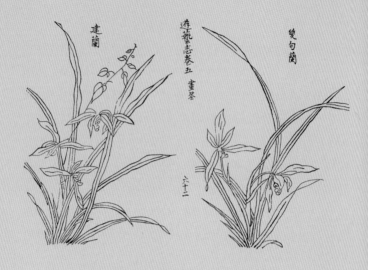

『임원경제지』 속의 화훼 관리를 다루고 있는 「예원지」

    권1은 총서總敍인데, 각종 화훼花卉의 파종법, 접붙이는 법, 물
주는 법, 이엉을 엮어 덮어주는 법, 계절에 따른 관리법, 시비법, 기
타 잡다한 참고 사항 등 화훼 관리법에 대한 총론을 정리하고 있다.
권2와 권3은 각각 화류상花類上과 화류하花類下인데, 모란·서향瑞香
을 비롯한 각종 화류花類의 모양과 성격, 재배법을 설명하고 있다.
권4는 훼류卉類인데, 석창포石菖蒲·길상초吉祥草 등 각종 초목草木의
모양과 성격, 재배법에 대한 내용을 정리하고 있다. 권5는 화명고花
名攷인데, 화훼 중 특히 품종이 많은 모란牧丹·작약芍藥·난화蘭
花·국菊 4종에 속한 수많은 품종명을 정리해 놓은 것이다.[33]

---

[33] 정경희, 「예원지(가람古 635.9-Se61w-v.1-3) 해제」, 서울대학교 규장각한국학연구원.

266   농업개혁론을 제시한 임원경제지 편찬자 서유구

4) 「만학지晚學志」

「만학지」는 나무 재배와 관련된 기술적인 내용 등을 포괄하여 정리한 지志이다. 서유구는 번계에서 지낼 때 나무심기와 관련된 '종수가種樹歌'라는 시를 지었다. 시 내용 속에 중국 명明나라 서광계徐光啓가 나이가 들었더라도 서둘러 나무를 심는 것이 좋은 계책으로 여겼다는 것을 소개하고 있다. 서유구 자신도 이미 산을 넘어가는 노을 신세이지만, 날마다 아이들 두셋을 거느리고 나무심기에 나섰다는 것도 알려주고 있다. 또한 토질을 잘 살피고 방위에 맞춰 나무를 알맞게 심어야 제대로 자라난다는 점도 강조하고 있다. 이와 같이 나무심기를 강조하면서 또한 올바르게 나무 심는 방법을 자손들에게 남겨줘야 한다는 점도 빼놓지 않았다. 그런데 서유구가 나무심기의 묘리를 깨닫게 되는 것은 스스로의 힘으로 성취한 것이 아니고 또한 책 속의 지식만으로 성공한 것도 아니었다. 바로 이웃 늙은이가 평생에 걸쳐 현장에서 얻어내어 몸과 일체가 된 나무심기의 비결을 배운 것이었다.

「만학지」는 수십종의 과실류에 해당하는 나무와 재목으로 쓰이는 나무 그 밖의 초목 잡류에 이르기까지 그 품종과 재배법 및 벌목법·수장법 등을 설명하고 있다. 서유구는 「만학지인晚學志引」에서 제사에 쓰는 나무, 기구를 만드는데 쓰는 나무 등이 모두 중요하다는 점을 지적한다. 그리고 나라를 세워 궁실宮室을 지은 다음에 반드시 나무를 심는 일이 뒤따라야 한다며 식목植木의 중요성을 강조한다. 식목도 농정農政의 한 부분으로 빼놓을 수 없으며, 실질에 힘쓰는 사람이 강구하여 밝혀내야 할 부분이라고 강조하고 있다.

권1은 총서總敍인데, 심고, 접붙이고, 기르고, 거두는 방법을 총괄해서 서술한 부분이다. 권2는 과류菓類인데 열매를 따는 과일나무를 다룬 부분이다. 오얏·살구·매실·복숭아 등을 키우고 접붙이고 거두고 치료하는 방법 등을 설명하고 있다. 권3은 나류蓏類인데, 덩굴 열매를 거두는 식물을 다룬 것이다. 참외·수박·포도 등을 심고 거두고 보관하는 등의 방법을 제시하고 있다. 권4는 목류木類인데, 목재를 활용하는 나무를 다룬 부분이다. 소나무·잣나무·느릅나무·버드나무 등을 심고 가꾸는 방법, 쓰임새 등을 정리하고 있다. 권5는 잡식雜植인데 기타 여러 가지 나무에 대한 설명 부분이다. 차茶·대나무·쪽풀·갈대 등을 심고 가꾸고 치료하고 거두는 방법 등을 설명하고 있다.

5)「전공지展功志」

「전공지」는 부녀자의 일인 길쌈에 관한 일을 정리한 지志이다. 뽕나무 재배를 비롯해 옷감을 만드는 방법, 염색하는 방법 등 설명하고 있다. 서유구는 실을 뽑아 옷감을 짜는 방적紡績이 바로 부녀자의 일이라고 한다.「전공지인展功志引」에 따르면 길쌈은 누에·삼·모시·칡·목면 등을 활용하는 것이다. 서유구는 방적하는 방법을 상세하게 설명하면서 또한 도보圖譜를 곁들이고 있다. 특히 여러 가지 간편한 도구와 정밀한 방법을 새롭게 익혀야 한다고 강조하고 있다.

권1은 잠적상蠶績上인데, 뽕나무를 키우고 관리하는 방법 등을 설명한 재상栽桑, 산뽕나무를 심고 가꾸고 잎을 따는 방법을 설명한

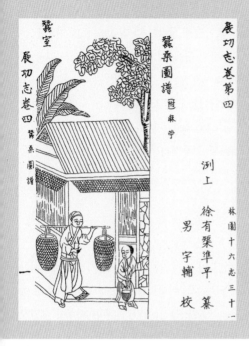

양잠부터 염색까지
다루는 「전공지」

재자栽柘로 구성되어 있다. 권2는 잠적하蠶績下인데, 누에를 기르는
방법을 상세하게 설명한 양잠養蠶, 고치를 다루는 방법을 설명한 조
견繰繭, 옷감을 짜는 방법을 정리한 직임織紝, 여러 가지 색으로 염색
하는 방법을 제시한 연염涷染 등으로 구성되어 있다.

　　권3은 마적麻績과 면적綿績 즉 삼베를 만드는 것과 면포를 만드
는 일에 관한 부분이다. 마적은 대마를 심고 키우는 방법을 설명한
예대마藝大麻, 저마 즉 모시를 심고 가꾸는 방법과 쓰임새를 정리한
예저마藝苧麻, 영마檾麻를 심고 가꾸고 관리하는 방법을 정리한 예영
마藝檾麻, 칡을 캐는 방법 등을 설명한 채갈採葛, 그리고 피륙을 짜는

방법을 소개한 방직紡織 등으로 구성되어 있다. 다음으로 면적은 목면을 심고 가꾸고 거두는 방법 등을 설명한 종목면種木綿, 옷감을 짜는 방법을 설명한 방직紡織 등으로 구성되어 있다.

권4 잠상도보蠶桑圖譜와 권5 방직도보紡織圖譜는 누에치기와 방직에 관련된 여러 사항을 그림으로 나타낸 부분이다. 대부분 중국 농서인 『왕정농서王禎農書』와 서광계의 『농정전서農政全書』에서 인용한 그림이다.

6) 「위선지魏鮮志」

「위선지魏鮮志」는 여러 가지 자연현상을 보고 기상을 예측하는 이른바 점후占候를 담고 있는 지志이다. 점후占候를 통해서 주로 농업에 관련된 기상현상을 파악하려는 것이다. 점후란 기후를 예견하는 것으로, 예견하는 방식은 천상, 기상현상을 포함한 각종 자연물의 모양, 움직임, 색, 위치, 시기 등을 관찰하여 기후, 풍흉, 가뭄 및 홍수 등을 예측하는 방식이다.[34] 위선지라는 이름은 점후에 능통한 것으로 알려져 있는 중국 고대 인물인 위선魏鮮이라는 사람에게 따온 것으로 보인다. 위선지인魏鮮志引에서 서유구는 태양과 달의 움직임에 따라 춥고 더움, 홍수와 가뭄, 바람과 비, 흐림과 맑음 등이 정해진다고 설명한다. 이러한 이치에 밝으면 점후의 실질을 얻을 수 있을 것이라 보고 있다. 세상에 그 방법을 온전히 알고 있는 사람이

---

34 최덕경, 「17~18세기 朝鮮 農書에 나타난 占候의 性格」, 『지역과 역사』 16호, 부경역사연구소, 2005.

없지만 지금까지 전해지는 것들을 잘 간추려서 필요할 때 참고로 삼을 수 있게 하는 것이 마땅할 것이라고 한다. 서유구는 이러한 입장에서 후세候歲와 후풍우候風雨 2부분으로 나누어 「위선지」를 정리하고 있다.

권1·권2·권3은 모두 후세占歲이다. 그 가운데 권1은 1월에서 12월까지 각 달에 관련된 점치는 방법 등을 정리하고 있다. 권2는 천天·지地에서 초목草木·금수禽獸에 이르기까지 여러 가지 자연현상, 동식물을 대상으로 점치는 방법을 설명하고 있다. 특히 경파耕播·치포治圃·종식種植·양잠養蠶·축목畜牧·전어佃漁에 적당한 날과 꺼리는 날을 부록으로 붙여 놓았다. 권3은 성星과 운기運氣로 점치는 방법을 설명한 부분이다. 마지막 권4는 후풍우候風雨인데 천天·지地에서 산수山水·초목草木·충어蟲魚 등을 대상으로 점치는 방법을 정리하고 있다.

7) 「전어지佃漁志」

「전어지」는 목축牧畜과 사냥佃, 고기잡이漁에 관한 내용으로 구성되어 있다. 「전어지」의 서술 내용은 상당 부분 서유구 자신의 경험에서 유래한 것이었다. 임진강 주변의 난호에 자리잡았을 때 어업에 종사하면서 『난호어목지』 등을 저술하기도 하였다. 「전어지」는 각축과 야생동물 및 어류를 다루고 있는데, 가축의 사육과 질병 치료, 여러 가지 사냥법, 그리고 고기를 잡는 여러 가지 방법과 어구漁具에 관하여 설명하고 있다. 서유구는 전어지인佃漁志引에서 목축牧畜과 전어佃漁가 서로 다른 일인데 함께 서술한 이유를 나름대로 제시하고 있다. 그는 두 가지 일에 모두 군려軍旅·선유船遊·화식貨殖·봉양奉養에 쓰임새가 있다는 점을 들어놓고 있다. 특히 목축과 전어를 통해 한 집안의 생계를 보전해 나가는 것이 가능할 것이라고 지적하고 있다. 「전어지」가운데 고기잡이에 관한 부분은 서유구 자신의 또 다른 저술인『난호어목지蘭湖漁牧志』에서 많은 내용을 인용한 것이다.[35] 그리고 「전어지」내용 가운데 고기잡이에 관련된 부분은 일부 번역되어 있다.[36]

권1은 목양상牧養上인데 중국과 조선의 목축법의 차이 등을 설명한 총론總論, 말을 키우고 병을 치료하는 방법 등을 정리한 마馬로 이루어져 있다. 권2는 목양하牧養下인데, 소·당나귀·노새·양·돼지·개·고양이·닭·거위·오리·물고기·꿀벌 등을 키우고, 병이 났을 때 치료하는 방법 등을 설명하고 있다. 권3은 익렵弋獵과 어조漁釣로 구성되어 있다. 익렵은 사냥하는 방법을 설명한 것인데, 매와 사냥개에 관한 내용을 설명한 응견鷹犬, 총포와 화살로 사냥하는 법을 정리한 포시砲矢, 그물과 함정으로 사냥하는 법을 제시한 나정羅穽, 여러 다른 방법을 설명한 잡방雜方 등으로 구성되어 있다. 그리고 어조는 그물로 고기잡는 법을 설명한 고증罟罾, 통발 등으로 고기잡는 법을 제시한 구전笱筌, 낚시와 작살을 이용하는 법을 정리한 조착釣籍, 여러 다른 방법을 설명한 잡방雜方, 여러 다른 도구를 제시한 잡구雜具로 구성되어 있다.

---

35 김영진,『農林水産古文獻備要』, 韓國農村經濟研究院, 1982.
36 김명년 역,『佃漁志(전어지)』, 한국어촌어항협회, 2007. 이 책은「전어지」권2「牧養下」에서 魚부분, 권3에서「漁釣」부분, 그리고 권4「魚名攷」를 뽑아 번역한 것이다.

권4는 어명고魚名攷인데, 조선의 바다와 강에서 살고 있는 물고기의 이름 모양 등을 정리한 것이다. 강에서 사는 물고기를 정리한 강어江魚, 바다에서 사는 물고기를 정리한 해어海魚, 그리고 기타 고려사항을 정리한 잡찬雜纂으로 구성되어 있다.

8) 「정조지鼎俎志」

「정조지」는 음식에 관련된 내용으로, 조리調理 방법을 기술한 지志이다. 각종 식품에 대한 설명, 그리고 각종 음식과 조미료 및 술 등을 만드는 여러 가지 방법을 설명하고 있다. 정조지인鼎俎志引에 따르면 대목大目을 아홉 개로 나누어 식감촬요食鑑撮要·취류지류炊餾之類·음청지류飮淸之類·과정지류菓飣之類·교여지류咬茹之類·할팽지류割烹之類·미료지류味料之類·온배지류醞醅之類·절식지류節食之類 등으로 구성되어 있다고 지적하였다.[37] 그런데 실제 편차를 보면 취류지류와 음청지류 사이에 전오지류煎熬之類와 구면지류糗麪之類 2개 대목大目이 더 있어 총 11개 대목으로 구성되어 있다.

「정조지鼎俎志」라는 명칭에서 '정鼎'은 발이 3개가 달리고 양쪽에 귀가 있는 솥을 뜻하는 글자이다. 당시 동물의 모양을 본떠서 만들었으며 음식을 삶고 끓여서 익히는 기구를 말한다. 또 '조俎'는 제향에 쓰이는 희생물을 담는 제기로서 도마의 뜻으로도 쓰인다.[38] 서

---

37 『林園經濟志』「鼎俎志引」.
38 「鼎俎志」에 대한 해설은 다음 글을 참고하였다. 차경희, 「『임원십육지』「정조지」에 실린 우리 음식이야기」, 『실학시대의 농업·과학·기술』, 경기문화재단 컨퍼런스 자료집, 2007.

유구가 가장 많이 참고인용된 중국서적의 영향으로 중국음식의 기록이 많다. 서유구의 형수인 빙허각 이씨[憑虛閣 李氏]는 『규합총서閨閣叢書』를 남겨 우리나라 음식문화 연구의 뼈대를 갖출 수 있게 하였다고 평가되고 있다. 최근에 음식을 연구하는 연구자들이 「정조지」를 번역한 책을 출간하기도 하였다.[39]

권1 식감촬요食鑑撮要는 수류水類(물의 종류), 곡류穀類, 채류菜類(채소), 과류果類(과일), 수류獸類, 금류禽類, 어류魚類, 미류味類(조미료) 등 8부분으로 나누어 각 식품의 성질과 효능, 적절한 쓰임새를 기록하고 있다. 권2는 취류지류炊䭊之類, 전오지류煎熬之類, 구면지류糗麵之類 3개로 구성되어 있다. 밥[飯]과 병이餠餌(떡)·죽粥과 이당飴餳(엿)·초麨·면麵·만두饅頭 등을 설명하고 있다. 권3은 음청지류飮淸之類와 과정지류菓飣之類로 이루어져 있다. 과정지류는 밀전과蜜煎菓(꿀을 넣어 졸여 만든 것)·당전과糖纏菓(꿀 설탕을 넣어 만든 것)·포과脯菓(어육류 말린 것)·외과煨菓(잿불로 덮어 익혀 먹는 것)·법제과法製瓜·첩과䫄菓의 6부분으로 구성되어 있다.

권4 교여지류咬茹之類는 엄장채醃藏菜·건채乾菜·식향채食香菜·자채鮓菜·제채虀菜·저채菹菜의 6부분으로 구성되어 있다. 권5 할팽지류割烹之類는 갱확羹臛·번적燔炙·회생膾生·포석脯腊·해자醢鮓·엄장어육醃藏魚肉·임육잡법飪肉雜法 등 6부분으로 구성되어 있다. 부식이 되는 찬물류과 고기의 저장법 등에 대한 기록이다. 권6 미료지류味料之類는 염鹽(소금)·장醬·시豉·초醋·유락油酪·국얼麴蘖·임료飪料 등의 7부분으로 나뉘어 있다. 음식에 필요한 양념류와

---

39 서유구 지음, 이효지 외 편역, 『임원십육지 정조지』, 교문사, 2007.

누룩 만드는 법을 소개한 부분이다. 권7 온배지류醞醅之類는 술의 기원에서부터 향음예법, 여러 종류의 술을 만드는 법 등을 기록하고 있다. 권8 절식지류節食之類는 본문과 부록으로 나뉘어 절기節氣마다 즐겨 먹었던 절식節食을 기록하고 있다. 「정조지」에 서유구는 245여 권의 조선·중국 등의 문헌을 인용하면서, 조선의 토양과 기후를 고려하여 당시 조선의 실정에 맞는 방법을 상세히 설명하고, 서유구 자신의 의견을 꼼꼼히 기록하고 있다.

9) 「섬용지贍用志」

「섬용지贍用志」는 가옥의 영조營造와 건축기술, 도량형, 각종 작업도구 등을 설명하고 있다. 또한 생활도구와 교통수단 등에 관해서도 언급하고 있다. 중국식과 조선식을 비교하는 내용도 많이 담겨 있는데, 특히 집을 짓는 제도와 도구에 대한 논의를 중심 주제로 삼고 있다. 섬용지인贍用志引에서 서유구는 조선 법식의 졸렬함을 크게 지적하고 있다. 집을 구성하고 있는 기둥·서까래·방·마루 등이 제대로 정해진 기준을 따르지 않고 임의로 그때그때 변용해서 채택하고 있다는 점을 주목한 것이다. 특히 벽돌을 굽는 방식에 대해서 전혀 들은 바가 없음을 한탄한다. 그리고 물건을 운송하는 방식에 대해서도 비판을 하고 있다. 이와 같이 서유구는 조선의 여러 가지 생산·운반 등을 포함하는 경제활동에 활용하는 도구들이 매우 적당하지 않음을 비판하면서, 척도의 통일 등을 주장하였다. 「섬용지」에 담긴 내용 가운데 집을 중심으로 몇 가지를 정리하여 번역한 성과를 찾아볼 수 있다. 집을 짓는 방법으로 가옥의 배치·지붕·온돌·마루·부엌·담장·우물 등으로 제시하고, 여기에 집짓기 재료에 대해서 목재·석재·기와·벽돌 등을 뽑아서 번역한 것이다.[40]

　　권1은 영조지제營造之制로 건물 짓는 법을 다루고 있는데, 건물에 들어가는 여러 가지 요소를 빠짐없이 살피고 있다. 권2는 영조지구營造之具, 초급지구樵汲之具, 취촌지구炊爨之具로 구성되어 있다. 집을 짓는 재료, 나무하는 기구와 물긷는 기구를 설명하고, 불 때고 뜸 들이고 삶고 데치는 여러 도구 등을 설명하고 있다. 권3은 복식지구服飾之具·관즐지구盥櫛之具·기거지구起居之具·설색지구設色之具로 구성되어 있다. 관건冠巾 등 의복, 여러 가지 용도의 그릇, 와구臥具와 좌구坐具 등 색칠에 관련된 재료 등을 설명하고 있다.

　　권4는 화촉지구火燭之具·기승지구騎乘之具·운수지구運輸之具·도량지구度量之具·공제총찬工制總纂으로 구성되어 있다. 불때는 도구, 말 타는 기구騎具·주舟·차車·도度·량量·권權(저울)·목재 다루기 도구, 옥돌 다루기 도구 등을 설명하고 있다.

10) 「보양지葆養志」

　　「보양지」는 정精·기氣·신神을 기르는 방법과 진체眞體를 수련하는 절목을 설명한 지志이다. 도가적道家的인 양생養生 논의를 소개하고 있는데, 여러 가지 식이요법과 수련 방법을 설명하고 아울

---

40 안대회 역, 『산수간에 집을 짓고 －임원경제지에 담긴 옛사람의 집짓는 법－』, 돌베개, 2005.

러 육아법과 계절에 따른 섭생법을 제시하고 있다. 도가와 더불어 불가佛家의 요령도 참작하여 정리하고 있다. 이러한 점에서 「보양지」의 내용은 주로 양생養生을 다루고 있다고 할 수 있다. 서유구는 부모를 오래도록 모시고, 아이를 키우는 방법도 포함시켜놓고 있는데, 이를 유가儒家에 항상 지켜오던 양생에 관한 내용으로 볼 수 있다. 향촌생활에 필요한 양생養生 방법을 정리하면서 도가道家에 바탕을 둔 수양법修養法을 많이 수록하고 있다. 또한 양생을 실천하기 위해 소극적인 방법인 보정保情 등을 동원하고 있다. 그리고 도인법導引法을 중심으로 여러 가지 적극적인 양생법도 주목하고 있다.[41]

「보양지」는 「인제지」와 더불어 의학과 관련된 내용이라고 할 수 있는데, 치료보다는 예방과 양생이 위주로 되어 있다. 「인제지」가 병이 생긴 이후의 처치와 관한 내용이라면 「보양지」는 발병이전의 예방과 양생에 관한 내용이라고 할 수 있다. 또한 조선의 음식 조리법에 바탕을 두고, 음식을 이용한 처치 방법을 많이 제기하고 있다.[42]

권1 총서總敍에서는 양생의 요체 등을 설명한 섭생攝生, 양생의 방해물 등을 정리한 계기戒忌로 구성되어 있다. 권2는 정기신精氣神인데, 욕정의 절도를 설명한 보정保精, 기운의 조절을 논한 조기調氣, 희노애락 등을 다룬 색신嗇神 등으로 구성되어 있다. 권3은 기거음식起居飮食인데 신체 외형 등을 설명한 양형養形, 먹을 것의 주의를 정리한 절식節食, 4계절에 대해 정리한 율시律時 등으로 구성되어 있

41 李鎭洙, 「朝鮮養生思想의 成立에 관한 考察(其三)-『葆養志』를 中心으로-」, 『石堂論叢』 12, 동아대 석당문화연구원, 1987.
42 안상우, 「고의서산책」 54, 『민족의학신문』, 2000. 12. 18.

다. 권4는 수진修眞인데, 정좌·마찰·호흡 등으로 병을 물리치고 수명을 늘리는 방법 등을 소개한 도인導引, 눈 코 귀 얼굴 등을 안마하는 법을 설명한 안마按摩, 여러 가지 양생에 관련된 노랫말을 소개한 가결歌訣 등으로 구성되어 있다.

　　권5는 복식服食인데, 초목 등을 복용하는 방법을 소개한 약이藥餌, 술 등에 관한 내용을 정리한 주례酒醴, 잡다한 방법을 설명한 잡방雜方 등이다. 그리고 권6은 수친양로壽親養老인데, 원기元氣를 보호하는 방법 등을 설명한 조원調元, 병 치료 등을 정리한 요병療病 등으로 구성되어 있다. 권7은 구사육영求嗣育嬰인데, 자식을 얻기 위한 방법 등을 설명한 구사求嗣, 아이 키우는 방법 등을 정리한 육영育嬰 등으로 구성되어 있다. 권8은 양생월령표養生月令表인데, 좌공坐功·음찬飮餐·탈착脫著·즐목櫛沐·복이服飴·기거起居·요질療疾·구사求嗣·금기禁忌·불양祓禳·벽온辟瘟 등 열한 가지에 대해서 월별로 쉽게 할 수 있는 양생養生 방법을 소개한 것이다. 구체적으로 음식·의복·술과 차·수면 등에 관하여 지켜야할 지침을 정리한 것이다. 양생월령표는 조선초의 『향약채취월령鄕藥採取月令』과 함께 의학사료로서 중요한 가치가 있다.[43]

11) 「인제지仁濟志」

　　「인제지」는 『임원경제지』 16지志 가운데 가장 방대한 분량을 차지하고 있다. 보경문화사에서 1983년에 『임원경제지』를 총 5책

---

43 안상우, 「고의서산책」 54, 『민족의학신문』.

의 영인본으로 간행하였는데, 이 가운데 2책이 「인제지」에 해당되는데, 총 28권 14책에 달한다. 『임원경제지』 전체 분량의 4분의 1에 달하고 있다.

서유구는 인제지인仁濟志引에서 '실제로 사람을 구제하는 효과를 지닌 것은 오직 의약醫藥 뿐이다'고 언급하고 있다. 그동안 사람들이 익히고 저술한 것이 대대로 끊어지지 않고 이어지면서, 『사고전서四庫全書』에 수록된 것만도 97부 1,539권에 달한다고 지적하고 있다. 임원林園에 살면서 명의名醫에게 나아가 배울 겨를이 없으니 간편簡便한 것을 선택하여 의가醫家의 처방을 간략하게 엮은 것이 바로 「인제지」라고 설명한다.

「인제지」 앞부분은 내인內因·외인外因·내외겸인內外兼因 등으로 나뉘어 있는데, 이는 중국 송나라 사람인 진무택陳無澤이 지은 『삼인방三因方』이라는 책의 체제를 본뜬 것이다. 그리고 부과婦科·유과幼科·외과外科로 뒤를 잇고, 그 뒤에 비급備急과 부여附餘를 더하고 있다. 서유구가 본받은 『삼인방』은 원명이 『삼인극일병증방론三因極一病證方論』이다. 이 책을 지은 진무택은 병인病因을 파악하고 이를 통해 치병治病으로 나아가는 학설을 세웠는데, 내인, 외인, 불내외인不內外因으로 나누었다. 그는 육음六淫 병사病邪가 바깥에서 침입하는 것이 외인이고, 칠정七情이 과다하여 내장內臟에서 울발하는 것이 내인이며, 외사外邪나 정지情志의 변화에 말미하지 않고 병이 생기는 것을 불내외인이라고 정리하였다.[44] 서유구가 내인·외인·

---

44 金基旭, 朴炫局, 「南宋時期 醫學에 관한 研究」 (1), 『大韓韓醫學原典學會誌』 17-1, 대한한의학원전학회, 2004.

내외겸인이라고 분류한 것과 약간 차이가 있다.

앞으로 「인제지」의 대목大目과 세조細條의 구성특색, 전체체제 등을 상세하게 검토하는 연구과제가 남아 있다. 또한 서유구가 진무택의 『삼인방』 체제를 본받은 이유, 「인제지」 곳곳에 붙어 있는 서유구자신의 논의인 안案의 성격, 조선 후기 의서 편찬과 「인제지」의 관계 등에 대해서는 연구가 필요하다고 할 수 있다.

12) 「향례지鄕禮志」

「향례지鄕禮志」는 임원林園에 거처하는 사대부가 알아두어야 할 예禮 즉 향례鄕禮를 간략하게 다룬 지志이다. 향례지는 뒤에 이어서 나오는 「유예지遊藝志」·「이운지怡雲志」 함께 하나의 묶음을 구성하고 있다. 향례지鄕禮志는 선비가 알아두어야 할 덕목 가운데 예禮를 간편하게 뽑아둔 것이고, 「유예지」와 「이운지」는 선비의 수양修養을 위해 익혀야 할 것으로 고아함을 키우기 위한 덕목들을 정리한 것이라고 할 수 있다. 따라서 생산활동이나 유통경제·음식조리·의약 등을 다룬 다른 지志와 구별할 수 있다. 3개의 지는 선비가 향촌에서 거주하는 데 갖추어야 할 요소를 다룬 것이었다.[45]

서유구는 향례지인鄕禮志引에서 간단하고 쉽게 실행할 수 있으며, 일이 생겼을 때 바로 찾아볼 수 있는 가례家禮의 서의書儀를 뽑아놓은 것이 「향례지」라고 설명하고 있다. 그는 향음주례鄕飮酒禮·

---

45 박은순, 「서유구와 서화감상학과 『林園經濟志』」, 『韓國學論集』 34-1, 한양대 한국학연구소, 2000.

향사례鄕射禮・관혼상제冠婚喪祭를 모아서 대략 서술하였다고 언급하고 있다. 「향례의」 권1・권2・권3은 통례通禮라는 제목이 달려 있는데, 각각 향음주례・향사례・향약을 정리하고 있다. 그리고 권4는 관혼례冠婚禮, 권5는 상제례喪祭禮로 구성되어 있다. 중국과 조선의 여러 예서禮書에서 관련된 내용을 발췌 하여 정리하고 있다.

「향례지」의 체제는 정조대에 편찬된 『향례합편鄕禮合編』과 유사하다는 점에서 주목된다. 또한 『향례합편』 찬자撰者 명단에 서유구가 포함되어 있다는 점에서도 그러하다. 『향례합편』은 3권 2책인데, 권1은 향음주례, 권2는 향사례와 향약, 권3은 사관례士冠禮・사혼례士昏禮로 되어 있다. 「향례지」는 『향례합편』의 차례에 상제례를 덧붙인 것으로 볼 수 있다. 앞으로 본문 「향례지」와 『향례합편』 사이의 관련성에 대한 검토를 해볼 수 있을 것이다.

13) 「유예지遊藝志」

「유예지遊藝志」는 6권으로 구성되어 있다. 유예지는 선비들의 독서법 등을 비롯하여 향촌에 거주하면서 취향을 기르는 각종 기예를 풀이한 부분이다. 서유구는 유예지인遊藝志引에서 예藝를 기능技能, 즉 육예六藝로 풀이하였다. 그리고 유遊는 유游와 같은 의미로 파악하고, 물고기가 물에서 노니는游 것처럼 늘상 익혀야 된다는 뜻[46]을 부여하였다.[47] 결국 임원林園에서 살아가면서 늘상 익히고 몸에

---

46 「遊藝志引」; 藝之名有六 一以禮樂射御書數當之 一以詩書禮樂易春秋當之 皆技能之目也 … 其曰游者 言當常目肄習於其中 如魚之游於水.

서 떼어놓지 않아야 할 것들을 설명한 지志이다.

「유예지」 권1은 독서법讀書法을 설명하고 있는데, 먼저 독서할 때 지켜야할 기본적인 원칙으로 독서삼도讀書三到[心到·眼到·口到] 등을 제시하고 있다. 그리고 경전經傳과 사서史書를 읽을 때 주의할 점, 다양한 책 읽는 순서 등을 설명하고 있다. 사결射訣은 활쏘는 데 관련된 내용이다. 활쏘기를 기초부터 수련하는 방법에서 활과 화살을 만들고 보관하는 방법까지 설명하고 있다. 권2에서 산법算法을 소개하고 있다. 덧셈加法·뺄셈減法·곱셈因乘·나눗셈歸除 등을 그림과 더불어 제시하고, 이외에 전형田形에 따라 토지면적을 산정하는 방법도 소개하고 있다. 권3은 서벌書筏인데, 대소전大小篆·해초楷草 등 서법書法을 설명한 부분이다. 서벌은 청나라 초기 유명한 서화가인 달중광笪重光이라는 사람이 쓴 서법書法에 관한 책명이기도 한데, 서유구가 따다 쓴 이유는 아직 알기 어렵다.

권4와 권5는 화전畵筌으로 제목을 붙어 있다. 화전이라는 이름에 대해서 전筌이 세죽細竹으로 만든 물고기를 잡는 어구漁具의 일종이고, 『장자莊子』「외물편外物篇」에 "전筌은 물고기를 잡기 위한 것인데, 물고기를 잡은 뒤에는 전을 잊는다[筌者所以在魚 得魚而忘筌]"라는 구절에 나온 것으로 보인다. 이런 점에서 화전이란 그림에 관한 모든 것을 배우는 수단이란 뜻으로 해석할 수 있다. 그런데 화전 또한 달중광이 지은 저술의 제목이기도 하다. 『임원경제지』에는 『달씨

---

47 李成美는 『禮記』(少儀篇, 士依於德游於藝)나 『論語』(述而篇, 依於仁游於藝)에서 유예지의 제목이 근거하였을 것으로 보았다(「『林園經濟誌』에 나타난 徐有矩의 中國繪畵 및 畵論에 대한 關心; 朝鮮時代 後期 繪畵史에 미친 中國의 影響」『미술사학연구』193, 한국미술사학회, 1992, 40쪽).

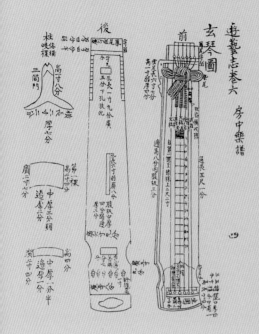

19세기 초 음악사의
중요한 자료 「유예지」

화전筍氏畵筌』이라는 이름으로 인용되어 있다. 이성미에 따르면 서
유구의 화전이 달중광이 지은 화전에 비해 훨씬 더 포괄적으로 그
림에 관한 여러 가지를 총체적으로 다루고 있다고 한다.[48]

　권6 방중악보房中樂譜는 현금자보玄琴字譜·당금자보唐琴字譜·양
금자보洋琴字譜·생황자보笙簧字譜로 나뉘어 있다. 악기 소리를 구음
口音으로 만들어 기록하는 육보肉譜 등으로 는 음율을 표기하고 있
다. 그 가운데 현금자보는 거문고보로 음계의 변화와 연주법의 변

---

48 李成美, 위의 논문.

천, 그리고 조율법의 단일화 등의 변혁을 보여주는 중요한 악보이다. 방중악보는 우리나라 음악 역사를 살펴볼 때 19세기 초반 사정을 잘 보여주는 자료로 평가받고 있다.[49] 또한 「유예지」에 담긴 음악은 궁중의 왕족이 아니라 향촌에 거주하는 문인이 향유하던 것으로 보인다.[50]

14) 「이운지怡雲志」

「이운지怡雲志」는 단적으로 말해서 선비들의 취미생활에 관해 서술한 지志이다. 이운지에 담긴 내용에 대해서 서유구는 이운지인 怡雲志引 속에 분명하게 성격을 규정하였다. 그는 먼저 세상에 떠도는 이야기를 인용하고 있다. 상제上帝도 쉽사리 들어줄 수 없는 소원은 경상卿相이나 부자富者로 사는 것이나, 문장으로 세상에 이름을 날리는 것이 아니라, 바로 임원林園에서 고아함을 키우는 것이라는 세상에서 떠돌아다니고 있는 속된 이야기였다. 상제도 들어주지 못하는 이 소원을 청복淸福이라고 부르고 있었다. 이런 청복을 누린 사람으로 서유구는 왕유王維·예찬倪瓚·고덕휘顧德輝를 꼽고 있는데, 이 3사람이 공통적으로 가지고 있었던 것을 '맑은 마음으로 고아함을 기르고 한가롭게 스스로 흡족함을 누림淸心養雅 逍遙自適'이라고 지적하였다. 이러한 옛 사람의 발자취를 서유구가 하나의 모

49 장사훈,『國樂論攷』, 서울대 출판부, 1966; 宋芳松,『韓國音樂史硏究』, 嶺南大學校出版部, 1982.
50 林美善,「『遊藝志』에 나타난 19세기초 음악의 향유양상」,『韓國學論集』34, 한양대학교 한국학연구소, 2000.

범 사례로 제시하고 있다고 생각된다. 따라서 앞서 「유예지」에서 선비의 가치기준을 제시한 것에 뒤이어 「이운지」에서는 일상생활을 구성하는 물질문화의 내용과 이상적인 삶의 양상, 이를 운영하는 실제 지식 등을 제시하고 있다고 보인다.[51]

권1 형비포치衡泌舖置에서 다루고 있는 내용은 원림園林과 간소澗沼를 만드는 법, 서재書齋와 다료茶寮, 계정溪亭 등을 꾸미는 법 등 임원에서 살아나갈 때 필요한 여러 기물器物을 갖추어놓는 방법 등이다.[52] 권2와 권3 앞부분은 산재청공山齋清供인데 은거하면서 누릴 수 있는 여러 가지 완상玩賞을 청공清供이라고 이름붙인 것이다. 차茶를 음미하는 방법, 꽃과 돌에 관련된 화석공花石供 등이 들어 있다. 그리고 권3 뒷부분과 권4는 문방아제文房雅製인데, 문방文房에 갖추어야 할 것을 소개하고 있다.

권5와 권6 앞부분은 예완감상藝翫鑑賞으로 옛날 그릇, 글씨 그림 등을 품평하는 것에 관련된 내용이다. 그 가운데 권5 부록의 동국묵적東國墨蹟과 권6 부록인 동국화첩東國畵帖은 조선의 예술에 관한 내용이다.[53] 권6 뒷부분과 권7은 도서장방圖書藏訪인데 도서의 구입 소장, 처분, 관리 등에 대한 정보를 정리하고 있다. 권8은 연한공과燕間功課 · 명승유연名勝遊衍 · 문주연회文酒讌會 · 절신상락節辰賞樂 등으로 구성되어 있다. 연한공과는 한가롭게 시간에 맞추어 지켜야 할 것, 명승지 유람, 시와 술을 즐기는 연회, 명절의 구경거리와 즐거

---

51 박은순, 앞의 논문, 2000.
52 안대회 역, 앞의 책, 2005.
53 李成美, 앞의 논문, 1992.

운 놀이 등을 설명하고 있다.

15)「상택지相宅志」

「상택지相宅志」는 집을 짓기에 적당한 곳을 찾는 일과 관련된 내용을 담고 있다. 서유구는 상택지인相宅志引에서 풍수가風水家라고 부르는 사람들이 취하는 술수術數는 따라서는 안된다고 지적하였다. 향배向背와 순역順逆의 형국을 따지고 오행五行과 육기六氣의 운행을 살피는 것이 바로 술수가들이 하는 일이라고 하였다. 그 대신 한난 寒暖의 방위를 분별하고, 마실 물을 얻는 것이 편안한지 살피는 것 만으로 그쳐야 한다고 하였다. 임원林園에 살면서 대략 형편을 살피 고 몸을 의탁하는 것이 마땅한데, 어느 겨를에 쇠왕衰旺 화복禍福의 술수를 분간할 수 있겠는가 반문하고 있다. 그런데 본문의 내용을 보면 집 자리를 찾는 일부터 수목樹木을 심는 일까지 상당히 많은 것을 고려하도록 제시하고 있다.[54]

2권으로 구성되어 있는데, 권1은 점기占基와 영치營治 2개의 대 목大目으로 이루어져 있다. 점기는 집자리를 찾는 것인데, 지세를 살피는 방법을 설명한 지리地理, 물과 흙을 따지는 수토水土, 살만한 곳인지 습속을 살펴야 한다는 이인里仁, 주변 풍광을 논하는 승개勝 槩, 꺼려서 피해야 할 것을 제시한 피기避忌 등으로 엮어 있다. 다음 으로 영치는 실제 집을 마련하는 과정을 설명한 부분인데, 황지荒地

---

[54]「상택지」에서 주로 어디에 집을 지을 것인가, 그리고 어떻게 지을 것인가에 대한 논리 적인 설명글을 뽑아내어 번역한 다음 책을 참고할 수 있다. 안대회 역, 앞의 책, 2005.

에 벌목伐木하여 자리를 잡는 개황開荒, 주변에 수목樹木을 심는 종식種植, 집을 짓는 데 고려할 사항을 정리한 건치建寘, 우물과 수로 등을 마련하는 것에 관한 정지구거井池溝渠 등으로 구성되어 있다.

　　권2는 팔역명기八域名基인데, 청정함을 수양하는 선비들이 경우에 따라 사는 곳을 옮기려고 할 때, 적당한 곳을 선택하는 데 도움을 주기 위한 정보가 담겨 있다. 서유구는 이를 유종類從이라고 표현하였는데, 유유상종類類相從과 뜻이 이어지는 것으로 생각된다. 경기京畿 등 팔도의 전체적인 형세를 정리한 팔역통론八域統論은 『택리지』의 내용을 인용한 것이다. 계속해서 팔도의 이름난 마을을 소개한 명기조개名基條開, 강거江居, 계거溪居 등으로 나누어 순위를 매긴 명기품제名基品第를 서술하고 있다. 이상에서 살핀 바와 같이 「상택지」는 집자리를 찾고, 집을 짓는 과정에 고려해야 할 여러 사항을 정리한 것이다.

16) 「예규지倪圭志」

　　「예규지」는 생산활동에 뒤따르는 유통, 교역을 다룬 부분이다. 경제적인 측면에서 무역이나 치산置産 등을 설명하고 있다. 예규지인倪圭志引을 보면 백규白圭라는 사람의 재물을 불리는 술법을 본받으려는 의미에서 이러한 제목을 붙였다고 한다. 서유구는 우리나라 사대부들이 고상함을 표방하여 장사하는 것을 비루하게 여기고, 부모와 처자가 굶주리는데 성리性理를 고담高談하는 것을 비판하고 있다. 화식貨殖 즉 재물을 불리는 법을 강구하지 않을 수 없다고 지적하고 있다. 하지만 「본리지」에서 시작한 것은 농사를 소중하게 여기는 것이고, 「예규지」로 마무리 하는 것은 그 말단 즉 화식貨殖을 가볍게 여긴다는 것을 덧붙이고 있다.

권1 제용制用은 쓰임을 제어하는 것을 가리키는데, 들어오는 것을 헤아려 나가는 것을 정해야 한다는 양입위출量入爲出을 앞세우고, 절성節省 즉 절약을 강조하고 있다. 그리고 경계로 삼아야 할 것들을 제시한 계금戒禁, 저축을 강조한 비예備豫 등으로 구성되어 있다. 권2에서 권3까지는 화식貨殖으로 대목大目을 삼고 있는데, 권2는 상품 교역을 여러 가지로 설명한 무천貿遷, 이식을 설명한 자식孶殖, 전답을 잘 다스리는 방법을 나열한 치산置産, 근면 검약을 강조한 근려勤勵, 그리고 마지막으로 노복奴僕 등을 잘 다스리는 요령을 정리한 임사任使 등으로 구성되어 있다.

권3 팔역물산八域物産은 제목이 가리키는 바 그대로 주된 내용이 팔도에서 생산되는 물산을 정리한 내용이다. 총론에 이어서 경기京畿・호서湖西・호남湖南・영남嶺南・관동關東・해서海西・관서關西・관북關北의 순서대로 각 군현별 주요 산물 명칭을 나열하고 있다. 권4는 팔역장시八域場市인데, 앞서 팔역물산과 마찬가지로 경기 등의 순서로 각 군현별 장시를 소개하고 있다. 장시의 명칭・위치・장날・주요 거래물품 등을 정리하고 있다. 19세기 초중반 팔도에서 개설되었던 장시의 현황을 낱낱이 알려주는 서술내용이다. 「예규지」에 담겨 있는 장시에 대한 자세한 정보는 농촌시장・장시망・사상私商・객주客主 등 조선 후기 상업발달을 설명하는 데 커다란 도움을 주고 있다.[55]

---

55 「예규지」에 보이는 장시 실태를 활용한 연구의 대표적인 예로 아래 논문을 들 수 있다.

7. 『임원경제지』의 역사적 의의

서유구가 편찬한 『임원경제지』는 다양한 성격을 가지고 있다. 한편으로는 17세기 이후 조선의 농서農書 편찬의 맥락을 계승한 종합농서綜合農書이면서, 다른 한편으로는 의서醫書, 조리서調理書 등에 관련된 내용도 발췌, 분류, 정리하여 수록한 유서類書이기도 하다.[56] 『임원경제지』는 모두 16개의 지志으로 구성되어 있어 『임원십육지林園十六志』라 불리기도 하였다. 본문에서 살펴볼 16지 구성체제, 주요내용에서도 알 수 있듯이 서유구의 관심분야는 폭 넓게 퍼져 있었다.

서유구의 『임원경제지』는 여러 가지 역사적 의의를 갖고 있는 책이다. 먼저 『임원경제지』는 홍만선의 『산림경제』를 계승하는 책으로 조선 후기 농서 편찬과 유서 편찬의 정점에 해당하는 의미를 갖고 있다. 19세기 중반에 『지수염필智水拈筆』이라는 책을 지은 홍한주洪翰周(1798~1868)는 『임원경제지』를 소개하면서 다음과 같이 설명하였다.[57]

> 풍석楓石이 만년晩年에 『임원십육지林園十六志』를 편성編成하였는데, 근
> 세近世에 세상에 전해지고 있는 『산림경제山林經濟』에 의거하여 더욱 수집

韓相權, 「18세기말~19세기 초의 場市發達에 대한 基礎研究－慶尙道 地方을 중심으로－」, 『韓國史論』 7집, 서울대학교 국사학과, 1981; 이헌창, 「朝鮮後期 忠淸道地方의 場市網과 그 變動」, 『經濟史學』 18, 경제사학회, 1994.

56 심경호, 앞의 논문, 2008.

57 洪翰周, 『智水拈筆』, 『栖碧外史海外蒐佚本』 13, 아세아문화사, 1981, 31쪽.

하고 지극히 구비하여 산림에서 살 때 필요한 경제지서經濟之書가 되었다.

홍한주, 『지수염필』

홍한주가 지적하는 바와 같이 향촌, 산림에서 거주하는 사족이 갖추어야 할 내용을 중국, 조선의 온갖 문헌을 섭렵하여 망라한 책이 바로 『임원경제지』이다. 『임원경제지』는 한편으로는 조선 후기 농서農書 편찬의 흐름을 계승하고 있었다.

『임원경제지林園經濟志』는 53책 113권에 달하는 방대한 분량을 갖고 있어 전체적인 구성체제와 주요내용을 미리 정리하는 작업이 필요하다. 서유구는 『임원경제지』를 관직에 나아가지 않고 향촌생활을 영위하고 있는 사족들의 지침서로 편찬하였다. 구체적으로 구복口腹을 채우는 식력食力과 거향居鄕하면서 청수淸修하는 사족들이 해야할 양지養志에 해당하는 내용으로 『임원경제지』16지를 구성하고 있었다. 그리고 서유구는 『임원경제지』를 편찬하면서 조선朝鮮의 당시 현실을 개선하기 위한, 개혁하기 위한 방안 마련에 중점을 두고 있었다.

『임원경제지』는 서책의 내용을 구성하는 방식으로 유서類書의 형식을 취하고 있었다. 서유구는 『임원경제지』를 편찬하면서 많은 참고문헌을 활용하여 방대한 내용을 집성集成하였고, 또한 자신의 논평을 군데군데 '안案'·'안按' 등으로 서두를 삼아 붙여놓았다.

『임원경제지』는 1840년대 중반에 완성된 이후 간행이 되지 못한 채 필사본 원고로 집안에서 보관되어 왔다. 이 원고가 일제강점기에 여러 기관에 의해 필사작업이 이루어졌다.

서유구가 당시 조선사회에서 자신이 나아가야 할 방향으로 설정한 것은 바로 '임원경제'를 실현하는 것이었고, 이를 체계적으로 제시하는 '임원경제학'을 집대성하는 쪽으로 발현되었다. 그는 개인적인 차원에서 향촌에서 생활해나가는 사족들이 마땅히 꾸려나가야 할 임원경제를 궁구하고 탐색하는 과정에서 '임원경제학'을 구성하고 이를 직접 실천에 옮겼다. 서유구의 학문과 사상 그리고 삶의 지향점을 『임원경제지』를 중심으로 자리매김한다면 '임원경제학林園經濟學'이라 부를 수 있다. 따라서 『임원경제지』는 임원경제학의 구체적인 내용을 종합하고 집대성한 책이라는 역사적 의의를 갖고 있다고 할 것이다.

裱篆兄備當时瑞事補辭源之去叶

縣祝事希祈报安而保住拾致一手

重惱庶口惟石顷迨后了此一境界

貴堂实抄之若色糟的竹起脑烦中

欽一碗清凉散如锦珠两侔年作之此

揽單一口再咏作完判餞會呼此别毒夫

许沖试後物情信然私仁寶才香一遍

珠云去上、但賓才之多吞至名覆後時

語言甬罗连牙死方室陣六玄登志

8장

서유구 실학의
역사적 의의

17세기 후반에서 19세기 초반에 걸쳐 조선의 관료층과 재야 유학자들이 제시한 개혁론을 실학實學이라 부를 수 있다. 조선 후기에 나타난 사회적 경제적 변동에 대응하여 조정의 관료와 재야의 유학자들이 나름대로의 변통책을 제시한 것이었다. 조선사회의 개혁론, 변통책을 제시한 일군의 관료, 학자들을 실학자實學者라 지칭할 수 있다. 이들은 조선 사회의 전반적인 분야에서 그때까지 어떠한 문제에 직면해 있는지, 그리고 앞으로 어떻게 해결해 나가야 하는지 고민하고 궁구하였다. 그리하여 실학자들은 토지소유관계·농업생산·상품유통·부세제도·신분관계 등을 중심으로 여러 가지 개혁론을 제안하고 이를 실천에 옮기기 위해 분투하였다. 실학자들이 제안한 여러 가지 분야에 걸친 개혁론을 실학론實學論이라고 이름붙일 수 있다.

조선 후기 실학자들이 주장한 실학론 가운데 농업·농업생산·농촌문제 등을 둘러싼 문제에 대하여 제시한 실학론을 따로 떼

8장
서유구 실학의
역사적 의의

어 살펴볼 필요가 있다. 조선후기 국가와 사회를 운영하고 유지해 나가기 위한 사회적 생산은 농업생산에 전적으로 의지하고 있었다. 조선 후기 상품화폐경제의 발달은 농업생산의 변동에 따라 좌지우지되는 것이었다. 또한 실학자들의 실학론이 주로 다루는 내용도 농업에 관한 것이었다.

농업과 관련된 실학자들의 실학론은 농정農政의 개혁改革, 전제田制의 개혁, 토지소유관계의 변혁, 농법農法의 변통 등을 담고 있었다. 실학자들이 제시한 농정개혁론은 농민들의 농업생산과 관련된 양전量田·수리水利 등의 개혁을 목표로 삼은 것이었다. 그리고 토지소유의 분균 등 문제를 해소하기 위한 방안으로 전제개혁론, 즉 토지소유개혁론을 제시하였는데, 구체적으로 균전론·한전론·여전론·정전론 등이었다. 또한 당시 논밭에서 활용하고 있던 농법을 종합 정리하고 새로운 기술을 제안하기도 하였다. 이와 더불어 실학자들은 농업생산을 실제로 수행하는 경영방식의 측면에서 법전法

田의 설치, 둔전屯田의 개설 등도 제시하였다.

조선후기 실학자들의 실학론으로 먼저 농정農政 개선론의 차원에서 제기된 양전시행론을 들 수 있다. 양전의 실시를 통해 토지소유와 부세 부과 사이의 불균등 문제를 해소하는 것이 가능하였다는 점에서 양전 시행은 그 자체로 농업문제의 해결에 일조할 수 있었다. 이러한 측면에서 18세기 중후반 이후 많은 실학자들이 양전의 시행을 강조하고 있었다.

또한 농업생산의 원활한 수행을 추동할 발판의 하나가 수리시설이었다. 이러한 상황에서 수리시설의 축조·관리를 위한 적절한 방안을 제시하는 수리시설 변통론을 여러 실학자들이 제시하였다. 수차水車의 보급, 보洑를 축조하는 새로운 방법, 와통瓦筒을 만들어 인수引水하는 방법 등을 제기하기도 하였다. 수리시설이 가지고 있는 지역적인 성격을 감안한 변통론이 제기되기도 하였다. 이와 더불어 당시 농업생산에 사용되고 있던 농기구에 대한 변통론도 등장하였다. 북학파에 속하는 박지원·박제가朴齊家 등은 중국에서 농기구를 수입하여 조선의 농업현실에 수용하자는 주장을 펼쳤다.

한편 조선 후기 토지소유관계 문제에서 나타난 문제를 해결하는 방안으로 전제개혁론이 많은 실학자들에 의해 제시되었다. 17세기에 유형원柳馨遠은 토지소유개혁방안으로 공전제公田制를 주장하였다. 그는 개인의 사적 소유를 제한하고, 모든 토지를 국가 소유로 되돌리려고 하였다. 유형원은 균부均賦 균세均稅를 지향하는 조세제도 개혁안도 곁들였다. 그리고 병작의 관행을 근절할 수 없다는 점을 인정하고 이를 제도화하려고 하였다. 유형원은 17세기 조선의 농업현실과 국가의 농정책을 연결시켜 자신의 농업 개혁론을 제기하였다.

그리고 18세기에 이익李瀷과 박지원朴趾源은 토지소유관계를 개혁하는 방안으로 한전론限田論을 주장하였다. 한전론은 토지소유의 규모를 제한하자는 주장인데, 한전을 실행할 경우 세대가 지날수록 부자의 토지가 자녀들에게 분산되어 점차로 균전均田에 도달할수 있을 것이라는 생각이었다. 이익은 영업전의 매매를 불허하고이를 어길 경우 처벌하는 방안을 제기하였다. 한편 박지원은 토지소유의 상한을 정하고 점진적으로 정전井田의 실질적 내용을 현실화시키는 방안으로 한전론을 주장하였다. 이익과 박지원 모두 현실의토지소유관계를 근원적으로 뒤바꾸는 변혁방안을 제시하는 것이 아니라 현실의 토지소유관계의 문제를 해결하는 개선방안을 제시한것이었다. 그리고 박지원은 모범농장 성격의 법전法田을 설치하여이로써 농리農理를 잘 개발하고 농학農學이 수립되기를 기대하였다.

19세기에 정약용丁若鏞은 가장 급진적이고 이상적인 전제개혁론으로 여전론閭田論을 제시하였다. 여전론은 토지에 대한 사유私有를 부인하고 공동소유·공동경작·노동에 따른 수확분배 등을 주요한 내용으로 담고 있었다. 정약용은 토지소유의 불균등을 바로잡기 위한 근원적인 개혁방안으로 여전론을 제기하였다. 하지만 그는여전론의 실현 가능성에 대해 스스로 의문을 품고 있었고, 현실적인 전제개혁론인 정전제井田制 방안을 구상하였다. 정전제는 현실의토지소유관계를 인정하고 능력에 맞게 경작되어야 한다는 점 등에서 국가 조세수입의 확보가 최대의 목표임을 보여 주었다.

18세기 후반에 태어나 19세기 중반에 세상을 떠난 서유구徐有榘는 조선 후기 실학론이 크게 일어나 여러 가지 개혁론이 나타나던 시기에 활동하였다. 서유구는 1764년에 태어나 82년을 보낸 후

1845년에 세상을 떠났다. 그는 80여 년 동안 조정의 정치권력의 부침을 직접 몸으로 체감하였다. 그리고 그는 화려한 경화사족京華士族의 삶을 체험하였을 뿐만 아니라 향촌에서 농사짓고 고기잡는 일도 경험하였다. 또한 중앙과 지방의 중요한 관직을 두루 역임하기도 하였다. 이러한 삶의 궤적을 거치면서 서유구는 조선의 농업문제에 대한 개혁론·변통책을 제시하였다.

서유구의 생애 가운데 주요한 몇 대목에서 그의 실학론이 나오게 된 개인사적 배경을 찾아볼 수 있다. 서유구는 유력한 경화세족 가문의 일원으로 어린 시절을 보냈다. 그는 조부祖父 서명응의 교시를 받아 『본사本史』라는 독특한 형식의 농서農書 편찬에 참여하면서 농학農學에 대한 지식을 축적할 수 있었다. 사실 달성 서씨 집안에서 농학은 가학家學으로 전수되는 것이었다. 생부生父인 서호수도 『해동농서』라는 농서를 지었다. 조부에서 손자에 이르는 삼대에 걸쳐 농서를 계속 편찬하였다는 점은 서명응이 의도하였던 "자신이 그 단초를 열고, 손자가 그 마무리를 완성"하는 가학의 전통이 제대로 계승된 것을 보여주는 것이었다. 이러한 배경 속에서 서유구는 농서 편찬을 통해 농법을 정리하고 새로운 농업기술을 제안하는 실학론을 제기할 수 있었다.

서유구는 1790년 문과 급제 이후 관료생활을 시작하였는데, 거의 대부분의 시간을 규장각奎章閣에서 서적 편찬활동에 종사하였다. 서유구 스스로 서적 편찬과 교정 작업이 자신이 해야 할 일이라고 사명감까지 갖고 있었다. 서유구는 이 시절 정조의 신임을 받으면서 규장각 서적편찬 작업에서 중추적인 역할을 맡고 있었다. 그런데 1800년 갑작스럽게 정조가 세상을 떠나면서 서유구는 하늘이 무너지는 것과 같은 충격을 받았다. 정조의 죽음이 가져다준 충격은 서유구에게 농사짓는 일로 나아가 농법을 정리하는 일에 천착하게 만들었다. 자신이 잘 할 수 있는 일이 실용實用이 곧 농법을 정리하는 일이라고 확신하였다. 나아가 서유구는 이 작업이야 말로 조금이라도 천지天地의 은혜에 보답하는 길이라고 생각하였다.

1806년은 서유구에게 커다란 시련이 시작된 해였다. 중부仲父인 서형수徐瀅修가 김달순金達淳의 옥사獄事에 연루되어 전라도 추자도로 유배되면서 서유구는 관직에 나갈 수 없게 되었다. 이때부터 1823년까지 서유구는 가솔家率을 이끌고 향촌생활을 영위하면서 이곳저곳 거처를 옮겨 다녔다. 서유구는 은거생활을 시작하면서 자신의 지난 세월을 반성하면서 농사짓기에 나서야 하는 현실을 긍정적으로 받아들였다. 서유구는 경학이나 경세학 대신에 농사짓는 법에 몰두하게 된 이유를 실용實用이라는 측면에서 찾고 있었다. 자신이 무엇인가 성취를 거둘 수 있는 분야일 뿐만 아니라 다른 사람에게도 이로움을 전해줄 수 있는 부분이 바로 농업이라는 점을 스스로 제시하고 있었다. 그는 이러한 자세를 바탕으로 농사경험을 축적하였고, 중국과 조선의 농서들을 섭렵하여 정리하였고, 그 결과 『행포지』·『난호어목지』 등을 편찬하는 작업을 진행하였다. 또한 많은 장서藏書를 바탕으로 『임원경제지』라는 방대한 저서 편찬에 착수하는 등 연구에 몰두하였다.

서유구는 자신의 실학론을 여러 배경 속에서 형성하고 발전시켰다. 서유구는 경화사족으로 보낸 시절에 대한 자기반성, 정조대 관료생활을 통해 스스로 정립한 학문방향, 그리고 은거생활을 거치면서 실용에 입각한 농업 관련 저술 편찬 등을 바탕으로 자신의 실학론을 제기하였다. 서유구의 실학론은 그의 많은 저술을 통해 확인할 수 있지만, 특히 몇몇 저술을 주요하게 천착하는 과정에서 정리할 수 있다.

서유구는 1820년 무렵 조정에서 양전量田 실시를 위한 논의가 이루어지자, 자신의 농정개혁론을 체계적으로 정리하여 「의상경계책擬上經界策」을 저술하였다. 「의상경계책」이야말로 서유구의 실학론이 가장 분명하게 드러난 저술이라고 할 수 있다. 서유구는 「의상경계책」에서 오랜 세월에 걸쳐 조선의 농업현실을 지켜보고 실제 몸으로 체험한 문제를 제기하고 그에 대한 자신의 농정개혁론을 제시하였다. 그리고 서유구가 아들 서우보徐宇輔의 도움을 받아 편찬한 『임원경제지』 가운데 「본리지本利志」는 그의 농법農法 변통론, 수리시설 개선론 등을 잘 보여주고 있다. 또한 서유구는 오랜 은거생활을 보내면서 농업·향례鄕禮·의학醫學 등 갖가지 분야의 지식을 총망라하여 『임원경제지』를 편찬하였다. 그는 향촌에 거주하는 사족士族이 갖추어야할 지식을 체계적으로 정리하여 '임원경제학'의 토대를 만들어 『임원경제지』를 세상에 내놓은 것이었다.

서유구는 수전水田과 한전旱田의 경종법耕種法에 대해서 당시 농업기술의 특징에 대해서 평가하고, 이에 의거하여 자신의 변통론을 제시하였다. 특히 경상좌도 지역의 벼농사 짓는 법을 바탕으로 삼고 여기에 제초, 관배수灌排水 기술 등을 보완하는 방식을 가장 적절한 것으로 파악하고 있었다. 또한 기본적으로 수전에서 이앙법의 실행에 적극 동의하고 있었다. 또한 서유구는 각 작물의 재배법을 정리하면서 분전糞田, 즉 시비施肥를 강조하였다.

서유구가 벼 품종을 정리하는 작업을 수행한 것은 전래되는 수십여 가지 품종의 이름이 당대에 이르기까지 여러 가지 명칭으로 불리고, 또한 지역에 따라 달리 일컬어지는 상황을 해소하기 위한 것이었다. 그리고 서유구는 농사짓는 데 종자種子 선택이 중요하다고 강조하였다. 이러한 생각을 갖고 있던 서유구는 1838년 구황救荒에 관한 대책을 상소하면서 새로운 벼 품종을 중국에서 도입할 것을 주장하였다. 중국 절강浙江 지역의 볍씨를 구하여 시험재배를 시행하라는 왕명이 내려졌고, 실제 1840년 초에 역자관曆咨官이 돌아오는 길에 강남지역의 볍씨 열두 가지를 가지고 돌아왔다. 서유구는 묘당廟堂의 결정에 따라 중국에서 가져온 볍씨를 직접 시험재배에 나서기도 하였다.

서유구는 한전旱田에서 두 번 수확하는 경작법인 근경법과 간종법이 잘못된 방식이라고 강조하였다. 그는 조나 콩을 거둔 이후에 보리를 파종하는 것이 너무 급하게 이루어지고 있다는 점을 지적한 것이었다. 서유구는 속粟 즉 조를 재배하는 방법으로 대전법代田法을 강조하였다. 그런데 서유구가 제시하는 '대전법'은 중국 한漢의 조과趙過가 창안하였다고 전해지는 대전법이 아니라 서유구가 나름대로 개선 보완한 대전법이었다. 서유구가 보완한 대전법은 기경 1회에 3회의 써레질을 결합시킨 기경 숙치방식, 하나의 두둑위에 3견畎과 3벌伐을 만들기, 그리고 6척마다 1구溝의 배수구 수축 등으로 구성된 것이었다. 서유구는 자신이 정리한 대전법을 조선 전역에 보급하기 위해 둔전屯田을 활용해야 한다고 강조하였다.

서유구는 「본리지」에서 조선의 수리현실에 적합한 것으로 제언堤堰을 꼽고 있었다. 그리고 제언 축조에서 수문水門 설치가 반드시 필요하다고 강조하였다. 또한 서유구는 하천수를 관개에 이용하는 보洑의 기술적인 개선에 대하여 지적하였다. 그리하여 보를 견고하게 지탱해주는 수장竪椿(세로로 박은 말뚝), 복우伏牛(수책을 지지하는 돌무더기), 석둔石囤(대나무 소쿠리에 돌을 담은 것) 등을 지목하여 설치할 것을 제안하였다.

서유구는 양전 개혁론으로 방전법方田法 시행을 주장하였다. 숙종 때 황해도 관찰사 유집일兪集一이 몇 개 군현에서 시행한 방전법을 다시 실시하자는 것이었다. 방전법을 시행한다면 소민小民들에게 부세의 균평을 가져다줄 수 있다고 평가하였다. 그리고 각종 전형田形에 따라 면적을 계산하는 방법을 미리 서원배書員輩들에게 익히게 하는 방안을 제시하였다. 그리고 서유구는 양전을 담당하는 임시 담당관청을 설치하고 여기에 소속된 관원의 근만勤慢을 잘 살펴야 한다고 주장하였다.

서유구의 농정 개혁론에서 가장 중요한 의의가 있는 것이 바로 둔전설치론이다. 서유구는 나라가 가난해지는 것을 막고 축적을 풍성하게 하는 방책으로 둔전론을 제시하였다. 서유구는 지력地力을 다 활용하기 위해서는 전야田野에 남겨지는 이익이 없도록 경종耕種을 제대로 된 방법에 따라 수행해야 한다고 주장하였다. 새롭게 변통한 농법農法을 보여주고 그 농법으로 실효實效를 거둘 수 있다는 것도 알려주는 방안이 바로 둔전을 설치하는 것이었다. 따라서 서유구가 제시한 둔전은 보다 현대적인 표현으로 성격을 규정하면 '조선적인 농사시험장(시범농장)'에 해당하는 것이었다. 한성부에 설치한 4곳의 경사京師 둔전屯田은 바로 농법, 수리법水利法 등을 시험하여 새로운 기술을 개발하고, 이를 사도팔도로 보급하는 '조선농사시험장'에 해당하는 곳이었다. 서유구의 둔전론은 경사둔전, 영하둔전, 열읍둔전으로 마무리되는 것이었다.

한편 서유구는 북방 지역에도 둔전 설치를 주장하였는데, 이는 경사둔전과 같은 농사시험장의 성격을 갖는 것이 아니라 지역개발을 위한 전초기지의 성격을 띤 것이었다. 즉 북방둔전은 두만강·압록강의 경계로 삼아 두 강까지 사이의 북방지역을 개척, 개발하기 위한 방책이었다. 북방지역의 토지를 개간해서 강역을 넓히고, 곡식을 쌓아두어 변방을 근실하게 하는 방안이었다. 지역개발을 추진하면선 둔전을 방편으로 삼고, 그런 다음 군읍郡邑 또는 진보鎭堡를 설치하는 것이었다. 북방지역 개발 과정에서 부농층을 적극 동원하고 활용하는 것을 더불어 주장하였다. 이렇게 볼 때 서유구의 둔전론은 부농층의 자본을 이용하고 점진적인 개혁의 추진을 모색했다는 점에서 정약용의 여전제보다는 온건한 것이었다.

서유구가 제안한 둔전설치론은 또한 조선 사람들이 선비만 귀하게 여기고 농사짓는 것을 천하게 여기는 것을 뒤집어엎으려는 의지도 담고 있었다. 선비들이 농사일과 완전히 멀어져 성명性命을 고담준론하면서도 오곡五穀의 이름도 분별하지 못하고 있다고 지적하였다. 그리고 당시 조선에서 일국의 사람들 절반이 선비인데, 나머지 절반 가운데 많은 이들이 공상工商으로 옮겨가서 농민으로 남아있는 사람의 비중이 10에 겨우 1, 2에 불과한 형편이라고 보았다. 이렇게 농사를 짓는 사람이 적고 밥 먹는 사람이 많아 치전治田이 제대로 이루어지지 않는다고 평가한다. 그렇기 때문에 먼저 중농重農을 수행해야 한다고 주장한다. 이와 같이 볼 때 서유구가 제시한 둔전론은 지력을 다 활용해야 한다는 전제에서 출발하는 농정개혁론이었다. 즉 농본農本의 강조, 중농重農의 실행, 그리고 농법農法의 변통을 바탕으로 국가재정의 보충을 겨냥한 개혁론이었다.

서유구의 실학론實學論은 임원경제를 체계적으로 제시하는 '임원경제학'을 집대성하는 것으로 발현되었다. 그는 향촌에서 생활해 나가는 사족들이 마땅히 꾸려나가야 할 임원경제를 궁구하고 탐색하는 과정에서 '임원경제학'을 구상하고 이를 실행할 방안을 만들었다. 그리하여 그는 스스로 임원경제의 이상적인 모습을 제시하는 것뿐만 아니라 몸으로 직접 실천에 옮겼다.

은거기 이후 서유구는 향촌에 머물면서 본격적으로 임원생활을 치열하게 경험하게 되었다. 그와 더불어 서유구는 이전 경화사족京華士族의 일원으로서 당연히 향유하였던 도회지의 화려한 생활을 반성적으로 되돌아보았다. 그리하여 서유구는 경화사족으로 지낸 지난 시절을 반성하면서 실용과 실질, 그리고 노동과 검약의 가치를 되새기게 되었다. 그리고 임원생활의 기반을 다른 것이 아니라 농업생산, 농업기술에 두는 것이었다.

서유구는 조선의 사족이 따라야 할 처세處世의 두 가지 길을 출出과 처處로 분간하였다. 출이란 관인으로 나아가는 것이고, 처는 향촌의 전원에 거주하는 것이었다. 서유구는 향촌에서의 사족 생활을 식력食力과 양지養志 두 가지 측면으로 설명하였다. 식력은 밭 갈고 베 짜고 작물을 재배하고 나무를 기르는 방법과 음식을 만들고 가축을 기르고 사냥하는 방법 등을 기본으로 삼는 것이었다. 그리고 날씨의 변화를 점쳐서 이에 따라 농사짓기를 근실하게 하고, 터를 잘 살펴보고 이에 따라 집을 짓고, 재산을 불려 생계를 꾸려나가고 도구를 갖추어 사용에 편리하게 하는 일 등도 포함되는 것이었다.

그리고 양지養志는 시골에 살면서 맑게 자신을 닦는 선비가 어찌 다만 입으로 먹어 배를 채우는 것만 해서는 안 된다는 전제에서 도출된 것이었다. 즉 화훼 가꾸는 법을 능숙하게 익히고, 글과 그림을 바르게 공부하며, 이어서 자신을 길러내는 방법도 없어서는 안 되는 일이라고 보았다. 그리고 의약醫藥과 같은 것은 궁벽한 곳에서 위급할 때에 대비하기 위한 쓸모가 있고, 길흉吉凶에 관한 의례는 마땅히 덜거나 더해서 강구하여 행해야 할 것이라는 설명이었다.

　서유구의 학문과 사상 그리고 삶의 지향점은 조선의 농업현실에 입각한 농정개혁론, 그리고 『임원경제지』를 중심으로 정리한 '임원경제학林園經濟學'으로 주요한 부분을 지적할 수 있다. 서유구는 방전법 시행·농법 변통·수리시설 개선·둔전설치론 등으로 농정개혁론을 제시하였다. 그리고 『임원경제지』 편찬을 통해 향촌에서 거주하는 사족이 해야 할 바를 임원경제학으로 규정하고 구체적인 내용을 종합하고 집대성하였다. 따라서 서유구 실학론의 역사적 의의를 농정개혁론을 주장하여 조선의 농업현실을 변혁시키려고 한 점과 『임원경제지』를 편찬하여 임원경제학을 집대성한 점에서 찾을 수 있을 것이다.

연보
年譜

1764년(영조 40)   출생出生(음력 11월 10일). 본관本貫 달성達城, 자字 준평準平,
호號 풍석楓石·오비거사五費居士
조부祖父 서명응徐命膺(1716~1787), 생부生父 서호수徐浩修(1736~1799), 생
모生母 한산韓山 이씨李氏 이장彝章의 여女. 양부養父 서철수徐澈修(徐命
長의 四子, 1749~1829), 양모養母 연안延安 김씨金氏 덕균德均의 딸, 계양모
繼養母 반남潘南 박씨朴氏 래원來源의 딸.

7세 1770년(영조 46)   「예양론豫讓論」을 짓다. 왕촉王蠋의 불경이부不更二夫의
설說(『明心寶鑑』 立敎篇; 王蠋曰 忠臣不事二君 烈女 不更二夫)을 인용하면서,
아내가 지아비의 애증愛憎으로 그 섬김을 바꾸어서는 안되고, 신하
가 임금이 자신을 대우하는 후박厚薄으로 그 절개를 바꾸어서는 안
된다는 점을 강조한 글이다.

12세 1775년(영조 51)   여산송씨礪山宋氏 송익상宋翼庠의 딸(16세)과 혼인
하다.

13세 1776년(영조 52)   평안도平安道 관찰사觀察使였던 조부祖父 서명응徐命膺
을 따라 평양平壤에 머물다.

14세 1777년(정조 1)   중부仲父 서형수徐瀅修에게 오경五經, 사자四子, 당송팔
가문唐宋八家文을 배우다.

16세 1779년(정조 3)   모친母親(養母) 김씨金氏의 상喪을 당하다.

21세 1784년(정조 8)   조부祖父의 『보만재총서保晚齋叢書』 「위사緯史」를 보완하다.

22세 1785년(정조 9)   조부祖父 서명응徐命膺을 따라 용산강 북쪽 용주溶洲로 거처를 옮기다. 1787년 서명응이 별세할 때까지 머물다.

23세 1786년(정조 10)   생원시生員試에 급제及第하다.

24세 1787년(정조 11   조부祖父 서명응徐命膺이 서거逝去하다. 한성부 죽동竹洞 경저京邸로 돌아오다.

25세 1788년(정조 12)   『풍석고협집楓石鼓篋集』 6권卷을 편찬하다.

27세 1790년(정조 14)   6월에 일차유생전강日次儒生殿講에서 순통純通의 성적으로 받아 직부전시直赴殿試(殿試에 곧장 나아감)의 시상을 받다. 8월에 증광增廣 문과文科에 병과丙科로 급제하다. 괴원槐院(槐院은 사대 교린 문서를 관장하던 承文院의 별칭)에 분관分館되다. 9월에 좌의정左議政 채제공蔡濟恭이 선발한 초계문신抄啓文臣에 조득영趙得永, 정약전丁若銓 등과 같이 뽑히다. 초계문신으로 「십삼경책十三經策」, 「농대農對」 등을 지어 올리다.

29세 1792년(정조 16) 2월에 규장각奎章閣 대교待敎로 홍문관弘文館 정자正字를 겸하다. 각함閣啣을 겸兼한 첫 번째 인물이 된 것이다. 3월에 예문관藝文館 검열檢閱을 겸하다.

30세 1793년(정조 17) 4월부터 삼경三經과 사서四書를 새로 간행하는 일에 참여하였는데, 1794년 정월에 완료되다. 6월에 규장각奎章閣 포폄褒貶에서 중中을 받아 법전 규정에 따라 체직遞職되다. 원임原任(前任) 대교待敎로서 활동하다.

30세 1794년(정조 18) 12월에 홍문관弘文館 부교리副校理가 되다.

31세 1795년(정조 19) 윤2월에는 정조가 화성華城 행궁行宮의 낙남헌洛南軒에서 문무文武 정시庭試 별시別試를 직접 주관할 때 대독관對讀官으로 참여하다.

32세 1796년(정조 20) 5월에 아들 우보宇輔가 태어나다. 정조正祖의 명命으로 중외中外에 향음鄕飮·향사례鄕射禮를 강행講行하면서 내각內閣(奎章閣)에서 의식儀式을 찬정撰定하여 『향례합편鄕禮合編』을 편찬하여 팔방八方에 반행頒行하는 편찬하는 작업에 참여하다. 의례儀禮, 국조오례의國朝五禮儀와 고금古今의 사례 등을 참작參酌하여 신정新定한 향음鄕飮 향사의鄕射儀 양편兩編을 원편原編에 붙여서 올리다. 12월에 간행된 『사기영선史記英選』 편찬 작업에 참여하여 감인監印과 교준校準을 맡아 수행하다. 『양대사마실기梁大司馬實記』 편찬에 참여하다.

34세 1797년(정조 21) 5월에 『주자어류朱子語類』의 편찬 작업에서 구두句讀를 다른 각신, 초계문신과 더불어 나누어 맡다. 『육율분운陸律分韻』, 『두율분운杜律分韻』, 『어정육주약선御定陸奏約選』의 편집에 참여하다. 7월에 순창군수淳昌郡守로 부임하다. 왕명王命을 받들어 『어정주서절약御定朱書節約』을 교감하여 올리고, 또한 왕명王命을 받아 『어정대학유의御定大學類義』를 광주光州 순창淳昌 두 지역에서 교정校正하여 올리다(당시 光州牧使는 仲父 徐澄修).

35세 1798년(정조 22) 정조正祖가 11월 30일에 내린 「권농정구농서륜음勸農政求農書綸音」에 호응하여 응지농서應旨農書(「淳昌郡守應旨疏」)를 올리다.

36세 1799년(정조 23) 정월正月에 순창淳昌에 있었는데 생부生父 서호수徐浩修의 상喪을 당하다. 정조가 특별히 권죽勸粥하는 의식을 시행하도록 왕명王命을 내리다. 부인夫人 송씨宋氏(礪山宋氏 宋翼庠의 女)의 상을 당하다.

37세 1800년(정조 24) 6월 정조正祖가 서거逝去하다.

38세 1801년(순조 1) 상복喪服을 벗다. 사헌부司憲府 장령掌令이 되고, 규장
각奎章閣 검교檢校가 되다. 여름에 홍문관弘文館 부교리副校理가 되다.
겨울에 어제선사御製繕寫를 교정校正한 공로로 통정계通政階(正三品 堂
上)에 오르고 승정원承政院 동부승지同副承旨가 되고 좌부승지左副承旨
를 거치다. 형조참의刑曹參議가 되다.

39세 1802년(순조 2) 12월에 의주부윤義州府尹이 되다. 의주義州로 부임하
던 중에 앞서 승정원承政院에 있을 때 금령禁令을 잘못 처리한 일로
이때에 이르러 언론言論이 일어나 평양부平壤府 정배定配시키는 왕
명이 내려졌다가 곧바로 사면되어 임지任地(義州)로 가다. 앞서
1768년에 종조從祖 서명선徐命善이 만든 의주의 읍지『용만지龍灣
誌』를 증보하여 2권으로 만들다.

41세 1804년(순조 4) 여름에 의주부윤義州府尹에서 체직되고, 가을에 좌부
승지左副承旨가 되다. 곧바로 형조참의刑曹參議가 되다.『정종실록正
宗實錄(正祖實錄)』편찬에 참여하다. 겨울에 여주목사驪州牧使가 되다.

42세 1805년(순조 5) 여름에 성균관成均館 대사성大司成이 되다. 다시 승지
承旨와 대사성大司成을 번갈아 하다.

43세 1806년(순조 6) 봄에 홍문관弘文館 부제학副提學에 임명되다. 이때 관
록館錄(弘文錄)을 만들라는 왕명이 내렸는데 삼종숙三從叔 서매수徐邁

修가 도당都堂(備邊司)에서 권점圈點을 주관하고 있어, 피혐避嫌으로 상소上疏하여 나아가지 않다. 2월에 중부仲父 서형수徐瀅修가 김달순金達淳 옥사獄事에 연루되어 전라도 흥양현興陽縣에 유배流配되다. 서형수는 이후 1806년 4월 절도絶島 안치安置로 바뀌어 전라도 영암군 추자도楸子島로 이배된다. 한참 뒤인 1821년 내지內地인 전라도 임피臨陂로 유배지가 옮겨졌지만, 고향으로 돌아오지 못하고 1824년 임피에서 세상을 떠나고 만다. 서유구는 서형수가 유배된 이후 관직에서 물러나 가솔家率을 이끌고 강江, 교郊, 향鄕 등지로 돌아다니며 은거隱居하다. 임진강 북쪽 장단長湍지역의 금화金華, 대호帶湖와 서울 주변 도봉산 아래 번계樊溪(오늘의 서울 도봉구 번동 부근)에 이어 남한강 유역의 두릉斗陵(오늘의 양수리 부근)으로 주거지를 옮기다. 은거하는 동안 향촌에서 실제 농업에 종사하게 되며 이 경험을 토대로 임원생활에 관한 모든 지식을 집대성하여 경제지학 연구를 심화해 나가다. 농업에 관한 『행포지杏蒲志』, 『금화경독기金華耕讀記』, 업에 관한 『란호어목지蘭湖漁牧志』 등을 저술하고, 필생의 대작 『임원경제지林園經濟志』를 그의 아들 서우보徐宇輔(1795~1827)와 함께 편찬 작업 하다.

57세 1820년(순조 20) 조정에서 양전量田 추진을 논의하는 것에 호응하여 「의상경계책擬上境界策」을 짓다. 조선의 전제田制, 양전量田, 농정農政에 관하여 자신의 개혁론을 체계적으로 정리해놓은 글이다.

60세 1823년(순조 23) 11월에 회양현감淮陽縣監에 임명되어 1824년 1월에 임지에 부임하다. 조정에 복귀하다. 강원도 관찰사에게 요청하여 받은 공명첩空名帖을 팔아 그 자금으로 소[牛]를 사서 면리面里에 나누어주고 근실히 농사짓는 것을 권장하다.

61세 1824년(순조 24) 돈녕부敦寧府 도정都正이 되다.

62세 1825년(순조 25) 봄에 우부승지右副承旨가 되다. 『행포지杏蒲志』를 짓다.

63세 1826년(순조 26) 여름에 양주목사楊州牧使가 되다. 가을에 숭릉崇陵(顯宗과 明聖王后 金氏의 陵) 보토補土의 공로로 가선계嘉善階(從二品下)에 오르다.

64세 1827년(순조 27) 3월에 강화유수江華留守가 되다. 강화부江華府의 폐막을 구제하기 위한 구폐오조救弊五條를 올려 시행하게 하다. 임지任地에서 아들 우보宇輔를 여의다.

65세 1828년(순조 28) 7월에 대신大臣(領議政 南公轍)이 호조판서戶曹判書에 가망加望하다. 8월에 자헌계資憲階(正二品下, 正卿)에 오르다. 사헌부司憲府 대사헌大司憲과 지경연사知經筵事를 겸兼하다. 겨울에 공조판서工曹判書와 지춘추관사知春秋館事를 겸兼하다.

66세 1829년(순조 29)　여름에 대사헌大司憲이 되다. 가을에 광주유수廣州留守가 되었는데 사은謝恩하기 전에 양부養父 서철수徐澈修의 상喪을 당하다.

68세 1831년(순조 31)　양부養父 서철수徐澈修의 복상服喪을 마치고 형조판서刑曹判書가 되어 지경연사知經筵事와 도총관都摠管을 겸兼하다.

69세 1832년(순조 32)　봄에 비변사備邊司 제조提調가 되어 유사有司를 맡다. 홍문록弘文錄을 권점圈點을 주관하고 이어서 예문관藝文館 제학提學이 되고, 사역원司譯院 제조提調가 되다. 가을에 대사헌大司憲이 되고, 곧이어 예조판서禮曹判書가 되다. 세손世孫 좌부빈객左副賓客을 겸兼하다. 곧이어 우부빈객右副賓客이 되고 호조판서戶曹判書가 되다. 다시 홍문관弘文館 제학提學이 되고 동지춘추관사同知春秋館事가 되다.

70세 1833년(순조 33)　봄에 기사耆社(耆老所)에 들어가다. 4월에 전라도全羅道 관찰사觀察使로 부임하다. 재임기간(1833년 4월 10일~1834년 12월 30일) 동안 사환仕宦 행적 등을 기록한 『완영일록完營日錄』을 짓다.

71세 1834년(순조 34)　겨울에 순묘純廟(純祖)가 승하하여 빈전殯殿을 차리다. 전라도 임지任地에서 『종저보種藷譜』를 광포廣布하다.

72세 1835년(헌종 1) 봄에 예문관藝文館 제학提學이 되다. 의정부議政府 좌참찬左參贊이 되고 곧이어 우참찬右參贊이 되다. 여름에 도총관都摠管이 되어 실록實錄(『純祖實錄』) 편찬을 주관하다. 규장각奎章閣 제학提學이 되다. 이조판서吏曹判書에 임명되나 사직하다. 비변사備邊司 당상堂上이 되고 지중추부사知中樞府事가 되다. 가을에 의정부議政府 우참찬右參贊이 되고, 빙고氷庫 제조提調가 되다. 실록청實錄廳 찬수纂修 당상堂上이 되어 『순조실록純祖實錄』 편찬을 주관하다. 병조판서兵曹判書가 되다.

73세 1836년(헌종 2) 1월에 수원부水原府 유수留守가 되다. 재임기간(1836년 1월 1일~1837년 12월 12일) 동안 유수留守로 재직하면서 『화영일록華營日錄』을 짓다. 여름에 열성어제列聖御製를 교정校正하고 감독하여 인행印行한 공로로 정헌正憲(從二品上)이 되다.

74세 1837년(헌종 3) 겨울에 수원부水原府 유수留守 임기를 채우고 지경연사知經筵事가 되다. 전생서典牲署 제조提調, 예문관藝文館 제학提學, 도총관都摠管이 되다.

75세 1838년(헌종 4) 여름에 지의금부사知義禁府事가 되다. 사헌부司憲府 대사헌大司憲이 되다. 구황삼책救荒三策을 올리고 그에 따라 중국中國 강절江浙지방에서 구입해 온 도종稻種 12품品을 시험재배하다. 가을에 대신大臣이 주청奏請하여 정묘조正廟朝 이래 삼조三朝(正祖, 純祖, 憲

宗)에 걸쳐 관각館閣을 역임한 것으로 종일품從一品에 올려줘야 한다고 하여, 이에 숭정계崇政階(從一品下)에 오르다. 판의금부사判義禁府事가 되다.

76세 1839년(헌종 5) 가을에 재차 은퇴를 요청하는 상소上疏를 올려 치사致仕(은퇴)하다. 봉조하奉朝賀가 되다.

79세 1842년(헌종 8) 「오비거사생광자표五費居士生壙自表」를 짓다. 자신의 생애에서 허비한 일을 다섯 가지[五費]로 구분하여 정리하다.

80세 1843년(헌종 9) 80세가 되어 국전國典에 따라 숭록崇祿(從一品上)이 되다. 계양모繼養母 반남潘南 박씨朴氏의 상을 당하다. 봄에 헌종이 건릉健陵(正祖의 陵)에 행행行幸하여 정묘正廟의 법종구신法從舊臣을 추념追念하면서 왕명을 내려 특별히 보국숭록계輔國崇祿階(正一品下)에 오르다.

82세 1845년(헌종 11) 11월 1일에 광주廣州 두릉斗陵 별서別墅에서 시사侍史의 탄금彈琴을 들으며 세상을 떠나다.

1846년(헌종 12) 정월正月에 장단長湍 금릉리金陵里 선영先塋에 장사지내다.

여산礪山 송씨宋氏와 사이에 자식으로 1남男(宇輔) 1녀女(李光膚과 혼인)를 두다. 우보宇輔가 요절하여 족자族子 치보治輔의 아들 태순太淳을 후사로 삼다. 측실側室에서 2남男(七輔 檢書官, 八輔) 2녀女(각각 尹秉求 尹致奕과 혼인)를 두다.

편찬한 책으로 『임원경제지林園經濟志』 114권, 『풍석고협집楓石鼓篋集』 6권, 『금화지비집金華知非集』 14권, 『번계모여고樊溪耄餘稿』 2권, 『금화경독기金華耕讀記』 8권, 『행포지杏蒲志』 6권, 『종저보種藷譜』 1권, 『루판고鏤板考』 7권, 『화영일록華營日錄』, 『완영일록完營日錄』 등이 있다.

서유구와 관련하여 참고가 되는 주요 저작을 소개한다. 참고로 저자명의 가나다 순으로 제시하였다.

1. 서유구의 저작은 7종이 영인 · 소개되었으며, 2종의 판본은 일본에 있다.

서유구, 『林園經濟志』, 보경문화사 영인, 1983.

_____, 『楓石全集』, 한국문집총간 제288권, 한국고전번역원(민족문화추진회), 2002.

_____, 『鏤板考』, 보경문화사 『楓石全集』 합철, 1983.

_____, 『完營日錄』, 성균관대학교 대동문화연구원, 2002.

_____, 『種藷譜』, 아세아문화사 『農書』 36, 1986.

_____, 『杏蒲志』, 아세아문화사 『農書』 36, 1986.

_____, 『華營日錄』, 『栖碧外史海外蒐佚本』 23(李佑成 編), 亞細亞文化社, 1990.

_____, 『金華耕讀記』, 日本 東京都立中央圖書館 소장본(구 자연경실장 필사본, 영본).

_____, 『樊溪詩稿』, 日本 大阪府立 中之島圖書館 소장본

2. 서유구의 저작을 번역 소개한 책으로는 5종이 있다.

김명년 역, 『전어지(佃漁志)』, 한국어촌어항협회, 2007.

서유구 저, 경기도박물관 역, 『華營日錄』, 2004.

서유구 지음, 이효지 외 편역, 『임원십육지 정조지』, 교문사, 2007.

안대회 역, 『산수간에 집을 짓고 – 임원경제지에 담긴 옛사람의 집짓는 법 –』, 돌베개, 2005.

서유구 지음, 정명현 외 옮기고 씀, 『임원경제지 : 조선 최대의 실용백과사전』, 임원경제연구소, 씨앗을 뿌리는 사람, 2012

3. 실학자로서 서유구의 면면을 담은 저서는 1종이 있다.

"심경호 · 염정섭 외, 『풍석서유구와 임원경제지』, 소와당, 2011"이 있다.

4. 서유구를 주제로 지금까지 발표된 학위논문은 총 4편으로, 박사학위 논문 2편, 석사학위논문 2편이다.

김대중, 「풍석 서유구 산문 연구」, 서울대학교 대학원 국어국문학과 박사학위논문, 2011.
박동필, 「『임원경제지』의 생기 관점에서 본 양동마을 주거 연구」, 서울시립대학교 대학원 석사학위논문, 2002.
송윤진, 「『임원십육지』 정조지 중 식감촬요와 『동의보감』 탕액편의 비교 연구」, 한양대학교 대학원 석사학위논문, 2006.
조창록, 「楓石 徐有榘에 대한 한 硏究-'林園經濟'와 『樊溪詩稿』와의 관련을 中心으로」, 성균관대학교 대학원 한문학과 문학박사학위논문, 2004.

5. 주요 연구 문헌

1) 저서
김용섭, 『朝鮮後期 農學의 發達』, 『서울대학교 韓國文化硏究所 韓國文化硏究叢書』 2, 1970.
김용섭, 『韓國近代農業史硏究』, 일조각, 1975.
김영진, 『農林水産古文獻備要』, 韓國農村經濟硏究院, 1982.
문중양, 『朝鮮後期의 水利學과 水利담론』, 集文堂, 2000.
민성기, 『朝鮮農業史硏究』, 一潮閣, 1988.
宋芳松, 『韓國音樂史硏究』, 嶺南大學校出版部, 1982.
유봉학, 『연암일파 북학사상 연구』, 일지사, 1995.
_____, 『정조대왕의 꿈』, 신구문화사, 2001.
이성우, 『韓國食經大典』, 鄕文社, 1981.
이춘녕, 『韓國農學史』, 民音社, 1989.
장사훈, 『國樂論攷』, 서울대 출판부, 1966.
한국학연구소 편, 『18세기 조선지식인의 문화의식』, 한양대출판부, 2001.

2) 논문
강명관, 「조선의 인물, 조선의 책 서유구와 임원경제지」, 『주간동아』 579호, 2007.

강명관, 「풍석 서유구의 산문론」, 『18세기 조선 지식인의 문화의식』, 한양대학교출판부, 2001.

김귀영·이춘자, 「『임원십육지』의 떡류(餠餌類) 조리가공에 관한 문헌 비교 연구」, 『아시아식생활학회지』 제12권 제6호, 2002.

_____, 「『임원십육지』의 초류 조리 가공에 관한 문헌 연구」, 『東아시아食生活學會誌』 제16권 제4호, 2006.

김기욱·朴炫局, 「南宋時期 醫學에 관한 研究(1)」 『大韓韓醫學原典學會誌』 17-1, 대한한의학원전학회, 2004.

김문식, 「서명응의 생애와 규장각 활동」, 『정신문화연구』 22, 1999.

_____, 「「擬上經界策」에 나타난 서유구의 지역인식」 『한국실학연구』 18, 한국실학학회, 2009.

_____, 「楓石 徐有榘의 학문적 배경」 『震檀學報』 108, 진단학회, 2009.

김영진, 「조선후기 실학파의 총서 편찬과 그 의미」, 『한국 한문학 연구의 새 지평』, 소명출판, 2005.

_____, 「조선후기 중국 사행과 서책문화」, 『19세기 조선 지식인의 문화지형도』, 한양대학교 출판부, 2006.

김용섭, 「18·9세기의 農業實情과 새로운 農業經營論」 『大東文化研究』 9, 1972.

_____, 「茶山과 楓石의 量田論」, 『韓國史研究』 11, 1975.

김용환·홍종주, 「『임원경제지』의 동·서사택론에 관한 연구」, 『박물관지』 5호, 충청전문대학 박물관, 1996.

김지연, 「『欽英』에 나타난 兪晩柱의 독서생활과 서지학적 성과」, 한국학중앙연구원 한국학대학원 석사학위논문, 2009.

김진옥, 「풍석전집 해제」, 『楓石全集』(한국문집총간 288집, 한국민족문화추진회), 2002.

김현숙·이효지, 「『임원십육지』 정조지의 조리학적 고찰 1 : 밥·죽·면·만두를 중심으로」, 『한국생활과학연구』 제24호, 2004.

_____, 「『임원십육지』 정조지의 조리학적 고찰 2 : 활팽지류의 부식류」, 『한국생활과학연구』 제25권 1호, 2005.

김흥식, 「『임원십육지』의 상택지를 중심으로 한 조선후기(17C~19C) 건축계획론에 대한 연구」, 『문화재』 17, 1984.

노경희, 「미국 소재 정약용 필사본의 소장현황과 서지적 특징」, 『다산학』 15호, 2009.

_____, 「오사카 부립도서관의 韓本 문고」, 『문헌과 해석』 50, 2010.

노기춘, 「"임원십육지" 인용문헌 분석고 2 - 인제지를 중심으로 - 」, 『서지학연구』 35, 2006.

_____, 「『林園十六志』 引用文獻 分析考1」, 『한국도서관·정보학회지』 제37권1호, 2006.

박명덕, 「『林園十六地』의「贍用志」中 屋三分法에 대한 小論」, 『建築』 Vol.36 No.5, 1992.

박옥주, 「빙허각 이씨의 규합총서에 대한 문헌학적 연구」, 『한국고전여성문학연구』 1, 한국고전여성문학회, 2005.

박은순, 「서유구와 서화감상학과 『林園經濟志』」, 『韓國學論集』 34-1, 한양대 한국학연구소, 2000.

박철상, 「『與猶堂全書』 定本化 작업과 필사본의 정리」, 『여유당전서 정본사업 발표회자료』, 2006.

_____, 「서형수의 필유당과 서유구의 자연경실」, 『국회도서관보』 제46권 2호, 2009.

백숙은·최영진, 「『임원십육지』에 수록된 어패류의 鄕藥性에 관한 연구」, 『東아시아食生活學會誌』 제14권 제3호, 2004.

성낙훈, 「서유구 - 실생활의 혁신 - 」, 『한국의 인간상』 4, 신구문화사, 1965.

손병규, 「서유구의 진휼정책 - 『완영일록』, 『화영일록』을 중심으로」, 『대동문화연구』 42, 2003.

송윤진·이효지, 「『임원십육지』鼎俎志 中 食鑑撮要의 곡류에 관한 고찰」, 『한국생활과학연구』 제25권 1호, 2005.

송찬섭, 「正祖代 壯勇營穀의 設置와 運營」, 『韓國文化』 24, 서울대학교 한국문화연구소.

신영주, 「怡雲志를 통해 본 조선 후기 사대부가의 생활 모습」, 『한문학보』 제13집, 우리한문학회, 2005.

심경호, 「『임원경제지』의 문명사적 가치」 『『임원경제지』 연구의 문명사적 의의』 전북대 인문한국 쌀·삶·문명연구원 제2차포럼 자료집, 2008.

안대회, 「조선후기 달성 서씨가의 학풍과 실학 : 『林園經濟志』를 통해 본 서유구의 利用厚生學」, 『한국실학연구』 11, 2006.

안상우, 「고의서산책」 54, 『민족의학신문』, 2000.

염정섭, 「『林園經濟志』 「本利志」의 農政改善論」, 『震檀學報』 108, 진단학회, 2009.

_____, 「19세기 초반 서유구의 『임원경제지』 편찬과 「본리지」의 농법(農法) 변통론」, 『쌀·삶·문명연구』 2, 전북대 인문한국 쌀삶문명연구원, 2009.

_____, 「『임원경제지(林園經濟志)』의 구성과 내용」 『농업사연구』 제8권 1호, 한국농업사학회, 2009.

_____, 「풍석 서유구의 농법 변통론과 농정 개혁론」 『제3회 실학연구 공동발표회 조선후기 實學史의 재조명』, 재단법인 실시학사, 2013.

옥영정, 「『임원경제지』 현존본과 서지적 특징」, 『풍석 서유구와 임원경제지』, 소와당, 2011.

원보영, 「전통사회의 질병에 대한 여성과 남성의 인식과 대응 : 『규합총서』와 『임원경제지』의 질병저술을 중심으로」, 『실천민속학연구』 제7호, 2005.

유명님, 「한국전통염색방법의 비교연구 – 상방정례, 규합총서, 임원경제지, 탁지준절을 중심으로」, 『한국지역사회생활과학회 제17차 학술대회논문집』, 2004.

유봉학, 「徐有榘의 학문과 농업정책론」 『奎章閣』 9, 서울대 규장각, 1985.

이동철, 「동아시아 유서 편찬과 임원경제지의 특성」, 『임원경제지 연구의 문명사적 의의』, 전북대학교 쌀·삶·문명연구원 제2차 포럼 자료집, 2008.

이성미, 「『林園經濟志』에 나타난 徐有榘의 中國繪畵 및 畵論에 대한 關心; 朝鮮時代 後期 繪畵史에 미친 中國의 影響」 『미술사학연구』 193, 한국미술사학회, 1992.

이종묵, 「자연의 경을 담은 서유구의 자연경실」 『조선의 문화공간』 4, 휴머니스트, 2006.

이진수, 「朝鮮養生思想의 成立에 관한 考察(其三) – 『葆養志』를 中心으로 –」 『石堂論叢』 12, 동아대, 석당문화연구원, 1987.

이천승, 「풍석 서유구의 사상사적 위치」, 『임원경제지 연구의 문명사적 의의』, 전북대학교 쌀·삶·문명연구원 제2차 포럼 자료집, 2008.

이헌창, 「朝鮮後期 忠淸道地方의 場市網과 그 變動」 『經濟史學』 18, 경제사학회, 1994.

_____, 「『임원경제지』의 경제학」, 『임원경제지의 종합적 고찰』, 진단학회, 2009.

임미선, 「『遊藝志』에 나타난 19세기초 음악의 향유양상」 『韓國學論集』 34, 한양대학교 한국학연구소, 2000.

임형택, 「서유구의 『완영일록』」, 『문헌과 해석』 12, 2000.

장진성, 「조선후기 미술과 임원경제지」, 『임원경제지의 종합적 고찰』, 진단학회, 2009.

정명현, 「임원경제지 번역에 나타나는 문제: 서지학적 검토와 번역을 중심으로」, 『『임원경제지』 연구의 문명사적 의의』 전북대 인문한국 쌀·삶·문명연구원 제2차포럼 자료집, 2008.

_____, 「『임원경제지』 사본들에 대한 서지학적 검토」, 『奎章閣』 34, 2009.

정약원, 「『임원십육지』를 통해 본 19세기의 김치문화」, 『배화논총』 제26·27집, 2008.

조창록, 「楓石 徐有榘와 樊溪詩稿: 자료 소개를 겸하여」 『韓國漢文學硏究』 28, 韓國漢文學會, 2001.

_____, 「조선조 개성의 학풍과 徐命膺家의 학문」, 『대동문화연구』 47, 2004.

_____, 「자료 소개: 日本 大阪 中之島圖書館本 『林園經濟志』의 引과 例言」 『한국실학연구』 10, 한국실학학회, 2005.

_____, 「풍석 서유구의 「의상경계책」에 대한 일 고찰 - 그의 문예론과 치재관의 한 면모 -」 『한국실학연구』 11, 한국실학학회, 2006.

_____, 「사대부의 생활 이상과 임원경제지」, 『임원경제지 연구의 문명사적 의의』, 전북대학교 쌀·삶·문명연구원 제2차 포럼 자료집, 2008.

_____, 「학산 서호수와 열하일기 - 18세기 서학사의 수준과 지향」, 『동방학지』 135, 2006.

_____, 「鶴山徐浩修論」 『민족문화』 31집, 한국고전번역원, 2008.

_____, 「서유구 서우보 부자의 방폐기 행적과 난호 생활」 『한국실학연구』 16, 한국실학학회, 2008.

_____, 「『임원경제지』의 찬술 배경과 類書로서의 특징」, 『임원경제지의 종합적 고찰』, 진단학회, 2009.

_____, 「徐有榘의 「金華耕讀記」」, 우리한문학회 동계학술회의 발표문, 2010.

_____, 「풍석 서유구의 실학자적 위상과 '임원경제'」 『제3회 실학연구공동발표회; 조선후기 實學史의 재조명 발표논문집』, 실시학사, 2013.

차경희, 「『임원십육지』 「정조지」에 실린 우리 음식이야기」 『실학시대의 농업·과학·기술』 경기문화재단 컨퍼런스 자료집, 2007.

최덕경, 「17~18세기 朝鮮 農書에 나타난 占候의 性格」『지역과 역사』 16호, 부경역사연구소, 2005.

최영신, 「『임원십육지』에 수록된 魚貝類의 일반적 特性과 금기식품에 관한 연구」, 『關大論文集 – 自然科學藝體能學 編』 29집, 2001.

한민섭, 「徐有榘의 초고본 『杏蒲志』의 자료적 가치와 『林園經濟志』 찬술 과정」, 포럼 – 그림과 책 발표회, 2010.

＿＿, 「徐命膺 一家의 博學과 叢書·類書 編纂에 관한 硏究」, 고려대학교대학원 박사학위논문, 2010.

한상권, 「18세기말~19세기 초의 場市發達에 대한 基礎硏究 – 慶尙道 地方을 중심으로 – 」 『韓國史論』 7집, 서울대학교 국사학과, 1981.

한영규, 「소품문 글쓰기와 '林園經濟'」, 『한문학보』 제18집, 2008.

홍구표, 「조선조후기 농학사상과 농서편찬에 관한 연구」, 청주대학교 대학원 석사학위논문, 1990.

홍나영, 「조선후기 복식과 임원경제지」, 『임원경제지의 종합적 고찰』, 진단학회, 2009.

찾아보기